KB110193

사실을 歪曲시키는 보도

사실을 歪曲시키는 보도

초판 1쇄 인쇄	2014년 07월 04일		
초판 1쇄 발행	2014년 07월 11일		

지은이	서 맹 종		
펴낸이	손 형 국		
펴낸곳	(주)북랩		
편집인	선일영	편집	이소현, 이윤채, 조민수
디자인	이현수, 신혜림, 김루리	제작	박기성, 황동현, 구성우
마케팅	김회란		
출판등록	2004. 12. 1(제2012-000051호)		
주소	서울시 금천구 가산디지털 1로 168, 우림라이온스밸리 B동 B113, 114호		
홈페이지	www.book.co.kr		
전화번호	(02)2026-5777	팩스	(02)2026-5747

ISBN   979-11-5585-264-4 03330(종이책)   979-11-5585-265-1 05330(전자책)

이 책의 판권은 지은이와 (주)북랩에 있습니다.
내용의 일부와 전부를 무단 전재하거나 복제를 금합니다.

이 도서의 국립중앙도서관 출판예정도서목록(CIP)은 서지정보유통지원시스템 홈페이지(http://seoji.nl.go.kr)와
국가자료공동목록시스템(http://www.nl.go.kr/kolisnet)에서 이용하실 수 있습니다.
(CIP제어번호 : 2014020115)

사실을 歪曲시키는 보도

서 맹 종 지음

book Lab

안녕하십니까!

책의 주된 내용은 정부는 예산을 낭비하고 언론은 정부를 대변하면서 국민을 바른 방향으로 인도하지 않아 호소하는 내용입니다.

언론 보도를 보면, 1. 보인다는 등의 주관적 판단(청탁원인)에 의해 부조리가 발생됨에도 2. 객관적 증거 없이 원칙적 처리(적법한 처리)임을 주장하는 동일한 사건에 대해, 언론이 2로 밀어붙이기 위해 2만 보도하며 심층적 분석 없이 냄비 식 보도로 사건에 대한 진실을 왜곡시키는 것은 부당합니다.

즉 세월호 참사에 관한 보도도 편향된 보도로 일관하였지만, 300여 명과 직접 관련되는 가족에 대한 것은 흘리듯 그냥 보도하면서 직접 관련된 것이 의심되는 1인에 대해서 집중 보도하였습니다. 이는 언론이 사건을 1인에 대한 것(2)으로 몰아 다수인에 대한 문제(1)가 거론되지 않게 하기 위한 것입니다.

언론은 사건의 본질을 왜곡시키지 말고, 보도하려면 1과 2를 균형(동일)있게 보도하여 국민이 사건의 진실을 알게 해야 합니다.

선거에서 보듯이 우리나라 국민여론을 두 개의 층으로 분류한다면, 득실을 가리기 위해 많은 것을 생각하며 생활해야 하는 젊은 분과 상대적으로 사회 접촉이 적어 적게 생각해도 생활할 수 있는 나이 든 분으로 분류될 수 있습니다.

언론은 현재처럼 주입식 위주의 보도가 아닌 생각하여 판단케 하는 주관식 위주의 보도로, 나이에 따라 여론이 구분되게 하지 않도록 노력해야 합니다.

정부가 헌법 정신(法)을 무시하며 수년간 잘못을 밀어붙인 사례를 「사례요약」에서 알 수 있지만 언론은 이를 방관하였으며, 언론은 강자(정부나 정치인 등)의 대변자가 아닌 국민을 대변하면서 바른 방향으로 인도해야 합니다.

모 언론사 대표이사의 '철들까? 말까?'라는 주제의 강의에, 언론인은 철들지 말아야 된다는 결론에 저자가 감명 받은 적이 있습니다.

언론인이 철이 들게 되면 WIN-WIN하기 위해 형편(눈치)을 살펴 보도하게 되며, 철들지 않으면(인간성까지 철없는 행동이면 안 되지만) 형편을 살피지 않고 直筆할 수 있기 때문이라고 강의했습니다. 또 형편을 살피는 것은 언론인의 일이 아니고 국민(대중)을 위해 直筆하는 것이 언론인의 일(業)이라고 강의했습니다.

그리고 강사(대표이사)는 젊은 분들과 함께 할 수 있어 축구를 좋아하게 된 것이라 내용의 강의도 하였으며, 저자는 젊은 분들과 함께 실천(축구)한다는 생각에는 동의합니다. 그러나 대표이사는 젊은 분들과 함께하는 것이 좋아 축구를 즐기면서(실천), 기자에게는 여러 상황을 고려한 철든 기사가 될 것을 요구하는 것(젊음을 무 실천)은 부당합니다. 본인은 젊게 살면서 타인에게는 철든 행동을 요구한다는 것은, 마치 '모르고 하지 않는 것보다는 알면서도 하지 않는 것이 더 나쁜 것'이라는 말을 생각나게 합니다.

대부분의 언론은 젊게 행동하지 못하고 현 상황을 고려한 철든 행동을 하고 있으며, 젊은 기사여야지 여러 상황을 고려한 철든(늙은) 기사는 좋은 기사가 될 수 없습니다.

책을 쉽게 이해토록 하시기 위해 제 블로그(http://blog.daum.net/seo-joung)내용 중 일부를 아래에 소개합니다.

「신청한 민원에 부작위하면서 예산만 낭비하는 사례 2」중,
… 정부부터 법을 지킨 후 국민에게 법을 지킬 것을 요구해야 함에도, 법을 지키지 않는 정부가 법을 지키지 않는다고 국민을 제재(制裁)하는 것은 마치 똥 묻은 개가 겨 묻은 개를 나무라는 것과 같은 형상입니다. 정부의 엄격한 도덕성이 요구됩니다. …

「사법부가 개혁되어야 할 사례 2」 중,

　… 상황에 따라, 흑을 백으로 판결하고 불법을 적법으로 판결하는 것은 부당하며, 이러한 법관 기분에 따른 투명성 없는 주관적 판결은 청탁과 부패가 성행되게 하는 것이며 또 사법부의 존재 가치마저 부정하는 것입니다. …

「국민이 올바르게 선택하게 하기 위한 정당과 언론의 역할」 중,

　… 정부가 원칙을 실천(법에 따른 투명한 처리)하지 않고 청탁 등으로 부조리의 원천이 되게 하고 있음에도, 정당과 언론의 '남의 집 불구경' 하는 식의 자세는 부당하며, 국가가 헌법을 수호(국민권익보호)하지 못하고 오히려 존재함으로 인해 예산만 더 소비되게 하는 것은 부당합니다. …

「국민이 주인인 헌법」 중,

　… '아는 것보다 모르는 것이 더 낫다' 는 말도 있지만, 본인의 편안을 위해 타인(국민)의 어려움을 외면하는 것은 부당합니다. 우리는 국가가 밀실결정을 밀어붙이지 말고 투명한 결정으로 국민과 소통하며 사례를 대비(찬·반)하여 대책을 마련하여 이를 실천하는 국가가 되도록 해야 하며, 실천하지 못하는 미사여구(장밋빛 말)에 현혹되어서는 안 됩니다. …

　국민은 현 정치상황의 잘못을 불평(생각)하면서 현 정치인을 선택(실천)하며, 이는 생각과 실천이 각기 다른 국민을 바르게 인도하지

않은 언론의 책임이 큽니다. 언론은 초심으로 국민을 바르게 인도해야 합니다.

그리고 행복은 자유입니다. 즉 상황을 탓하지 않고 자기가 하고 싶은 것을 자유롭게 할 수 있는 것이 행복이지만 이것이 어렵다는 것을 곧 알게 될지라도, 언론인은 자유로운 취재(보도)로 투명하고 신선한 기사(旣存에 물들지 않고 국민과 소통)가 되게 해야 합니다.

사례를 중심으로 책을 편집하다보니 사례수집에 장기간이 소요되었음을 이해하여 주시기 바라며, 본 책은 비방(공격) 목적이 아니고 잘못이 개선되기 바라는 목적에서 집필한 冊임을 이해하여 주시고, 사례와 같이 책속의 법이 되게 하는 현 실정을 직필할 수 있는 언론이 되게 하여야 합니다.

감사합니다.

서 맹 종

차례

언론사등에 건의한 내용

현 보도를 보면, 세월호 침몰사고와 관련하여 국정조사특별위원회가 가동되고 있는지 알 수 없습니다. 구원파 등 ○○○ 일가 체포가 우선인지 국정조사가 우선인지 국민을 헷갈리게 하는 보도는 하지 않기 바랍니다. 현 보도에 ○○○ 일가만 빼면 세월호 침몰과 관련하여 보도하는 것은 아무 것도 없습니다.

세월호 침몰사고와 관련된 국정조사 등 가족들의 간곡한 호소를 보도하며 잘못이 시정되게 노력해야 할 언론이, 애타는 가족들의 호소를 외면한 채 구원파 등 ○○○ 일가 체포에 대해서만 보도하는 것은 이해할 수 없습니다.

先後가 뒤바뀐 보도로, 세월호 침몰사고와 관련된 가족들의 애타는 심정을 외면하지 않기 바랍니다. (2014. 6. 22.)

세월호 침몰로 300여 명의 사망자가 발생한데 대해 ○○○ 회장의 책임을 간과해서도 안 되지만, 언론이 여론재판 식의 보도로 여론을 유도하면서 참사원인을 ○○○ 회장에게만 돌리며 많은 사망자가

사실을 歪曲시키는 보도

발생하게 된 직접적 책임을 直筆하지 않는 것은 부당합니다.

세월호 침몰 책임이 ○○○ 회장에게 있다면 차량화재 책임도 차주에게 있기 마련임에도, 세월호 선주에게는 책임을 묻는 보도를 하면서 화재 차주에게는 책임을 요구하지 않는 것은, 홍미위주의 여론재판 식 보도로 판단되므로 이러한 보도를 지양하기 바랍니다. 사고원인을 주인이라고 한다면 대한민국의 모든 사고는 주인에게 기인되게 되며, 이것은 잘못된 생각입니다.

여론에 의한 홍미위주의 보도가 아닌, 국민을 바르게 인도하기 위해 직필하는 언론이기 바랍니다. 감사합니다. (2014. 6. 3)

KBS가 공영방송을 실천하지 않음에도 수신료 인상은 부당하며 오히려 폐지되어야 한다는 취지의 제 주장에 대해, 2014년 2월 20일 방송통신위원회는 이사회의 의결을 거쳐 방통위로 제출하였으며 방통위는 KBS 수신료 인상안이 타당한지를 검토하여 국회로 제출할 것임을 답변하였습니다.

○○○ KBS 전 보도국장의 주장대로라면, 청와대 측에서는 KBS 전 보도국장의 주장을 부인하는 것은 당연한 일이지만, 제가 계속 주장한 내용과 ○○○ KBS 전 보도국장의 설명이 일치되는 것으로 보아, 청와대 측의 주장은 신뢰할 수 없습니다.

보도에 직접적 책임이 있는 1. 귀 위원회의 판단은 무엇인지 2. 수신료 인상에 대한 先後가 뒤바뀐 방통위의 심의 내용이 적정하다고 판단하는지 알려 주시기 바랍니다. 그리고 KBS가 타 방송과 차별화된 공영방송을 실천하기를 바라면서, 제가 KBS에 건의한 내용은 '뉴스' 프로그램 중(진행자 멘트 등)이나 직후에 시사(이슈)가 진단되도록 하여 사건이 발생하게 된 원인(문제점)을 뉴스와 동시에 국민이 판단(인식)할 수 있게 해야 한다는 취지의 의견을 개진하였으니, KBS가 이를 실천하여 주시기 바랍니다.

선장의 잘못이지만 만약 해경의 신속한 구조로 세월호 사망자가 발생되지 않았다면 ○○○ 회장에게까지 책임을 묻게 되었을 것인지 생각해 보아야 하며, 현재 ○○○ 회장이 조세를 포탈하였으므로 구속되어야 한다고 보도하고 있으나, 이는 객관적이지 못한 보도입니다. 왜냐하면 조세포탈 혐의라면 국세청과 검찰이 그동안 직무를 유기하여 왔다는 것임에도, 국세청과 검찰의 직무유기에 대해서 보도하지 않는 보도는 객관적 보도가 아닙니다. 그리고 세월호 사건발생 시 국민의 슬픔을 위로하며 국민과 소통한 정치인(국회의원 등)이 있는지를 보도한 사실도 없고, 국민을 위로한 적도 없는 정치인의 안전대책과 관련된 공약을 발표할 자격이 있는지도 보도한 사실이 없습니다. 또 실천하지 못할 잠꼬대 수준의 공약인 줄 알면서도 언론이 이를 대서특필하고 논평하는 것은 국민을 위한 것이 아닙니다. 정치인이 表裏不同한 처신으로 국민의 어려움을 진심으로 보살피지 않고, 세월호 침몰사건과 같은 총체적 부실이 사회전체에 만연하여도 언론이 이를 방치하는 것은 부당합니다.

좋을 때는 언론중립에 대한 가치관 없이 직필하지 않고 권력의 눈치만 살피며 보도하던 KBS 전 보도국장이 안 좋을 때 타인(사장 등)을 탓하는 것은 부당하며, 귀 위원회와 언론사의 상급자(국장 등)는 그동안 직원들이 직필하지 못하게 한 것에 대해 반성해야 하며, 중립성 없는 각종 사례가 무수히 많아 생략하지만 이러한 사례가 부지기수임에도 위원회가 이를 감독하지 않고 방치하는 것은 잘못입니다.

그동안 국민보다는 상급자의 눈치를 살펴 보도한 KBS 국장과 노조원이 KBS 사장퇴진을 주장할 자격이 있는지 의심되며, 언론인 전부는 과거를 반성하고 앞으로는 상급자의 의중과 관련 없이 중립적이고 직필하는 언론인이 되도록 위원회는 노력해야 합니다.

평상시에는 살아남기 위해 상급자의 눈치를 살펴 알아서 주관적으로 보도하다가 안 좋으면 뒤통수 치는 행동이 없도록 위원회는 기자 등 언론인이 항상 국민을 위해 직필할 수 있는 환경이 조성되도록 해야 합니다.

인터넷 검색창에서 '서맹종 블로그'를 검색하여 게시된 'KBS' 내용을 참고하시기 바라며, 언론이 국민을 바르게 인도하지 않아 저는 현재 우리나라 언론(보도)과 관련된 내용을 집필 중이며 곧 출판할 예정입니다. 감사합니다. (2014. 5.18)

국민을 바르게 인도할 것을 20번 정도 호소했지만, 아직 이를 실천하지 않고 국가적 재난인 세월호 침몰 사건에도 실종자 가족이 후에 알게 하면서 실종과 직접 관련되지 않는 국민에게 실종자 구조작업을 보도하는 등 언론이 국민을 바르게 인도하지 않는 것은 부당합니다.

세월호 참사에서도 나타났듯이 適期를 놓치고 실천 없는 답만을 하는 것은 부당합니다. 다시 말하지만, 20번 정도 호소한 것에 대해 별도의 논평 등이 아닌 適期에 국민을 바르게 인도한 것(是非를 가린 2014년 중 보도)이 있으면 제 메일로 알려 주기 바라며, 연락이 없으면 실천한 것이 없는 것으로 판단하겠습니다.

앎을 실천하는 지식인으로 국민을 바르게 인도하는 언론인이기 바라며, 현재와 같이 국민을 바르게 인도하지 못하는 보도는 대학생도 가능하므로 현 언론인을 대학생으로 대체하여 국민복지가 실천되게 하는 것이 더 나을 것 같다는 생각을 갖지 않게 하여 주시기 바랍니다.

　책임자가 실무가가 아닌 행정가임에도 국민을 바르게 인도하지 않고 세월호 참사 사건이 발생되게 잘못을 묵인한 언론인은 세월호 사건에 책임져야 하며, 언론인은 방관자가 아닌 감시자로서 국민을 바르게 인도해야 합니다.

　세월호 침몰사건에서도 보듯이 서민들의 영웅적인 행동이 많음에도 서민들의 심정을 이해하지 못하는 국가를 대표하는 자들의 비 영웅적 행동으로 대한민국이 미개국으로 낙인 찍히게 되는 것은 부당합니다.

　2014. 4. 3. 제 민원 등 제 블로그에 첨부된 사례(KBS 포함)와 진정서를 참고하시기 바라며, 어려움을 호소하는 세월호 실종자 가족들의 타들어 가는 심정과 죄인이 된 것 같은 생존자들의 말 못할 심정을 이해하여 대책이 마련되게 하여 주시기 바랍니다. (2014. 4.29)

세월호 침몰과 관련하여 1. 침몰사건이 발생하게 된 경위 2. 가족들의 애타는 심정 3. 구조 활동에 대한 보도가 집중되어야 함에도, 보도내용을 보면 1에 대해서만 집중보도하고 2. 3.에 대해서는 집중되지 않은 보도로 일관하고 있어 2와 3에 대한 집중보도로 본 침몰사고에 대한 실상을 국민이 바르게 알게 하기 바랍니다.

즉 1은 가해자(선주·선장·선원·선박 등)에 대한 책임이며 2는 피해자(가족 등)에 대한 것이고 3은 정부(해경·중대본 등)에 대한 것임에도 1에 대해서만 집중 보도하는 편향된 보도는 2와 3을 왜곡합니다.

1에 대해서도 책임져야 하지만 3에 대해서도 책임져야 하며 1에 대한 편향된 보도는 3에 대한 책임을 의도적으로 왜곡시키는 보도입니다.

피해자 가족들의 애타는 심정 보도로 피해자 가족들이 시신을 검시하는 등의 방법으로 그 분함을 국민에게 호소하지 않는 균형감 있는 보도를 바랍니다. (2014. 4. 23)

18   사실을 歪曲시키는 보도

제 블로그(http://blog.daum.net/seojoung)에 첨부된 개헌안 제3조와 같이 구체적으로 영토를 명시하는 개헌을 추진하여, 국민의 뜻을 세계에 공표하고 독도는 일본이 전쟁에 대한 책임으로 우리나라가 관리할 것을 요구하여 우리나라가 합법적으로 점거하여 관리하여 온 것이며 불법점거가 아님에도 독도를 불법점거라고 주장하는 일본에게 독도를 관리(소유)하게 할 이유가 없음을 알려야 합니다. (2014. 1. 29)

인터넷(다음 등)과 제 블로그(blog.daum.net/seojoung)를 통해서 저를 알 수 있지만, 저는 국세청을 30년간 재직한 세무사이며 저자로, 오늘 동아시아미래재단에서 주관한 '통합의 정치와 합의제 민주주의'라는 주제의 토론회에 참석한 바, 주제에 대한 토론이 아닌 개헌과 관련된 토론이라 실망하여 말씀드립니다.

토론 주제인 '통합의 정치와 합의제 민주주의'가 개헌만으로 달성될 수는 없으며, 더구나 그동안 언론이 권력구조에 대한 내용의 개헌을 보도한 것을 보면, 권력구조에 대한 내용의 개헌은 정치인을 위한 개헌이지 국민을 위한 개헌이 아님에도 이를 언론이 보도하는 것은 부당합니다.

위와 같이 주제 따로, 내용(토론) 따로 식으로 언행이 불일치한 사례를 예시하면, 대통령과 새누리당이 과거의 잘못은 바르게 할 것처럼 대선 때 약속한 후 제 블로그에 첨부된 내용과 같이 과거의 잘못이 현재까지도 계속되게 하는 것은 언행이 불일치하기 때문입니다.

정치인이 언행이 불일치한 美辭麗句의 말로 찬성이나 비판(투쟁)하면서 결국은 현 실정을 국민이 인정(忍耐)하는 것은 책임 있는 정치인이 아니며, 언론이 아닙니다.

제 블로그에 첨부된 사례와 같은 실정임에도 정치인(여당, 야당 등)이 현 실정(잘못)을 책임지고 개선되게 하지 않고 국회의원이 所信 없이 소속 정당의 擧手機가 되어 국정을 논의하는 것은 잘못이며, 현 헌법은 국민이 주인인 국가임을 규정하고 있지만 실질적으로 시행되는 법률 등은 정부가 주인(판단하는 주체)임을 규정하고 있어 저는 개헌안(제 블로그에 첨부) 제1조와 같이 헌법을 규제하는 모든 행위는 무효로 처리되게 해야 한다고 주장합니다.

알음이나 청탁 등 情에 의해 主觀的으로 판단하여 腐敗의 원인이 되게 하는 것은 부당하며, 세계화를 위해서도 透明하고 客觀的이고 合理的으로 판단하는 미래지향적 사회로 변하게 해야 합니다. 즉 정(情)에 의한 밀실결정보다는 투명하게 결정하는 합리적 사회가 되도록 해야 합니다.

사실을 歪曲시키는 보도

헌법과 관련하여 첨부한 저의 헌법 신·구 조문 비교(안)을 참고하셔서 정치인을 위한 헌법이 아닌 진정으로 국민을 위한 헌법이 되도록 노력하여 주시기 바랍니다. 감사합니다. (2014. 1. 16.)

2014. 1. 15. 답변을 보고 다시 제출합니다.

2014. 1.11. 민원내용은 제 블로그에 첨부된 그동안 KBS의 답변내용에 대해 KBS가 異見없음이 확인되므로 KBS만을 위한 시청료징수 폐지를 주장한 내용에 대해 KBS는 2014. 1. 15. '문의사항과 의견은 메일에 직접 자세하게 기재하여 주기 바라며 시청자의 의견과 문의에 귀를 기울이는 방송이 되도록 노력하겠다.'고 답변하였습니다.

다시 말하면 제 주장은 블로그 내용과 같이 계속하여 言行이 不一致되는 거짓 답과 상투적 답으로 민원을 처리하는 KBS의 시청료 폐지를 요구한 것이지 메일을 KBS에 보낼 내용이 아님을 참고하기 바라며, 2014. 1. 11. 민원에 대해 상투적 답이 아닌 진실된 답을 바랍니다. (2014. 1. 16)

제 블로그(http://blog.daum.net/seojoung)에 첨부된 사례(KBS)에 異見이 있으면 각 일자별로 해당 민원을 실천한 증거를 제시하기 바라는 민원에 KBS는 다양한 시청자분들의 의견을 접수받고 이를 프로그램 제작 및 편성에 참고할 수 있도록 각각의 담당부서로 전달한다는 내용으로 답한 후 제가 문의한 제 블로그에 첨부된 사례에 대하여는 異見없는 것으로 보아 KBS는 제 블로그에 異見없는 것으로 판단됩니다.

제 블로그 내용에 이견이 없다면, 2011. 3. 5. KBS가 공영방송을 하기를 바라는 민원에도 2014. 1. 3. 민원에도 동일한 내용의 답(참고, 도움 등)으로 민원을 처리한 것으로 보아 민원을 처리하기 위해 거짓내용을 답한 것으로 판단됩니다.

거짓 답으로 민원을 처리하는 KBS가 타 방송(언론)사와 차별되는 것은 부당하므로, KBS만을 위한 시청료 징수는 폐지하기 바랍니다.

그리고 제 민원은 KBS에 제출된 것이지 일부 부서에 제출된 민원이 아님을 참고하기 바라며, 따라서 KBS 전체에 해당되는 민원이므로 해당 부서(?)에 '전달'할 필요도 없습니다. (2014. 1. 11.)

사실을 歪曲시키는 보도

2014. 1. 3. 및 1. 7. 제 민원에 대해 정확한 프로그램명과 보도내용이 확인되지 않는다는 일부 언론의 답을 보고 제출합니다.

제 민원은 '사실내용 보도'를 요청하는 것으로, 프로그램명은 '뉴스'이며 보도내용은 제 블로그에 기재된 사례를 통한 주장(1. 행정심판소처럼 운영하면 법정이 필요하지 않음에도 대법원은 법정을 설치하여 예산을 낭비함. 2. 굳이 출장가서 감사할 필요가 없는 감사원이 출장비 명목으로 예산을 낭비함. 3. 국가보훈처 등 정부가 사전결론에 짜 맞추기 위해 허위사유를 이유로 결정함. 4. 국민건강보험공단이 건강보험료를 일부 납부자에게는 과소하게 산출(징수)하여 재정을 악화시킴. 5. 정부의 판단에 따라 결정하는 현 제도를 국민의 판단에 의하도록 헌법에 명시한 것(제 개헌안 1조 참조).) 중 한 개를 선택한다면 1을 선택하여 보도해주시기 바라며 그 이유는 제 블로그 내용과 같이 사법부(법원)는 우선적으로 개혁되어야 하기 때문입니다. 감사합니다. (2014. 1. 10.)

저는 세무사로 정부가 법을 지키지 않는 사례를 제 블로그(blog.daum.net/seojoung)에 게시하였지만, 정부부터 원칙(법)을 지키지 않으면서 국민이 법을 지키지 않는다(불법)고 국민을 제재하는 것은 부당하며, 언론이 이에 침묵하는 것도 부당합니다.

제 블로그에 첨부된 일부 사례에서 보듯이, 국민건강보험공단이 건강보험료를 과소하게 징수하여도 대통령 · 국무총리 · 감사원 · 보건복지부가 이를 묵인하며 책임지게 하지 못하고, 국가재정이 감소되어도 이를 국민에게 알려 바르게 하지 못하는 것이 안타깝습니다.

인터넷(다음 등)에서 '서맹종'을 검색하여 제 주장과 반응을 참고하시고 제 주장에 대해 문의할 사항이 있으시면 메일(seojoung0914@han-mail.net)로 문의하여 주시기 바라며, 국민에게 사실을 알려 국민이 사실을 판단할 수 있게 하여 주시기 바랍니다. (2014. 1. 3)

대통령 당선인이 발표한 인수위 인선과 관련입니다.

교수나 고위직 공무원 출신을 전문성과 실무 능력을 감안한 인선으로 평가하는 것은 부당합니다.

교수나 고위직 공무원은 실무를 직접 처리하지 않는 자리로, 실무를 간접적으로 익힐 수 있는 기회가 있는 자리입니다. 즉 타인을 평할 수 있다할지라도, 타인처럼 할 수 없습니다. 예를 들면, 건물을 설계하고 건물의 장단점을 평할 수는 있어도 경험이 없어 건물을 직접 짓지 못하는 것과 같습니다.

　교수는 올바른 주장은 할 수 있지만, 현실감(실무경험)이 없어 본인의 주장을 현실에서 실천할 수 없게 됩니다. "평소에 가져오던 생각을 한번 실천할 수 있게 돼서 대단히 영광으로 생각합니다."라고 ○○○ 교수께서도 말했지만, 정책은 실험해 보는 것이 아니며, 시행착오가 없게 완벽해야 합니다. 평소 생각을 실천한 '새만금 사업'이나 '4대강 사업' 등 많은 국책사업이 시행착오의 표본이라고 할 수 있습니다. 또 탁상에서 업무를 처리하는 고위직 공무원과 현장에서 업무를 처리하는 하위직 공무원을 같은 공무원이라는 이유로 동일시하지 않아야 합니다. 고위직 공무원은 담당업무에 대해 경험과 전문성이 없음에도 이를 전문성이 있다고 평하는 것은 마치 '서당 개 삼년에 풍월한다.'는 식으로 풍월하는 서당 개로 평하는 것은 잘못된 것입니다. 보도에 참고하시기 바라며, 감사합니다. (2013. 1. 6)

공적 책임의식으로 민주적 여론형성(언론의 역할)에 이바지할 것을 홈페이지와 블로그를 통해 계속 말했지만, 결과도 없고 계속하여 잘못된 여론을 조성하고 있어 본 진정서를 접수합니다.

지금도 대통령 후보자 9명중 3명에 대하여는 사진과 사생활까지 보도하면서 나머지 후보자 6명에 대하여는 보도하지 않는 불평등한 보도는, 헌법 제11조 ①과 헌법 제114조 ①에 위반되는 보도입니다.

그동안의 제 의견을 실천한 것이 없어 메일(seojoung0914@hanmail.net)로 답하지 못하는 것으로 판단되나, 인터넷에서 '서맹종'(블로그 http://blog.daum.net/seojoung)을 검색하여 제 의견을 업무에 참고하시기 바라며, 하루를 살아도 초심을 잃어버리지 않고 어려운 국민을 대변하며 정의와 평등을 실천하는 언론이 되기 바랍니다.

삶의 자세가 저와 다르며 富와 權力을 더 가지려고 실천 없는 말로 노력하는 새누리당과 민주통합당에 보낸 진정서를 동봉하니 업무에 참고하시기 바라며, 감사합니다. (2012. 10. 23.)

사실을 歪曲시키는 보도

제가 언론의 역할을 다해줄 것을 계속 말했지만, 초심을 잃어버린 채 타인의 어려움을 도우지 못하고 지금도 대통령후보가 누구인지 국민에게 알리지 않고 유독 3명의 후보에 대해서 동영상이나 사진 등으로 근황을 보도하는 것은 공평하고 평등한 것이 아닙니다.

귀 언론이 언론의 역할을 다하지 못하고 귀 언론의 편파적 보도로 인해 국민이 계속 기만당하게 하면, 저는 총선 때 보도한 기사 등을 근거로 일부 언론사를 피소할 예정입니다. 보도하려면 대통령 후보자 전부에 대해 동일하게 보도하고, 아니면 전원 보도하지 않도록 하여 공정한 보도가 되게 하기 바랍니다.

제가 총선 때 허위공약과 관련하여 새누리당과 민주통합당을 피고로 소를 진행하고 있는 줄 알겠지만, 피고들의 허위공약에 귀 언론의 책임이 없다고 단언할 수 없습니다. 오히려 언론은 피고들의 실천하지 못할 허위공약을 사실인 것처럼 보도하여 피고들이 국민을 기만할 수 있게 하였습니다.

참고로 SNS(요즘 트위터, 페이스북, 미투데이)와 인터넷(네이트, 네이버, 한메일 등)에서 '서맹종'을 검색하여 블로그를 보면 제 주장을 구체적으로 알 수 있으며, 편파적인 현 보도를 시정한 것이 있으면 제 메일(seo-joung0914@hanmail.net)로 그 내용을 보내 주시기 바랍니다. 감사합니다. (2012. 9. 28.)

■■■■■■

　잘못을 시정되게 하기 바라는 내용의 제 건의에 대해, 아직도 귀사 내의 해당 부서에 통보한다는 등 참고한다면서 국민에게 현 실상을 바르게 알려 잘못을 시정되게 하지 않고 있어 다시 건의합니다. 국민이 현 실정을 바르게 알고, 국민이 잘못을 바르게 시정하도록 하여 주기 바랍니다.

　참고로 인터넷(네이트, 네이버, 한메일 등)에서 '서맹종'을 검색하여 제 블로그에서 피고(새누리당)에 대한 준비서면 등을 통해 제 주장을 구체적으로 알 수 있으니 업무에 참고하시기 바랍니다. (2012. 9. 6.)

■■■■■■

　'정책토론'이, 국민을 기만하기 위해 마련되는 각 당의 場이 되게 하여서는 안 됩니다. 각 정당이 국민을 기만한 예를 보면, '잘사는(행복한) 대한민국이 되게 할 것'을 이전(과거)에 공약하였습니다. 그러면 지금 '잘사는 대한민국'이 된 것인지 自答할 수 있습니다.
　언론이 정당의 장밋빛 공약(복지정책 등)을 보도하여 '정당의 실천하지 못할 공약'을 국민이 신뢰하게 하여서는 안 되며, 이에 언론이 一助하여서는 안됩니다.

처음 입사 시에는 '사회정의실현'이 목적이었던 이가, 생활에 적응(?)하게 되면 사회정의실현에 상관없이 본인생활에 유리한 쪽을 선택하게 됩니다. 저는 초심을 잃지 않고 사회정의를 실천할 의지가 있는 언론을 기대합니다. (2012. 7. 18.)

저번 총선공약 시 공약(약속)을 지키지 않아 제가 새누리당에 대한 진정 등을 증거로 새누리당을 피고로 소를 진행하고 있지만, 새누리당의 복지공약이 문제없이 실천되고 있는지 확인하여 저번 총선공약과 같이 실천되지 않을 줄 알면서 가능한 것처럼 청사진 식의 장밋빛 대선공약을 새누리당이 만들지 않게 해야 합니다. (2012. 7. 6.)

제가 새누리당과 민주통합당을 피고로 소를 진행하고 있지만, 새누리당과 민주통합당의 공약 실천능력유무를 알기 위해 진정한 진정서 사본을 첨부하오니, 진정내용을 참고하여 주시기 바랍니다. (2012. 7. 4.)

▬▬▬▬▬

한일협정추진 잘못에 대한 책임을 묻지 않으려고 대통령이 누가 어떻게 무엇을 잘못했는지 따져보지 않는 것은 부당합니다. 대통령은 하기 쉬운 좋은 말만하지 말고 행정 선진화를 위해 행정의 잘못을 책임자가 책임지게 해야 합니다. (2012. 7. 3.)

▬▬▬▬▬

아래에 피고 대한민국(국무총리)에 대한 준비서면 중 일부를 소개합니다.

본소는 피고의 고의적 불법으로 발생된 원고의 치료소홀(생명연장)에 대한 손해배상 청구의 소입니다.

먼저 고의적 불법에 대해 논하면, 법치주의 국가에서 법에 명시된 사항을 위반하고 또 수년간 36회나 법을 위반한 것은 고의입니다. 법에 명시된 사항을 보면, '민원사무 처리에 관한 법률 제15조(처리결과의 통지)' 1항에 「행정기관의 장은 민원인이 신청한 민원사항에 대한 처리결과를 민원인에게 문서로 통지하여야 한다.」 라고 규정하고 있습니다. 즉 1. 신청한 민원을 처리한 후 2. 그 결과를 문서로 통지하게 명시한 것입니다.

'민원사무 처리에 관한 법률 제15조'는 중복되거나 기 처리(종결)된 민원일지라도 신청한 민원에 답하게 규정한 법률로 행정편의를 위해 법률적 근거 없이 제정된 '민원사무 처리에 관한 법률 시행령 제21조'와는 상반되며 또 시행령은 법률 하위규정으로 법률과 다툴 수 없는 것임에도, 민원사무 처리결과를 통지하지 않았습니다.

※ 통상 민원을 안내한 후 정부가 민원에 답한 것으로 알고 있어, 구체적인 예를 들어 이를 더 설명합니다.

만약 '1을 처리하여 주십시오.'라는 내용의 민원이라면 '1은 ○○○사유로 당초 처분은 정당하다.' 또는 '1의 ○○○ 오류를 정정하였다.' 등의 답은 신청한 민원에 회신한 것으로 적법합니다. 그러나 '1을 ○○하기 바랍니다.' 등의 답은 1을 안내(설명)한 것으로 민원사무 처리결과를 답한 것이 아니므로 민원사무 처리에 관한 법률 제15조를 위반하게 되며, 이는 민원인이 민원사무 처리를 원망하게 됩니다.

제 민원에 대한 답을 보시면 신청한 민원을 처리(당초 처분 정당 또는 당초 처분이 부당하여 정정)하여 직설적으로 답하지 않고, 행정 잘못을 책임지지 않으려고 안내(설명)만 하면서 민원이 4년간 계속되게 하고 있습니다. 즉 당초 처분(2009년)을 정정한 후 그 처리결과를 회신해야 함에도, 처리결과 없는 회신만 하는 것은 아무런 의미 없는 회신일 뿐 아니라 결국 신청한 민원에 회신하지 않아 민원사무 처리에 관한 법률 제15조를 위반하게 되는 것입니다.

사회에서 통상 인정하는 상황에 대한 소이기 때문에, 통용되는 상황에 대해 변호사가 소를 진행한다는 것은 승소가 목적인 변호사 입장에서는 부담될 것으로 판단되어, 원고가 환자임에도 변호사를 선임하지 않고 직접 소를 진행하고 있습니다. 또 원고가 소를 진행하는 이유는 초심을 잃지 않은 판결을 기대하기 때문입니다. 즉 언론사나 사법고시, 의사시험 등에 합격한 사람(학생)들의 일성(一聲)이 '약자보호'임에도, 동일한 사람이 사회에 적응(?)하게 되면 약자보호보다는 통상 생활에 유리한 쪽을 선택하게 됩니다. 이것이 젊은 세대일 때의 사고(초심)와 나이든 세대 간의 사고가 각기 틀리게 되는 이유입니다.

그동안 원고도 공무원이면서 사회인으로 통상적인 잘못은 인정하여 왔지만, 본 건과 같이 수년간 36회나 계속되는 불법은 통상적인 도(度)를 넘는 것으로, 이것이 원고가 본 소를 진행하게 된 이유이기도 합니다. (2012. 6. 20.)

사실을 歪曲시키는 보도

언론사가 존재하는 목적은 국민을 바르게 인도하는데 있습니다. 국민을 바르게 인도하지 않는다면 언론사가 알 권리를 주장할 필요도 없게 되며 사실일지라도 보도할 필요가 없게 되므로, 언론사가 존재할 목적도 없게 됩니다. 언론의 존재를 부인하지 말고, 국민에게 사실을 알려 국민이 언론을 신뢰할 수 있게 해주기 바랍니다.

제가 수차례 말하여 알겠지만, 제 경우를 예로 말하면, 저는 공무원(국무총리, 감사원장, 대법원장, 판사 등) 22명을 직무유기나 법률위반으로 고소하였습니다. 내용의 사실여부는 대검찰청에서 접수 사실을 확인할 수 있습니다. 다음에 동 내용이 국민을 바르게 인도하는데 기여할 수 있는 내용인지 여부입니다. 제가 직무유기나 법률위반으로 고소하게 된 이유는, 통상 법을 위반하고 있음에도 이를 적법한 것으로 판단하여 위법한 공무원을 조치하지 않고 있기 때문입니다. 예를 들면, 민원사무 처리에 관한 법률 제15조는 신청한 민원사무 처리결과를 회신하게 규정하고 있는데 반해 민원사무 처리에 관한 법률 시행령 제21조는 행정편의를 위해 회신하지 않아도 되는 경우를 적시하고 있습니다. 그러면 민원사무 처리 결과를 회신하지 않는 것은, 시행령으로 보면 맞는 일이지만 법률에는 위반됨에도 적법한 것으로 판단하여 시정하지 않고 있습니다. 시행령보다는 법률이 우선되어야 합니다. 저는 이와 관련하여 제가 여러 건의 법률위반에 관한 소를 제기하니, 피소된 부처는 시행령 규정을 답하고 법원은 청구취지인 법률위반여부에 대해서 판결하지 않아 판사도 고소하게 되었습니다. 우리는 잘못을 맞는 것으로 판단하는 구태의연(통상)한 사고를 버려야 하며, 이러한 통상적 사고가 변하지 않는 한 고소도 필요 없겠지만, 언젠가는 언론이 언론의 목적을 다할 것으로 보아 저는 오늘도 아프고 힘들지만 원칙대로 하기 바라는 민원을 계속하고 있습니다.

　원칙이 아님에도 원칙으로 알고 있는 구태의연한 잘못된 현 사고를 올바른 사고로 변하게 하여주시기 바라며, 감사합니다. (2012. 6. 9.)

━━━━━━━

　국가부채를 후세의 국민이 책임지게 하는 것은 부당합니다. 원인을 밝혀 부채의 원인을 제공하고 돈을 소비하게 결정하여 국가부채를 증가시킨 공무원과 정치인을 우선 책임지게한 후, 세금으로 충당하는 등의 방법으로 국가부채가 최소화되도록 온 국민이 노력해야 합니다. (2012. 6. 1.)

어제(2012. 5. 24.)까지 총 21명을 직무유기나 법률위반으로 해당 공무원을 고소하였습니다. 물론 현재 행정부(검찰 포함)나 사법부의 업무처리 행태를 보면 '각하' 등이 예상되나, 내용은 알리지 않고 결과만 알리는 것은 국민을 보호하게 규정한 헌법 위반이므로 고소한 것입니다. 대통령을 포함한 모든 공무원은 말로만 헌법이나 원칙을 지킨다고 말(선서 등)하지 말고, 행동으로 원칙(헌법)을 준수해야 합니다. (2012. 5. 25.)

생활이 어려워도 힘들게 낸 세금을 먼저 쓰는 사람이 임자라는 식으로 부자 몇에게 몰아주는 현 사태가 계속되면 장래에 우리나라도 유럽국가들 같이 부도를 면하지 못하게 됩니다. 능력이 없어 못하는 것이 잘못이라며 능력만 있으면 잘못을 누구나 하게 하는 현 풍토를 변하게 해야 합니다. (2012. 5. 24.)

━━━━━

　서울시청사 건축과 숭례문 건축에 지급된 예산에 대해 관련자는 책임지지 않고 예산만 소비하게 된 것이 이해되지 않습니다.

　잘못에 대해서는 먼저 책임지고 사후(앞으로) 시정해야 함에도, 잘못을 책임지지 않고 시정만 하는 게 이상합니다. 물론 잘못하는 인물을 일하게 한 국민도 잘못이지만, 국민은 관련 공무원이 행정상 책임과 예산상 책임을 지게 해야 합니다. (2012. 5. 23.)

━━━━━

　언론은 여론을 조성하는 등으로 국민을 바르게 인도해야 할 책임이 있습니다. 그럼에도 현 보도를 보면 대다수가 아닌 일부분을 전달하는 보도를 하고 있습니다. 여당이 약속을 지킬 것을 공약하고도 약속을 지키지 않음에도 언론은 말이 없고, 야당이 복지를 실천할 것을 공약하고도 실천할 노력도 하지 않고 또 야당대표후보의 미사여구를 언론이 중계하면서 말이 없는 등, 언론은 국민에게 거짓이 아닌 실상을 바르게 알려야 합니다.

　뉴스시간을 예로 들어 말하면, 뉴스시간이 총 10분이라고 가정한다면 정치 2분, 경제 2분, 사회 2분, 문화 등 기타 4분의 시간배정은 잘못된 것입니다. 99%인 국민이 대다수이므로 사회부분은 길게 하

36　　　　　　　　　　　　　　　　　　사실을 歪曲시키는 보도

고 대신 정치부분은 짧아져야 합니다. 즉 정치 0.5분 경제 0.5분 사회 4분 문화 등 기타 5분 등으로 배정되어야 합니다. 방송시간을 총 24시간이라 한다면 부족한 부분은 뉴스시간이 아닌 다른 시간대에서 보완된다 하겠지만, 각 프로마다 특색이 있으므로 저는 뉴스시간을 예로 든 것입니다.

각 프로그램도 마찬가지이지만, 뉴스를 보도하기 위해서는 담당자들의 노력이 필요하며 뉴스는 상업성 보다는 공익성에 더 중점을 두어야 합니다. 그럼에도 보도되는 뉴스를 보면, 흥미가 있을 특정 인물(인격체)을 전달하고 있습니다. 왜 그렇게 될 수밖에 없는가 하면, 노력(문제점 발굴)하여 흥미 없는 보도가 되기보다는 작은 노력으로도 흥미 있는 보도를 할 수 있게 되기 때문에, 위에서 말한 것처럼 전달하는 식의 쉬운 보도가 상대적으로 길어지게 됩니다. 정치부는 정치의 문제점을 발굴하는 노력을 아끼지 말아야 합니다.

노력하여 형평성 있는 보도가 되게 하여 주시기 바랍니다. 형평성이란, 누구에게나 동일한 것이 아니고 해당유무에 따라 차별하는 것이 형평성입니다. 즉 1%에 해당되는 동일한 시간의 보도가 아닌 대다수 국민을 위한 보도가 되게 하기 바랍니다.

참고로 저는 종로 국회의원으로 출마하였다가 불리한 여건으로 낙선했으며, 새누리당과 민주통합당의 거짓공약을 언론이 중계하여 발생된 손해배상의 소를 제기하였습니다. 언론이 거짓을 중계하여 국민이 거짓을 사실인 것처럼 믿게 하지 말아야 하며, 당초부터 거짓을 중계하지 않으면 사후 거짓을 비판하지도 않게 됩니다. (2012. 5. 22.)

　제가 KBS에 수차례 문의한 바, 답했다며 민원을 완료하고 있어 말합니다.

　민원의 모든 것은 KBS에 문의한 것이지 KBS내의 특정부서에 대한 문의가 아니므로, 처리결과 없이 민원을 종결하지 말기 바랍니다. 제 민원은 전부 안내만 하였지 종결되지 않았으므로 다시 처리결과를 알려 민원을 종결하기 바랍니다. (2012. 5. 11.)

　그동안 수차례의 제 민원은 업무에 참고를 바라는 건의가 아니며, 잘못을 시정하길 바라는 민원임에도 아직도 참고한다면서 시정하지 않고 있어 다시 민원을 제출합니다. 언론이 국민을 바르게 인도한 것이 있으면 제 메일(seojoung0914@hanmail.net)로 알려주기를 바라며, 물론 국민을 바르게 인도한 것이 없으면 알리지 말기 바랍니다.

　참고로 저는 정치인으로 네이트, 네이버, 한메일 등에서 '서맹종'을 검색하여 제 블로그를 찾으면 제 주장을 구체적으로 알 수 있으며, 저는 잘못을 시정하고자 '책임'을 키워드로 제19대 종로구 국회의원 후보로 출마하였으나 신체가 불편하여 직접 선거운동도 못하는 등 제반 불리한 여건으로 낙선할 수밖에 없었습니다. (2012. 5. 6.)

저번(4. 5. 4. 6. 등)에도 말했지만, 언론이 국민의 소리에 귀 기울이지 않고 국민을 바르게 인도하지 않아 다시 민원을 제출합니다.

인터넷에서 '서맹종'을 검색하여 제 블로그를 확인하면 국민을 위해 언론이 해야 할 일을 제시하고 있으니, 사회적 책임을 실천하는 언론이 되기 바랍니다. (2012. 4. 24.)

저는 종로 국회의원 무소속 후보자로, 무소속 국회의원 후보가 된 이유는 여야를 막론한 기존 정치권이 국민을 바르게 인도하지 못하여 제가 제도권 내(국회)에서 이를 실천하는데 앞설 작정이었습니다. 그러나 강자만 보도하며 정치권의 잘못을 지적하지 않는 언론을 보고 강자만 생존할 수밖에 없다는 생각에 실망하지 않을 수 없었습니다. 결국 언론도 국민을 바르게 인도하지 못하고 약자가 상승할 수 있는 희망을 가지게 하지 못한다는 점이 실망이며, 제가 국가에 희망을 가진 게 잘못인 것 같다는 생각입니다.

기존 정치권과 언론이 국민을 바르게 인도하지 못하는 예를 보면, 먼저 여당이 '과거의 잘못과 단절'한다는 말에 대해 언론이 시비를 가리지 않고 보도하여 국민이 잘못된 판단을 하게 합니다. 여당은 과거의 잘못에 대해 정계 은퇴 등으로 책임진 후 이런 말을 해야 한다는 것을, 언론은 국민이 알게 해야 합니다.

다음에 정치의 잘못을 책임지지 않은데 대해 자숙하고 심판 받아야 할 야당이 총선 슬로건으로 '정권심판'을 주장해도 언론은 시비를 가리지 않고 보도하여 국민이 잘못된 판단으로 투표하게 합니다. 야당은 본인부터 심판하여 정계 은퇴 등으로 책임진 후 이런 말을 해야 한다는 것을, 언론은 국민이 바르게 알게 해야 합니다.

또 정치를 직접 하지 않은 어떤 정치인은 정치에 책임 없는 것처럼 하지만, 이는 국민을 바르게 인도하지 않고 잘못을 옹호한 책임을 망각한 것입니다.

제가 4. 5. 말씀드린바와 같이, 99%에 해당되는 국민을 언론이 바르게 인도하는데 앞서 주시기 바랍니다. (2012. 4. 6.)

저번 4. 3. 주장한 내용과 같이 언론사가 여론조사 결과 발표를 금지한 것은 당연합니다. 제 주장은 언론이 언론의 역할(초심)을 제대로 하지 못하고 있기 때문에 여론조사 발표는 부당하다는 것입니다.

지금 국민들은 책임정치가 되지 않아 여러 문제의 발생에 대한 불만이 많으므로, 이를 언론이 파악하여 국민을 대변할 수 있어야 함

사실을 歪曲시키는 보도

에도, 언론은 99%의 의견은 대변하지 않고 1%의 의견을 대변하고 있습니다. 언론사가 발표한 여론조사를 보면, 이번 총선을 거의 새누리당과 민주통합당의 대결로 보도하고 있습니다. 즉 강자(1%)만 보도하고 있으며 약자(99%)의 의견은 보도하지 않고 있습니다. 언론은 강자보다는 약자를 대변하여, 약자도 희망을 가지게 해야 합니다. 그리고 책임정치에 대해 말하면, 여야를 불문한 모든 정치인은 정치의 잘못에 대해 정계 은퇴 등으로 책임져야 합니다. 그러나 언론 보도를 보면 정치에 책임지지 않은 정치인의 공약을 비교하고 있습니다. 이는 '도토리 키 재기 식'의 의미 없는 비교입니다. 언론은 책임진 정치인에 대한 공약을 비교하도록 해야 합니다. 한 가지 예를 들면, 민주통합당이 '정권심판'을 주장합니다. 맞는 말 같지만 민주통합당이 주장할 수 없는 말임에도 언론이 이를 지적하지 않는 것은, 언론이 민주통합당에게 국민이 기만당하게 방치하는 것입니다. '정권심판'을 주장하는 민주통합당 정치인들이 정치 잘못에 책임진 사람들인지 판단해 보면 잘못을 책임지지 않은 정치인들입니다. 책임과 정권심판은 별개의 사항으로 책임진 사람만이 정권심판을 주장하도록 해야 하며, 언론은 국민을 보호하여 국민이 정치인들에게 기만당하게 하지 않게 사실(책임과 정권심판은 별개의 사항임)을 알려야 합니다.

언론은 약자인 대부분의 국민(99%)을 강자(1%)로부터 보호하여 주기 바랍니다. (2012. 4. 5.)

저는 종로구선거관리위원에 제19대 국회의원선거에 등록하여 기호 12번으로 선거를 준비하고 있습니다.

종로에는 총 10명의 후보가 있음에도, 귀 사에서 타 기관의 여론조사를 보도한다는 명분으로 후보 10명 중 2명만 보도하여 공정한 선거가 되지 않게 하고 있습니다.

다른 지역도 마찬가지이지만, 앞으로는 타 기관의 여론조사를 보도한다는 명분 등으로 유독 2명 또는 일부의 특정 후보를 귀 사가 보도하여 유권자가 귀 사의 보도(타 기관의 여론조사)내용이 사실인 것처럼 믿게 유도하는 등, 공정한 선거가 되지 않는 분위기를 귀 사가 적극적으로 조성하지 않게 하여 주시기 바랍니다.

참고로 공직선거법 제 82조의 2에 따라 후보자인 제가 티브로드에서 2012. 4. 3. 19시 30분에 방송예정인 연설문 원고를 보냅니다.
(2012. 4. 3.)

사실을 歪曲시키는 보도

안녕하십니까.

저는 국세청에 30년간 근무하면서 법을 고치고 전국에서 1위를 하는 등 맡은 업무에 충실하였으나 결국 뇌출혈로 국세청 서기관으로 명예 퇴직하였으며, 수술한지 5년이 된 지금에도 언어나 행동이 불편합니다. 저는 법대로 복지를 실천하지 않는 업무처리 방식을 경험하고 부터, 국가가 국회의원에게나 서민에게도 동일하게 업무를 처리하는지 알고 싶고 또 잘못된 것을 바르게 고치고 싶어, 오죽하면 공무원이었으며 불편한 제가 국회의원이 되어 잘못을 바르게 고치려 하겠습니까?

저는 세무공무원이었지만 현재도 채무가 많아 연금으로 이자를 지급하고 있으며, 또 저는 어려운 환경을 직접 경험하면서 성장하였습니다.

각 당이나 후보자의 공약을 보면, 주로 '어느 지역을 개발하여 발전시키겠다.'는 것으로, 개발하기 위해서는 예산을 소비해야 하는데 예산조달방안이라는 게 '절약'이나 '빚' '민생예산 축소' 등으로 조달한다는 것입니다. 공약을 실천할 의지가 있다면 과거부터 하던 일을 새삼스럽게 공약으로 제시할 게 아니라 구체적인 예산조달방안을 국민에게 제시해야 합니다.

복지같이 예산조달방안 없이 예산소비만 주장하는 정치인은 재산을 국가에 기부하는 모범을 보여, 국가재정을 건전하게 하면서 민생을 외면하지 않는 복지가 실천되도록 해야 함에도, 본인은 재산을 국가에 기부할 생각없이 국가예산으로 복지 실천을 주장합니다.

정치인은 정치의 잘못을 양심적으로 책임져야 함에도, 여야 국회의원을 보면 잘못을 책임지고 정계를 은퇴하겠다는 것이 아니고 오히려 당을 옮겨서라도 정치를 더하려고 기를 쓰는 게 이상합니다. 그러면 그 동안 정치하면서 뭐했는지 세금이 아까운 일이며, 당리나 형편에 따라 정책을 손바닥 뒤집듯 변경하는 것은 대한민국을 진정으로 위하는 것이 아닙니다.

한미FTA를 보면, 야당은 한미FTA는 잘못이라면서도 한미FTA를 추진한 여당과 책임자에게 잘못을 책임지게 주장한 사실도 없고 이를 여당이 책임진 사실도 없습니다. 관행적으로 이루어지는 돈 봉투 의혹도 물증이 없다며 완벽하게 밝히지 못하는 야당이기에 여당에게 책임질 것을 주장하지도 못합니다.

'무상급식'에 대해서, 새누리당은 일시적 무상급식에 반대하고 민주통합당은 국가재정을 생각하지 않고 국민의 지지를 받기 위해 무책임하게 급식부터 일시적으로 무상으로 해야 한다는 등 보편적 복지를 주장합니다. 여기서 민주통합당의 포플리즘식 사고인 복지정책과 편 가르기의 단면을 볼 수 있으며, 저는 국민의 지지를 받기 위해 편 가르기 식인 어떠한 포플리즘식 정책에도 반대합니다.

　민주통합당 등 야권은 실천 없이 여권과 투쟁만 하고, 새나라당도 국민의사에 반할지라도 맞다고 생각한 것을 힘으로 밀어붙이면서 잘못은 시정하지 않고, 이것은 국민을 위하는 것이 아닙니다.

　국민의 어려움을 보살피지 못하는데도 해마다 세금만 증가하고 교육비 등 생활비를 보태기 위해 주부가 취업하는 실정임에도, 국민의 어려움을 구경하며 사진 찍기 바쁜 정치권과 비단결 같은 말로 탁상공론이나 하며 부작위하는 국가에 왜 국민이 납세하는지 알 수 없습니다.

　행정·입법·사법 모든 부가 결정내역을 얼버무리고, 정책을 제안하면 대책도 없이 제안을 선택하지 않으면서 부작위하고, 대한민국이 국민을 위한 국가인지 알 수 없습니다.
　국가가 대책 없이 부작위하여, 저는 직무를 유기하고 있는 여러 건을 다 고소할 수 없어 생활에 영향이 큰 대법원장, 국무총리, 감사원장, 헌법재판소장을 직무유기로 고소하였습니다.

공무원을 일컬어 흔히 '철밥통'이라고 칭합니다. 왜 이렇게 칭하게 된 것인지 생각해 보면 현재 공무원은 직장에 대해서는 책임지지만 정작 책임져야 할 국민에 대해서는 책임지지 않기 때문입니다. 공무원은 직장보다는 국민에게 책임져야 하며, 공직은 직장을 위해 존재하는 것이 아니고 국민을 위해 존재하는 것임을 알아야 합니다.

청계천 물 사용으로 해마다 80억 원이 소요되는 등 예산만 낭비되어 이를 다시 검토 중임에도 청계천 복원에 책임진 사람은 아무도 없고, 불법사찰이 대부분 노무현 정부시절에 이루어 졌다며 대통령이 야당에게 책임을 떠넘기고, 결국 정치권은 힘없는 국민만 억울하게 합니다.

'책임'을 떠넘기는 실정을 보면, 우선 새누리당 비대위원장이 '과거의 잘못과 단절'한다고 말합니다. 과거에 잘못된 것은 다른 사람이 하였지 본인은 잘했다는 말 같으며, 본인은 과거에 한나라당 대표도 아니었고 당원도 아니었는지 이상한 말입니다. 이런 말을 할 자격이 있으려면, 본인은 본인의 과거부터 청산하여 정치를 하지 말았어야 합니다.

다음에 민주통합당 대표가 '정권심판' 등을 말합니다. 돈 전달이 의혹이라며 국민에게 양심적 책임도 지지 않는 대표가 정권을 심판

사실을 歪曲시키는 보도

하자고 주장할 자격이 있는지, 민주통합당 대표는 가슴에 손을 올려 본인을 양심적으로 심판해야 합니다.

여야를 불문한 원로 정치인일수록 정계를 은퇴하여 정치의 잘못을 양심적으로 책임지는 모범이 되어야 하며, '책임'에 자유로운 정치인은 없으므로 현 정치인은 신정치인이 구정치인의 '정치의 잘못을 책임지지 않는 양심 없는 행태'를 익히게 해서는 안 됩니다.

'책임'을 말하는 정치인부터 정치 잘못을 책임지고 정계를 은퇴하여야 하니, 본인의 책임에 대하여는 말하지 못하고 타인에게 책임을 떠넘기는 게, 마치 이익 되는 일은 서로 합심하여 챙기나 손해되는 일은 모두가 살기 위해 서로 책임을 감싸면서 실천할 수 없는 선심성 말로 예산만 낭비하며 국민이 주인인 국가를 만들지 못하는 현실이 안타깝습니다.

종로구의 후보자별 정보를 비교해 보면, 국회의원을 수년간 하였으면서 정치의 잘못을 책임지고 은퇴하지 않고 또 국회의원이 되어 세금을 인상하는 등의 방법으로 경제를 활기차게 할 계획인지 알 수 없는 후보도 있고, 후보 10명중 4명은 배우자가 없음에도 왜 배우자가 있는 가정을 꾸리지 않았는지? 또 재산 3억 정도인 후보가족이 5년간 납부한 세금이 천만 원인데 재산이 167억 정도인 후보가족이 5년간 납부한 세금이 왜 이천만 원인지? 그리고 5년간 납부한 세금은 한 푼도 없는데 어떻게 5년간 가족이 생활하였는지? 정상적인 기간

동안 군에 근무하여 제대한 후보가 왜 3명밖에 안되는지? 여러 가지가 이해되지 않습니다.

 그동안의 잘못이 송구하다면 정치인은 정치의 잘못을 책임지고 정계를 은퇴해야 함에도 말만 잘못이라면서 책임지지 않는 것은 진정한 반성이 아닙니다. 불편한 저이지만 저는 약자를 대변하며 대안을 제시하고 누구에게나 평등하고 잘못을 바르게 세우며 말이 아닌 행동으로 실천하며 책임지는 정치를 하겠습니다.

 잘못된 선택이나 투표를 하지 않아 잘못된 정치가 되게 한 것은 국가의 주인인 우리 국민에게 있습니다. 모두 투표하여 30년간 현장에서 행정을 직접 처리한 경험을 바탕으로 '파사현정' 하며 잘못을 책임질 일꾼을 선택해 주시기 바랍니다. 저는 '변화나 개혁'을 외치지 않고 조용히 여러분의 현명한 판단을 기다리겠습니다.

 감사합니다.

2011. 10. 7.에도 영화 '도가니'와 관련하여 자유게시판으로 말하고 2012. 1. 29.에도 영화 '부러진 화살'과 관련해서 말했지만, 시청자 의견에 귀 기울이지 않고 똑같은 상황(언론의 부재)이 반복되고 있어 다시 말합니다.

제(시청자) 의견에 귀 기울여 스스로 KBS가 실천한 것이 있으면 알려 주기 바라며, 실천한 것이 없으면 KBS가 자의로는 변화가 불가하여 타의로 변화시켜 주기 바라는 것으로 알겠습니다. (2012. 2. 1.)

제가 여러 번 원칙이 실천되도록 해줄 것을 건의하며, 현 실정을 제 경우로 알렸으나, 언론사가 현실을 무시하여 다시 글을 씁니다.

언론의 존재 목적은 국민에게 사실을 알려, 잘못된 것은 시정하는 것입니다. 즉 사실을 알리는 게 목적입니다. 그런데 영화 '도가니'나 '부러진 화살'에 대한 국민의 반응을 보듯이 언론이 사실을 알리지 않아 영화에서 사실을 알리니, 많은 국민이 영화관을 찾고 있는 실정입니다. 언론의 역할을 영화가 하고 있는 셈입니다.

물론 언론이 사실을 전혀 알리지 않은 것은 아니지만, 국민이 꼭 알아야 될 사건은 알리지 않고 일부 국민만 알아도 되는 사건을 알리고 있습니다. 즉 빙산 중 보이는 부분만 알리고 물속에 있는 부분은 알리지 않았습니다. 영화 '도가니'나 '부러진 화살'과 같이 사회적으로 영향이 큰 문제점을 언론은 방관하였습니다.

제가 행정부, 입법부, 사법부에 민원을 제출하여 경험한 바, 언론과 같이 책임지지 않으려고 사실을 알리지 않습니다.

법원은 소송 당사자가 감정적이라 할지라도, 감정적이라는 이유로 실체적 진실을 파악하려 하지 않고 계속 무시하는 판결은 부당하다는 내용의 '부러진 화살'에 저는 동의합니다.

우리나라 헌법 제1조는 국민을 위하는 것인데, 사실을 알리지 않는 것이 국민을 위한다고 판단하는 것인지 이상하며, 저는 1심, 2심에서는 법원이 청구취지를 판결하지 않고 청구취지도 아닌 것을 판결하여 제 일부 소는 1심과 2심을 거쳐 3심(대법원)에 계류 중입니다.

국회의원이 '1. 양심적 책임'과 '2. 증거에 의한 결정'을 왜 동일한 것으로 판단하는 것인지 이상함에도 언론은 방관하고 있습니다. 정치인이 국민에게 책임지지도 않지만, 만약 모른다고 하지 않고 사실을 말해 책임진 사람은 그 사람의 선의(善意)를 의심하게 되는 이상한 사회임에도, 언론이 이를 방관하는 것은 부당합니다.

사실을 歪曲시키는 보도

국민의 가려움을 영화가 아닌 언론이 긁어 주기 바랍니다. 감사합니다. (2012. 1. 29.)

██████████████

언론의 사회실상에 대한 적극적 보도와 언론의 책임에 대한 것입니다.

과거 오래전에 생긴 KBS가 아직까지 시청자의 의견에 귀를 기울이는 KBS가 되겠다는 상투적 답이나 하고 있으니 한심합니다.

도가니 사건과 관련하여 KBS가 책임진 일이 있으면 알려 주기 바라며, KBS는 공영방송으로 사회적 책임을 다하기 바랍니다. (2011. 10. 8.)

██████████████

현재 여론화되고 보도되고 있는 '도가니'와 관련하여 말합니다.

'도가니'는 영화로 오래된 과거 사실을 알려 사건화된 것입니다.

그러면 언론사는 이런 사건을 언론으로 여론화시키지 못한 이유가 무엇이며, 이에 대해 언론사는 책임지지 않는지, 문의합니다.

　물론 언론이 사회 전체의 사실을 다 알고 보도하지 못하지만, 일부 편리한 사건은 중계 식으로 보도하면서 사실 확인이 어려운 본 사건은 사실 확인이 어렵다는 등의 이유로 보도하지 않기 때문에, 사회적 여파가 큰 '도가니' 같은 사실을 보도하지 않게 됩니다. 사실 확인이 힘든 사건일수록 사회실상을 보도하여 개선하는 언론의 적극성이 요구됩니다. 즉 중계 식 보도가 아닌 사실을 확인하여 보도하는 적극적 언론이기 바라며, 영화나 서적보다 못한 언론이 아니기 바랍니다. (2011. 10. 7)

　건강보험재정을 해결하기 위해 법도 지키지 않는 정부가 국민의 보험료 부담을 증액하는 방법을 검토하는 것은 부당합니다. 보험료 산정방법을 알리지 않아 확인한바, 실지 금액으로 보험료를 산정하지 않고 확인되지 않은 금액을 기준으로 보험료를 산정하여 징수하고 있어, 불법이라 납부하지 않아도 징수하지 않습니다. 불법으로 징수하면 손해를 청구할 예정인데 아직 징수하지 않아 손해배상을

　　　　　　　　　　　　　　　　　사실을 歪曲시키는 보도

청구하지 못하고 있지만, 정부는 법을 지켜야 합니다. (2011. 8. 18.)

가짜 환자에 대한 언론보도를 보고 업무에 참고하기 바라는 뜻에서 실례를 제출합니다.

저는 뇌출혈로 2007년 수술로 병원에 장기간 입원한 환자이며 아직 완쾌되지 않아 병원에 다시 입원할 예정입니다.

보도내용과 같이 보험료 영수를 위해 가짜 환자로 행세하는 경우가 많습니다.

여기서 환자 인정여부는 의사의 판단에 의존하지만, 영리 목적인 의사에게 객관적인 판단을 기대한다는 것은 불가합니다.

결국 가짜 환자 양산에 의사도 동참하지만 도덕성 없이 판단하는 기관(국민건강보험공단 등)의 도덕불감증도 가짜 환자 양산에 동참하고 있습니다. 즉 환자를 판단하는 기관이 가짜 환자를 만들지 않으면 예산이 낭비되지 않는 것은 당연한 일입니다.

의사의 도덕성도 요구되지만, 판단하는 기관이 가짜 환자를 만들지 않게 하는 객관적인 제도개선이 필요합니다.

즉 지금처럼 환자 개인의 의사를 존중하는 것도 중요하지만 그러다 보니 환자 의지에 따라 판단하게 되어 결국 가짜 환자만 양산하게 되므로, 오히려 환자 개인의 의사를 존중하여 판단하는 것보다는 일률적인 제도로 판단에 형평성이 유지되도록 해야 합니다.

현 실상은 서적과 제 블로그(http://blog.daum.net/seojoung)에 열거되어 있습니다. (2011. 6. 13.)

현 정치 실상보도를 요청하는데도 이유 없이 보도하지 않던 언론이 감사원 은감사위원의 비리를 보도할 자격이 있는지 의심됩니다.

현 실상을 보도하여 주기를 바라며, 감사원 등의 현 실상은 제 블로그(http://blog.daum.net/seojoung)에 열거되어 있습니다. (2011. 5. 30.)

사실을 歪曲시키는 보도

공정한 방송을 요청하니, 5월 20일 공정한 방송을 하도록 노력하겠다는 답을 보고 다시 제출합니다.

공정은 실천하지 않고 공정한 방송을 하겠다고 답하며, 언제까지 공정성을 회피할지 궁금하지만, 제가 제출한 제보에 대한 처리내용을 알려 주기 바랍니다.

저는 5월 12일 국가보훈처와 국민건강보험공단에 대한 구체적 사례를 제보하였으나, 아직 처리내용 등을 알려 주지 않아 모릅니다. 그리고 5월 13일 시청자 칼럼 "우리 사는 세상" 담당 PD 앞으로도 제보하였으나, 내용이 미흡하여 보도에 부당하다는 등의 말도 없었지만, 역시 그 처리결과를 모릅니다.

제보에 대한 처리내용 등을 전화로는 제가 의사소통이 어려우니 문자(이메일)로 알려 주기 바라며, 답변대로 시청자의 의견에 귀를 기울이는 KBS가 되기 바랍니다. (2011. 5. 20.)

5월 10일 답변 내용을 보고 다시 제출합니다.

전달이 필요한 의견은 매일 KBS 사장실로 전달되어 업무회의 자료로 사용되고 매년 시청자 상담 책자로 제작되어 국회도서관에 등록되고 있는 것은 당연한 일이며, 이에 대해서 저는 이의 없습니다. 그리고 추상적이고 개인적인 의견이나 근거 없는 의견에 대해서는 전달이 가능하지 않다는 것에 대하여도 이의 없습니다.

제 이의는 공영방송 실천의지가 KBS에 있는지에 대한 것이므로, 사장을 포함한 KBS 일부 직원 개인의사가 아닌 KBS 전체의 판단이 부당하다는 것입니다. 즉 현 정치의 실상은 보도하지 않고 전직 국세청장에 대한 검찰수사 상황이 국익에 더 도움이 될 것으로 판단한 KBS의 보도 태도는 부당하다는 것입니다. 또 답변이 필요한 의견이라면 개별적으로 담당부서에서 시청자에게 연락하고 있다고 답하여 말하는데, 저는 연락받은 적이 없습니다. KBS(전체)의 판단이 맞는지 메일로 연락해 주기 바랍니다. 그리고 현 정치 실상보도를 요청하는 데 대해, 현 정치의 어떤 부분에 대한 보도를 요청하는지 구체적인 사실이 없고 예산낭비 부분도 어떤 식으로 예산낭비가 되고 있는지 근거 등을 제시해 줄 것을 바라는 것 같습니다.

저는 현 정치 실상을 말하는 것으로 어느 개인(정당, 정치인)에 대한 것이 아닙니다. 제가 지은 서적에도 있듯이 현재 이런 정치를 하고 있다는 것이며 더 구체적인 사항은 제 블로그에도 요약되어 있지만, KBS가 블로그 내용의 사실여부를 확인하지 않고 시청자가 근거 등을 제시하면 보도하려는 태도가 공영방송을 하려는 의지가 있는 것인지 의심됩니다.

사실을 歪曲시키는 보도

제가 지은 서적에도 있지만, 참고로 저는 국민건강보험료가 법에 따라 산출되지 않아 납부하지 않았으며, 국민건강보험공단은 보험료 산출내역도 바르게 알리지 않고서 납부되지 않자 체납된 명세만 알리고, 고지서나 독촉장을 법(국세기본법과 국세징수법 등)에 따라 처리하여야 함에도 법에 따르지 않고는 법에 따라 체납 처분할 예정임을 알리고, 가짜 환자를 만들어 가짜 환자 명의로 예산을 지급하여 공단직원이 횡령하고(출처 국민건강보험공단), 이런 사유로 건보 재정을 어려워지게 하고 있음에도 주인 없는 돈처럼 바르게 관리하는 자(조직 등)가 없으니 한심한 일입니다. (2011. 5. 11.)

5월 8일 답변 내용을 보고 다시 제출합니다.

제가 3월 5일, 4월 16일 제출한 민원에 대해, KBS가 '시청자의 의견에 귀를 기울이는 KBS가 되겠습니다.' 또 '주신 의견은 검토 중에 있습니다.' 등으로 답하였습니다. 그런데 2개월이 지나 제출한 지금 민원에 대해서도 2개월 전 답과 같이, '공정한 방송을 하도록 노력하겠으며, 만족스러운 방송을 제작하여 보답하겠다면서, 항상 시청자의 의견에 귀를 기울이는 KBS가 되겠다고 답하고 있습니다. 2개월 전에 시청자의 의견에 귀를 기울이겠다고 답하고는 아직도 시청자의 의견에 귀를 기울이겠다고 답하는 KBS가 이해되지 않습니다.

임시 어려움을 피하기 위해 거짓으로 답하지 말고 진실한 답을 바라며, 항상 시청자 의견에 귀 기울이고 바름을 실천하는 KBS가 되기 바랍니다. (2011. 5. 8.)

방송이 국민에게 바르게 알리지 않고 있어 글을 보냅니다. 국민이 바르게 알고 행동하게 공영방송으로써의 역할을 다 해 주기 바랍니다.

예산이 낭비되고 있는 사례를 들면, 감사원, 국무총리실, 국민권익위원회, 국가인권위원회, 고충처리위원회, 기타 중앙 및 지방 각 과 등에 '헌법 수호'를 위해 편성된 기관이 수없이 존재 함에도, 마치 편성된 예산을 소비하기 위해 정부가 노력하는 것처럼, 존재함으로 인해 예산만 낭비될 뿐 국민인권을 보호하는 등 헌법을 수호하지는 못하고 있습니다.

헌법도 수호하지 못하면서 동일한 업무를 여러 기관에 분산시켜 부서 간에 이견을 노출시키면서 예산만 낭비되게 하지 말고, 동일

사실을 歪曲시키는 보도

업무를 한 기관에 맡겨 업무의 효율을 제고하고 업무에 대한 책임을 강화시켜, 예산 지출(소비)을 억제해야 합니다.

미사여구(美辭麗句)가 아닌 진심으로 국익을 위하며 국민을 위하는 정부가 되어야 국민이 정부를 신뢰하게 됩니다. (2011. 5. 7.)

중계나 전달식 위주 보도에서 현 사례중심의 중립적이고 객관적인 보도를 바라며,
구조적 문제 해결을 위한 대책이 제시되는 보도가 되기 바랍니다.
(2011. 5. 1.)

2011. 3. 17. 「MBC에 바란다」에 3월 5일 등록하여 호소하며 사유 등을 알려 주기 바랐으나, 사유 등은 알리지 않고 국민건강보험공단의 보험료 인상 검토를 보도하여, 현 실정에 따른 비판도 수용

하여 보도하는 MBC의 균형 있는 보도를 바랍니다.

현 실정은, 제가 겪은 사례를 책 "민원사무 처리 사례로 보는 정부의 자세(상)"과 제 블로그(http://blog.daum.net/seojoung)로 알리고 있고 이것에서 알 수 있듯이, 국민건강보험공단은 가짜 환자를 만들어 예산을 지급하고, 보험료 산정이 잘못되어 보험료를 수정하여 다시 고지할 것을 요구하며 보험료 납부를 거부해도 예산에 충당하지 못하는 실정입니다.

이와 같은 실정임에도, 공단이 예산 고갈을 보험료 인상을 통해 충당함은 부당합니다. 메일로 연락바랍니다. (2011. 4. 26.)

저는 KBS가 공영방송의 역할을 실천해 줄 것을 요청합니다.

KBS가 국익을 위한 공영방송이 되지 못하고 시청자 흥미위주로 방송하는 사례를 들어 보면, 뉴스에 전직 국세청장에 대한 검찰 수사 상황을 며칠간 보도하면서 현 정치의 실상(사례)은 보도하지 않습니다. 전직 국세청장에 대한 검찰 수사 상황이 국익에 더 도움이 될 것으로 판단하여 며칠간 계속 보도하는 KBS의 태도는 이해되지 않습니다.

국익을 위한 보도 등 공영방송의 역할을 충실히 수행해 주기 바랍니다. (2011. 4. 16.)

국민들이 현 실정을 바르게 알게 하여 주시기 바랍니다.

제 블로그(http://blog.daum.net/seojoung)를 보시면 알 수 있지만, 저는 1952년생으로 30년간 공무원이었으며 지금은 뇌출혈로 공무원을 퇴직하고 재활치료 중입니다.

천안함이 어뢰 등에 의해 일시에 양분되는 현실에, 국가안위가 걱정됩니다. 어떻게 이런 일이 우리나라 바다를 지키는 군함에게 일어날 수 있는지 한심한 일입니다. 천안함이 군함인지 장난감인지 의심됩니다. 국가를 지켜 주시기 바랍니다.

또 검사 접대 의혹도 과거에도 있었던 일이 왜 지금 보도되는지 한심하며, 검사의 도덕성 문제가 아닌 법률 위반여부에 대한 조사는 어리둥절한 일이며, 이번 일이 도덕성보다는 오히려 법만 위반하지 않으면 무죄라는 식으로 국민의식을 개도할 까봐 우려됩니다. 천안함 사후 처리 과정에 제기된 의혹도 한심스런 일입니다.

또 저는 1년 가까이 민원을 제기하며 국민이 바르게 알게 하여 줄 것을 호소하였습니다만, 정부는 바르게 알리지 않고 동문서답하니 한심한 일입니다. 그래서 부득이 정부(보훈처, 보험공단)의 결정근거를 국민이 바르게 알게 하여 줄 것을 호소합니다.

또 저는 제안을 통해서도 정부가 잘못된 점을 시정토록 요구하니, 이런저런 이유로 문제점을 해소할 대책도 없고 제안대로 하지도 않습니다. 즉 무대책으로 문제만 계속되게 하고 있습니다.

이런 일이 전부 정부(공무원 등)의 무사안일한 자세가 원인이며, 기강이 해이하다는 증거이기도 합니다. 정부(공무원 등)는 선진일류국가로 도약할 수 있는 능동적인 사고로 바뀌어야 됩니다.

이러한 문제 있는 조직의 수장인 대통령은, 선진일류국가로 도약할 것을 국민에게 약속하고, 국민 대통합을 강조하고 있습니다. 과연 현 조직으로 실현가능한 약속인지 의심됩니다.

1년 가까이 진행된 민원(정부의 결정내용을 바르게 알 권리)도 처리하지 못하면서, 대통령은 실현 불가한 약속을 하고 감사원과 국민권익위원회(국민신문고)는 국민권익도 보호하지 못하면서 국민권익을 보호하는 것 같은 명칭을 사용하고, 일부 행정부는 해결하지 못하는 민원이나 야기하고 책임지지 않으려고 책임을 전가하고 허위로 밀어붙이며 부작위로 복지부동하니, 한심한 일입니다. 감사합니다. (2010. 5.)

기사 제목 및 댓글

교육감 직선제에 대한 국회 전문위원의 견해는

↳ **댓글** 민의가 제대로 반영되는 현 직선제를 말만하면서 국민과 함께하지 않는 정치인이 교육감을 정치화 시키게 하는 것은 부당합니다. 오히려 정당추천에 의해 당 기호에 의한 선거로 민의가 제대로 표출되지 않게 하는 현 자치선거방식을 변경해야 합니다. 국민을 위한 국가가 아닌 무기력한 정당이 국가를 지배하는 국가가 되게 하여서는 안 됩니다. (14. 06. 15.)

'햇볕정책 반대' 등 과거 행보 지적한 野 설득이 관건

↳ **댓글** 본인은 타인을 비판할 자격도 대책도 없으면서 타인을 맹목적으로 비판하는 것은 반대를 위한 반대입니다. 햇볕정책이나 지금도 실천되지 않고 있는 복지정책이 현실에 맞는 정책인지 생각해야 하며, 이상(꿈)이 아닌 현실에 맞는 주장으로 본인부터 솔선수범하는 국민(정치인 등)이 되어야 합니다. (14. 06. 11.)

상사 '무죄' 부하 '유죄'

↳ **댓글** 상사의 책임이 더 무거움에도 상사는 '무죄' 부하는 '유죄'라는 판결이 제왕적 판결로 사회문제가 되게 한 황제노역 판결과 같아 이해되지 않습니다. 법관의 권리는 증거에 의한 객관적 판결이지

　　　　　　　　　　　　　　　　　사실을 歪曲시키는 보도

법관 임의의 제왕적 판결이 아닙니다. 그리고 부하가 눈치를 살펴 상사의 불법적 지시를 거부하지 않은 것은 잘못입니다. (14. 06. 06.)

"국민 마음 제대로 읽고 변화하라…" 정치권 모두에 옐로카드

↳ **댓글** 다른 여건도 많았지만, 진보진영 교육감 후보자는 교육변화에 대한 열망이 컸음에 반해 보수진영 교육감 후보자는 서로 교육감을 해야 한다고 주장하여 결국 단일화되지 못해 패배했으며, 또 기호가 아닌 정책으로 평가받음으로 인해 진보진영 교육감이 대거 당선된 것으로 보입니다. 정치가들은 국민 마음을 제대로 읽어야 하며, 정당 기호가 아닌 정책(이름)으로 유권자가 후보자를 평가하게 하는 선거제도로 개선되어 네거티브 식 선거가 되지 않게 해야 합니다. 그렇게 되면 네거티브에 열 올리는 여야 후보자가 얼마나 당선될 수 있을지 의심됩니다. (14. 06. 05.)

KBS 국장, '보복 인사'에 "피의 월요일" 항의 보직 사퇴

↳ **댓글** 지금 후배 기자들도 그렇지만, 사장에게 머리 숙여 방송의 독립성과 공영방송을 훼손하며 '침묵하는 다수'를 보도하지 않던 분이 이제라도 알게 된 것은 다행한 일입니다. 현실 회피로 책임을 미루지 말고 후배들도 앞뒤가 맞지 않는 식의 보도가 아닌 독립된 보

도를 하도록 해야 합니다. (14. 06. 03.)

살인미수·성매매 교사까지··· 무서운 의원 후보님들

↳ **댓글** 풀뿌리 민주주의가 불법을 저지른 사람들의 집합장소가 되게 하여서는 안 됩니다. 풀뿌리 민주주의가 되게 하지 않고 소리치며 세비 받는 게 일이 된 기초의회를 국민(대통령 등 정치인)은 폐지시켜야 합니다. (14. 05. 31.)

○○○·○○○, TV토론에서 이슈마다 치열한 공방

↳ **댓글** 국민이 슬플 때 슬픔을 외면(無視)하고 앎을 實踐하지 않던 후보들이 또 美辭麗句로 淳朴한 국민을 欺滿하여서는 안 됩니다. (14. 05. 27.)

전남에서 활개 치는 ○○○··· 제보에만 목매는 검찰

↳ **댓글** ○ 씨를 쫓아 놓고 이제는 현상금을 인상하며 신도들을 압박하는 것은 부당합니다. 검찰은 신도들에게 책임을 전가하지 말고, 스스로의 잘못을 책임질 줄 알아야 합니다. (14. 05. 26.)

사실을 歪曲시키는 보도

"4대 독자, 바다서 건져
뭍에 묻어주고픈 마음도 욕심인가요."

↳ **댓글** 세월호 참사 관련 가족이 300여 가족인데, ○○○(1인)만 보도하는 것은 사실을 왜곡되게 하는 불평등한 보도입니다. 언론은 ○○○에 초점을 맞춘 보도가 아닌 가족의 실상에 초점을 맞춘 균형된 보도를 하기 바랍니다. (14. 05. 24.)

박 대통령은 왜 '해경 해체' 카드를 꺼냈을까?

↳ **댓글** 거대 해경이 대통령의 말로 해체된다고 생각하는 것은 순수한 생각입니다. 대통령은 국가안전처(가칭)로 해경 명칭변경을 해경해체라고 말한 것 같습니다. 해경해체 및 공무원 비리와 관피아 척결 등의 약속이 진실인지는 이행과정을 조금 더 두고 보아야 합니다. (14. 05. 21.)

검찰, ○○○ 별장 뒤늦게 급습 "헛걸음"

↳ **댓글** 세월호 사건이 발생한지 1개월이 지날 때까지 신병확보도 않다가 이제 ○○○을 체포하겠다고 설치는 게, 어째 짜고 고스톱 치는 것 같다는 생각이 듭니다. (14. 05. 21.)

국가안전처 핵심에 해경 인력 포진. '간판'만 바꿔 다나.

↳ **댓글** 해경이 국가안처로 간판만 바꾸는 식의 안대로라면, 해경 입장에서는 세월호 참사가 오히려 좋은 일이 된 것입니다. 이것이 국가 대 개조인지 대통령과 새누리당은 생각해 보아야 합니다. (14. 05. 21.)

朴대통령 "세월호 진상규명 특별법 · 특검 필요"

↳ **댓글** 국가 근본부터 바꾸어야 하며, 법을 지키지 않고 방치하면서 앎을 실천하지 않는 지식인(학자 · 정치인 등 저명인)을 차라리 무지인(비저명인 등)으로 교체하여 예산이나 낭비되지 않게 해야 합니다. (14. 05. 17.)

○○○ "아내 발언에 제 이름 없어. 보도 신중했으면"

↳ **댓글** 정부와 대통령을 공격하는 이유도 모르는 인사를 국가보훈처장이 되게 하고 여당도 정부 비판은 정치 선동이라고 규정하며 잘못을 책임지지 않는 것은 부당합니다.

어려운 일에 미국 등의 국민이 단결하게 되는 이유는 당사자가 책임지지만, 그와 반대로 우리나라는 책임지지 않기 때문입니다. 미국처럼 잘못을 책임지는 우리나라가 되어야 하며, 공격하는 이유도 모

사실을 歪曲시키는 보도

르는 국가보훈처장이나 책임을 회피하는 ○○○ 서울시장후보로는, 우리나라의 갈 길이 요원합니다. (14. 05. 13.)

사의표명 ○○○ KBS 보도국장
"○○○ 사장, 즉각 사퇴하라"

↳ **댓글** 1. 세월호 침몰사건이 발생하게 된 경위 2. 가족들의 애타는 심정 3. 침몰 후의 구조 활동을 왜곡되지 않게 공정하게 보도한 것인지 살펴보면, 사고발생 직후에 주로 1만 보도하여 국민을 왜곡하였습니다. 이럴 때는 언론중립에 대한 확고한 가치관 없이 보도의 독립성을 침해하고 권력의 눈치만 살피며 보도하던 보도국장이 이제 사장을 탓하는 것은 부당합니다.

수차 말했지만, 언론의 역할(균형적인 보도로 국민을 바르게 인도)을 다 하지 않고 국민을 왜곡시키는 보도나 하는 언론인(사장. 국장. 기자 등)은 전부 퇴직해야 합니다. (14. 05. 09.)

유가족 청와대 항의방문. KBS, 면담 '불발'

↳ **댓글** 세월호 유가족의 심정도 모르는 말이나 하고 실상은 보도하지 않고 정부를 대변하기 위한 보도는 언론의 자세가 아닙니다. 이것이 대한민국의 실상이며 대한민국이 총체적으로 부실하다는 증거입니다. 고위층이 국민을 무시하게 된 원인은 고위층이 되게 한

국민에게 있으므로, 국민은 잘못이라는 식의 말이 아닌 잘못을 고치는 행동을 보여야 합니다. (14. 05. 09.)

청년 10명 중 9명 "대한민국은 불공정"

↳ **댓글** 세월호 참사에서도 나타나지만, 정부의 책임은 각 분야에 포진되어 있으며 이번 기회에 이러한 정부의 총체적 부실을 정리(책임)하고 그 대책을 마련해야 합니다. 선거 때 정치인 모두가 공약하며 떠들던 복지가 이제는 말도 없습니다. 노인과 장애인 등 노약자 복지를 실천하기 위한 노약자컨트롤 타워도 설치되어야 합니다. (14. 05. 02.)

"대통령 사과 원하는 이유? 우리가 기대야 하잖아요."

↳ **댓글** 행동 없는 말로 하는 사과는 사과가 아닙니다. 실종자 가족이 현재 원하는 것은 바다 속에서 꺼내는 것이므로 꺼낸 후 단원고 2학년인 경우 타 고교로 전학시키는 방법 등 생존자에 대한 대책을 마련해야 합니다. 그리고 진정한 마음을 바라는 것이지 돈을 바라는 것이 아니므로, 진정성 없는 행동으로 가족들이 더 상처받지 않게 해야 합니다. (14. 05. 01.)

靑 "유족들 朴대통령 사과 거부, 유감이고 안타까워"

↳ **댓글** 불만을 꼼꼼히 답하여 해결했다는 말은 거짓입니다. 제 민원에 대한 정부의 처리도 마찬가지이지만, 상대방(일방)은 불만인데 정부의 단독적 해결을 해결된 것처럼 상대방에게 강요하지 말고, 정부는 상대방(국민)의 의사를 존중할 줄 알아야 합니다. (14. 04. 30.)

○ ○ ○ 아들 "국민정서 미개" 파장. ○ "깊이 사죄"

↳ **댓글** 국민정서가 미개하다는 것은 잘못된 표현으로 보입니다. 알고도 실천하지 않는 것은 무지한 것보다 못한 것이므로, 무지를 미개로 표현한 것 같습니다. ○의원도 그렇지만, 잘못을 불평하면서도 바름을 실천하지 않는 국민은 미개한 국민이 아닌 무지한 국민입니다. (14. 04. 21.)

실종자 가족 "청와대 가겠다" 눈물의 행진

↳ **댓글** 여태껏 최선을 다한 것이 시신을 발견하는 것인지, 능력이 없으면 책임지고 사의할 생각은 않고 계속 최선을 다 하겠다는 거짓말로 실종자 가족을 우롱하며 시신만 발견하는 것은 부당합니다. (14. 04. 20.)

오후 5시 선내진입 시도. 가이드 라인 3개 이용

↳ **댓글** 세월호 실종자 구조를 위해 최선을 다한다면서 언제까지 똑같은 말만 되풀이 할 것인지 궁금합니다. 진작 유속이 느린 곳으로 이동하여 실종자를 구조하지 못한 것은 안타깝지만, 지금이라도 근처로 이동하여 정조 시간에 구애받지 않는 작업이 되도록 하면서 위험이 없도록 해야 합니다. (14. 04. 19.)

○ ○ ○ 총리 "정부 발표 혼선 죄송"

↳ **댓글** 실종자를 구조하겠다는 것인지 사망 때까지 기다려 인양하겠다는 것인지 이해되지 않습니다. 실종자 구조는 한시가 급한데 우왕좌왕하면서 아까운 시간만 흘리는 것은 구조가 아닙니다. 구조한다면서 만약 주검을 인양한다면 정부는 희생자의 생명에 책임져야 하며 전부 사직해야 합니다. (14. 04. 19.)

나랏빚 3783조? 443조?. "그때그때 달라요"

↳ **댓글** 그동안 노력한 것이 결국 외상으로 소 잡아 먹는 꼴이 된 것입니다. 공공기업 등 남만 탓하지 말고 그리고 노력한다고만 하지 말고 정부부터 구조조정을 실천하여 낭비되는 예산을 억제해야 합니다. (14. 04. 04.)

사실을 歪曲시키는 보도

늘어나는 나라 빚, 괜찮은 건가

↳ **댓글** 불법으로 국민을 규제하는 기관들이 다수임에도 이를 위해 매년 세금만 증가시키는 현 정부구조를 조정하여 나라 빚을 줄여야 합니다. (14. 04. 04.)

'황제노역' 판결 ○ ○ ○ 법원장 사표. "책임 통감"

↳ **댓글** 광주지법만 판결하고 대법원은 판결하지 않은 것처럼 꼬리를 자르기 위해 광주지방법원장만 사직하고 대법원장과 대법관이 사직하지 않는 것은 부당합니다. 대법원장과 대법관도 책임져야 합니다. (14. 03. 29.)

들끓는 국정원. 꽉 막힌 간첩사건 '증거 위조' 수사

↳ **댓글** 상명하복조직이라는 등의 이유로 국정원에 대한 수사를 종결하는 것은 부당합니다. 상명하복을 핑계로 불법을 자행하고 또 상명하복이라면 상급자인 국정원 책임자가 책임져야 함에도 연결고리가 없다면서 책임자가 책임지게 하지 않는 국정원 봐주기식의 수사는 종결되어야 합니다. (14. 03. 26.)

'자살기도' ○ 과장, 유서에 "국정원 흔들기 개탄스럽다"

↳ **댓글** 국정원의 노고는 알 수 있지만, 그동안 국정원이 원칙에 따라 업무를 처리하지 않은 것에 대해 반성해야 합니다. 흔들기가 아닌 인과응보임을 알아야 하며, 그동안 불법적 업무를 거부하지 않고 눈치보기식 처리로 불법을 자행한 행위는 국익을 위해 처벌하여 국정원이 개혁되게 해야 합니다. (14. 03. 25.)

정치권 '공짜 공약' 봇물. 현실성은 글쎄?

↳ **댓글** 총선 대선 때의 복지공약을 실천하지 않은 정치권이 지방선거가 다가오니 또 복지를 공약하는 것은 부당합니다. 선거에서 계속 공약하기 위해서 정치권은 표리부동하게 이전 공약이 실천되지 않도록 한 것인지 의심됩니다. (14. 03. 23.)

위조 알았다? 몰랐다? 국정원의 꼬여버린 혀

↳ **댓글** 국정원이 법원에 제출한 서류가 위조된 서류인지 몰랐다고 주장하는 것은 본 사건을 왜곡시키기 위한 것입니다. 간첩여부에 대한 증거를 제출하면서 국정원이 서류의 진위도 확인하지 않고 허위를 사실인 것처럼 주장한다는 것은, 그동안에도 국정원이 허위증거여부를 확인하지 않고 허위를 사실인 것처럼 주장하여 왔다는 것과 같은 것입니다. (14. 03. 19.)

사실을 歪曲시키는 보도

檢 '증거조작 의혹' 국정원 비밀요원 구속

↳ **댓글** 국가보훈처는 결정서를 조작하여 밀어붙이고 국민건강보험공단은 건강보험료 산정내역도 설명하지 않고 밀어붙이는 등 정부 당사자가 잘못을 책임지지 않는 것은 부당합니다. 증거조작 등 잘못은 엄벌되어야 합니다. (14. 03. 19.)

복지부 집단휴진 동네 의원에 행정처분 내릴 듯

↳ **댓글** 법도 지키지 않는 보건복지부가 복지부 자신의 불법은 책임지지 않고 동네 의원에게 책임을 전가하는 식의 업무처리는 부당합니다. (14. 03. 11.)

의협, 집단휴진 찬성 안 가결. 10일부터 시작

↳ **댓글** 제 블로그 사례에서 보듯이, 법과 원칙을 지키지 않는 보건복지부가 의협에는 엄정하게 대처할 것이라고 말하는 것이 이상합니다. 보건복지부의 불법부터 책임지고 엄정하게 대처할 줄 알아야 합니다. (14. 03. 01.)

○ 씨 변호인 측 "증거 위조 확인" 파상공세에 검찰

↳ **댓글** 무죄임에도 허위근거로써 유죄로 처리하던 잘못된 방법은 고쳐야 하며 책임져야 합니다. 법이 우선됨에도 법원 판결을 집행한다며 판결서가 법에 우선된다는 근거 없이 압류가 금지되는 치료용 차량을 본인 모르게 인도하는 행정은 고쳐야 합니다. (14. 03. 01.)

청와대 쏠림 심화. 행정부선 '만사박통' 자조

↳ **댓글** 공무원이 적법하게 업무를 처리하지 않고 부작위하는 것은 대통령이 직접 작위할 것을 요구하는 것이므로 대통령이 각 부처의 말에 따르지 않는 것은 당연한 일입니다. 과거 예를 보면 위원회가 설치되었지만 통상 유명무실하였으므로 대통령이 설치한 위원회는 유명무실한 위원회가 아니기 바랍니다. (14. 02. 27.)

감사원 "국세청 1천억 원대 체납세금 징수 소홀"(종합)

↳ **댓글** 자신의 불법도 책임지지 않고 불법을 밀어붙이는 감사원이, 국세청의 업무태만을 지적할 수 있는지 이해되지 않습니다. 감사원은 자신의 불법부터 책임지는 자세가 필요합니다. (14. 02. 11.)

국세 8조 덜 걷혀. 나라살림 2년째 '구멍'

↳ **댓글** 지하경제를 양성화시키지 못하고 투명하게 노출되는 세금만 징수하는 국세청도 문제이지만, 예산을 감소시킬 수 있음에도 감소시키려고 노력하지 않고 해마다 예산을 증액시키는 것은 더 큰 문제임. 전부 편안한 것만 취하며 노력하지 않음. (14. 02. 11.)

"안중근은 사형 받은 인물" 아베, 의회에 공식 답변

↳ **댓글** 일본 총리는 과거 일본이 범죄국임을 망각한 발언을 하고 있음에도 이를 좌시하는 것은 부당합니다. 과거 일본이 범죄국가였음을 미국이 일본 총리에게 인식시키지 못하는 것이 이해되지 않습니다. 일본이 범죄국이었는지 미국이 범죄국이었는지 국민이 헷갈리게 하는 것은 부당합니다. (14. 02. 05.)

[일 '독도는 일본 땅' 교과서 지침]
'평화주의 교육' 뜯어고쳐 '강한 일본' 고취 노려

↳ **댓글** 제 블로그(blog.daum.net/seojoung)에 첨부된 개헌안 제3조와 같이 구체적으로 영토를 명시하는 개헌을 추진하여, 국민의 뜻을 세계에 공표하고 독도는 일본이 전쟁에 대한 책임으로 우리나라가 관리할 것을 요구하여 우리나라가 합법적으로 점거하여 관리하여 온

것이며 불법점거가 아님에도 독도를 불법점거라고 주장하는 일본에게 독도를 관리(소유)하게 할 이유가 없음을 알려야 합니다. (14. 01. 29.)

○ ○ ○, 지방선거 '새 정치 구체안' 내놓는다.

↳ **댓글** 당선 무효가 새 정치의 첫걸음이 되어서는 안 됩니다. 여태까지 ○ 의원이 말해 온 국민생활을 더 윤택하게 하는 방안을 '실천'하는 것이 새 정치이지, 미사여구의 말만하는 정치가 새 정치가 되어서는 안 됩니다. (14. 01. 14.)

코레일 사장의 '안녕'에 담긴 메시지는?

↳ **댓글** 정부가 법을 지키지 않으면서 노조원부터 법을 지킬 것을 요구하는 것은 잘못입니다. 정부가 법을 지키지 않고 밀어붙이는 사례는 제 블로그(blog.daum.net/seojoung) 사례를 통해 알 수 있습니다. (13. 12. 15.)

공공기관 빚 줄이기 → 공공요금 인상?

↳ **댓글** 뼈를 깎는 정부의 구조조정을 통해 예산낭비를 억제하려고 하지 않고, 공공요금 인상을 통해 국민에게 책임을 전가시키려는

의도는 부당합니다. 정부의 구조조정을 통해 예산낭비가 억제되게 해야 합니다. (13. 12. 13.)

정부재정 얼마나 심각하길래. 이례적 예산 구조조정

↳ **댓글** 감사원 직원이 현지 출장하여 감사할 이유가 없음에도 출장비 명목으로 예산을 지급하고 증거에 의해 판결하지 않는 법원에 법정을 설치하여 예산을 지급하는 등 방만하게 운영되는 정부재정은 사업(기업)이 아닌 정부 구조조정을 통해 막아야 합니다. 국민을 위하지 않고 행정하는 사례를 제 블로그(blog.daum.net/seojoung)에서 공개하고 있으니 참고하시기 바랍니다. (13. 09. 15.)

전관예우 공화국

↳ **댓글** 변호사 등은 매년 국세청에 수임실적을 보고해야함에도 보고양식이 형식적이라 실질적인 보고가 되지 못하고 있습니다. 형식적인 보고양식이 된 이유는 보고양식을 제정한 국회가 변호사를 보호하였기 때문입니다. 법이 실적으로 운영되게 대한변호사협회 등은 노력해야 합니다. (13. 03. 02.)

구호뿐인 후보공약… '매니페스토' 실종위기

↳ **댓글** 구호만 공약이지 실천하지 못할 잠꼬대 같은 후보들의 소리를 대서특필하며 보도하는 언론이 문제입니다. 만약 언론이 국민을 바르게 선도한다면, 후보들이 잠꼬대 같은 공약을 할 수 있는지 생각해 볼일입니다. 언론은 사회적 책임감을 통감하여, 후보들이 실천할 수 없는 이상한 공약을 남발하지 않게 해야 합니다. (12. 10. 25.)

朴 - 安 냉랭한 만남…'시스템' 고장 난 새누리 분란 계속

↳ **댓글** 서로 반목하는 것이 ○ 후보의 정치쇄신에 대한 실체입니다. 리더십 없이 듣기 좋은 말만하니 이런 일이 발생되며, 앞으로 더 발생될 것으로 예상됩니다. ○ 후보는 교수 같은 현실에 맞지 않는 원칙적인 말만하지 말아야 하며, 간접이 아닌 직접 경험으로 현실을 바르게 알아야 합니다. (12. 10. 09.)

[대선후보 3인 정책현안 인식 비교]
복지 재원은… 安 "증세 필요", 朴 "재정 절약", 文 "부자 증세"

↳ **댓글** 복지재원을 증세 등으로 마련하겠다는 것은 국민 부담을 증가시키겠다는 것이며, 그동안 절약하였음에도 대책 없이 또 절약한다는 공약은 신뢰할 수 없습니다. 정치인은 말만하지 말고 솔선수

사실을 歪曲시키는 보도

범하여 사재를 국가에 기부하는 등, 복지가 실천되게 해야 합니다. (12. 10. 05.)

與지도부, '朴 제외 총사퇴론' 사실상 거부

↳ 댓글 선거체제이면 선거를 위해 어떻게 해야 하는지가 더 중요함에도, 새누리당의 지도부 총 사퇴론이 불가하다니 이상합니다. 지도부가 사퇴하지 않아도 되는 그럴듯한 명분으로 지도부 사퇴를 거부하기 보다는, 선거를 위해 필요하다면 지도부는 총 사퇴해야 합니다. (12. 10. 05.)

〈추석이후 민심 요동〉
"해준 게 뭐 있노" vs "그래도 ○○○" 안개 속 PK

↳ 댓글 ○ 후보는 ○○○ 전 대통령의 딸이라는 명분으로 수십 년간 정치 원로로 귀족같이 행세하며 정작 국민에게 해준 게 없습니다. ○ 후보는 지금도 좋은 말만하면서 과거를 반성하지 않고 과거를 당연한 것으로 생각합니다. ○ 후보는 지금 말이 아닌 행동으로 잘못을 바르게 할 줄 알아야 합니다. (12. 10. 02)

與 "'0∼2세 무상보육 폐기' 수용 불가"

↳ **댓글** 총선 때 0∼5세 영유아 양육수당 전 계층 지원을 약속하던 ○○○ 후보가, 0∼2세의 양육과 보육도 지원하지 못한다면 ○○○ 후보는 총선 때 약속을 책임져야 합니다. 또 말로 사과하면서 진심으로 책임지지 않는다면, 국민은 ○ 후보가 정계를 은퇴토록 해야 합니다. (12. 09. 24.)

○○○ 내일 기자회견. 과거사 사과키로

↳ **댓글** 대통령에 당선되기 위한 사과를 진솔된 사과라고 생각해야 되는지 알 수 없습니다. 대통령이 되면 지금까지 그랬듯이 책임지지 않으면서 얼마나 사과하게 될지 궁금합니다. 사과가 진심이라면, 말만 하지 말고 대통령 후보직을 사퇴하는 등으로 책임 있는 행동을 보여야 합니다. (12. 09. 24.)

국회, 오늘 헌법재판관 후보 선출 안 처리

↳ **댓글** 국민권익도 보호하지 못하고 또 잘못을 바르게 고치지도 못하는 헌법재판관이 반드시 필요한 이유가 무엇인지 알 수 없습니다. 제가 위헌의 소를 제기하니 엉뚱한 판결을 하여 또 다시 소를 제기하니 이제는 일사부재리라며 잘못된 판결을 고치지 않고 소를 끝내는 실정입니다. (12. 09. 19.)

사실을 歪曲시키는 보도

새누리, ○○○ 출당 검토

↳ **댓글** 본인은 로맨스 타인은 불륜이라는 식으로 본인에게는 엄격하지 않으면서 타인에게는 엄격한 것이 이해되지 않습니다. 본인은 원칙을 지키지 않으면서 타인에게 원칙을 강요하는 것이 옳은 일인지 새누리당 당직자는 생각해야 합니다. (12. 09. 19.)

① 정책 차이 ② 대형 공약 ③ 장밋빛 구호…
3가지 없는 대선

↳ **댓글** 제가 실천하지 못할 장밋빛 공약을 이유로 새누리당과 민주통합당을 피고로 손해배상의 소를 진행하고 있지만, 각 당이 책임 없이 공약을 남발하는 것은 부당합니다. 각 당이 실천하지 못할 장밋빛 공약만 남발한 것에 대한 소이며, 장밋빛 공약을 못하게 되면 각 당은 공약할 것이 없게 됩니다. (12. 09. 19.)

〈○○○ "내공 쌓는데 최소 10년 필요" 文 - 安 겨냥〉

↳ **댓글** 어쩔 수 없었다는 식으로 ○○○을 미화한 사고는 반성하지 않고, 반값 등록금을 실천할 방안 없이 소득과 연계하는 생색내기 식의 등록금인하 방안(?)을 공약하는 것은 부당합니다. 10년 이상 말만하며 아무것도 실천하지 못하고 내공만 쌓은 것을 부끄럽게 생각할 줄 알아야 합니다. (12. 09. 18.)

○○○ 캠프 前 좌장마저 또 돈 추문… 與 당혹

↳ **댓글** 어쩔 수 없이 나라를 팔아먹은 ○○○이를 미화하는 식의 사고로 국가를 경영하려는 것은 부당합니다. 정치는 당시보다는 후세의 평가가 더 중요하므로, 어쩔 수 없는 선택이었다며 당시를 미화하는 사람은 반성해야 합니다. (12. 09. 18.)

○○○, 인혁당 유가족 만남 성사될까

↳ **댓글** 쉽게 사과하며 책임지지 않으면서 인혁당 문제에는 왜 인색한지 모를 일입니다. 잘못이 진정이라면, 인혁당 유가족을 말로 우롱하지 말고 잘못을 반성하고 책임져야 합니다. 잘못을 책임지지 않으니 유가족이 만남을 꺼리는 것이며 ○○○ 의원은 유가족을 만나 실천 없는 말로 책임을 회피하려는 것은 부당합니다. (12. 09. 14.)

○○○ "○○○ 사퇴, 정계 은퇴 아니다"

↳ **댓글** ○○○ 의원이 고향 간다는 것은 사실상 정계은퇴를 말하는 것임에도, ○○○ 의원은 이를 정계은퇴라고 생각하지 않는다니 이상합니다. 국민이 정계 은퇴로 생각하는데 국회의원이 국민의 뜻과 상반된 생각으로 어떻게 국정을 처리하는지 능력이 의심됩니다. 이러니 정치가 잘못되어도 국회의원이 책임질 줄 모르나 봅니다. ○○○ 의원은 정치 잘못에 책임지고 정계를 은퇴해야 합니다. (12. 09. 12.)

사실을 歪曲시키는 보도

○○○ "○○○ 인혁당 사과여부, 비서실서 논의 있을 것"

↳ **댓글** 책임지지 않는 사과를 왜 비서실에서 논의할까? 이전에 그랬듯이 상습적으로 잘못했다고 사과하고 책임 없이 끝내면 될 걸 가지고 논의한다며 시끄럽게 호들갑 떠는 이유가 무엇인지 궁금합니다. (12. 09. 11.)

○○○ 눈물의 사퇴 "고향으로 돌아간다"

↳ **댓글** ○ 의원과 같이 정치에 책임져야 할 국회의원은 정계를 은퇴하여 고향에서 행복을 찾아야 합니다. 국민을 위한 정치도 하지 못하면서 할 것처럼 국민을 기만하는 말이나 하면서 세비나 받고 지내는 것이 진정한 행복인지 생각해야 하며, 꼭 남에게 잘 보여야만 행복한 것이 아닙니다. (12. 09. 11.)

부산지법, 무소속 ○○○ 의원 "증거부족" 영장 기각

↳ **댓글** 불평등한 사회를 실현하기 위해 법원이 존재하는 것 같습니다. 제(평범한 국민) 소에서는 증거로 사실도 확인하지 않고 판결하더니, 국회의원 등 일부 특권층에게는 증거가 불충분하다고 판결합니다. 누구에게나 평등한 법원이 되도록 해야 하며, 법원이 특권층의 시녀가 되어서는 안 됩니다. (12. 09. 08.)

공약은 겉핥기… 후보도 안개 속… 깜깜이 대선

↳ **댓글** 실천가능한 공약도 없고 대선을 100여 일 남기고도 후보가 확정되지 않는 등, 모두가 국민에게 무책임합니다. 저는 실천하지 못할 공약의 타당성과 관련하여 새누리당과 민주통합당을 피고로 소를 진행하고 있지만, 책임 없이 정당이 장밋빛 공약만 남발하는 것은 고쳐야 합니다. (12. 09. 06.)

공무원 봉급 3.5% 올릴 때 의원 세비는 20% 올렸다.

↳ **댓글** 국회의원 세비를 100% 안올리고 20%만 올린 것을 보니, 조금이라도 국회의원들이 양심은 있는가 봅니다. 정치 잘못에 책임지고 정계를 은퇴해야 할 국회의원들이 은퇴하지 않고 오히려 세비를 올리는 것을 이해할 수 없습니다. 저는 구체적인 사항의 국감자료를 제출하여 2011년 국감보다 2012년 국감의 생산성이 더 향상된 것인지 확인할 예정입니다. (12. 09. 05.)

[MB - ○○○ 단독회동]
○○○ "100일 범국민안전기간 정하자"

↳ **댓글** 반값등록금 실현 및 0~5세 영유아 양육수당 전 계층 지원이 박후보의 총선공약이었음에도 실천하지 못하자 이제는 대선공약으로 변한 것 같습니다. 이 대통령은 이제서야 박후보의 공약을 긍

사실을 歪曲시키는 보도

정적으로 검토하겠다고 원론적으로 답하며, 실천하겠다는 것이 아
닌 안 되면 말고 식의 무책임한 답으로 서로 원원할 방법을 모색합
니다. (12. 09. 03.)

'부실 대학' 43곳 정부지원 제한

↳ 댓글 정부는 발표만 하고 그동안 잘못을 정부가 책임지지 않는
게 이상합니다. 잘못이 없으면 대통령이 왜 국민에게 사과하는 것인
지 대학만 부담되게 하는 것인지 이해되지 않습니다. 진심으로 사과
한다면 본인부터 책임질 줄 알아야 하며, 남을 탓하며 남에게 책임
을 전가하지 말고 잘못한 정부부터 솔선수범할 줄 알아야 합니다.
(12. 09. 01.)

○○○ "반값 등록금 약속"에
대학생들 "진정성 의심된다"

↳ 댓글 반값 등록금을 실천하게 하지 않은 ○○○ 후보가 반값등
록금 미실천을 책임지지 않고 또 진정성 없는 허위공약만 발표합니
다. 국회의원선거 시 약속을 지키겠다는 공약도 지키지 않고 대책
없이 선심성 공약만 발표하는 것은 부당합니다. 새누리당과 ○○○
후보는 반값 등록금을 실천할 구체적 대책을 밝혀 허위 공약이 아님
을 국민에게 알려야 합니다. (12. 08. 24.)

새누리 대선후보 ○○○ 확정… 84% 최고 득표율

↳ **댓글** 사과하면서 잘못을 책임지지 않고 약속을 지키지 않는 인물을 대통령후보로 확정하는 새누리당이 한심합니다. ○○○ 후보가 국민을 위해 바름을 실천한 것이 있으면 새누리당은 공개하기 바라며, 또 장밋빛 공약으로 국민을 기만하지 않아야 합니다. 당 탄생 이래 수년간 국민을 위한다면서 이를 실천하지 않아, 언제까지 장밋빛 말만 계속하는 당이나 후보가 되게 할 것인지 알 수 없습니다. (12. 08. 21.)

공직자 100만 원 넘는 금품·향응수수 대가성 없어도 처벌

↳ **댓글** 공직자의 금품수수 등에 대한 처벌은 강화되어야 하며, 환경에 의한 법 위반도 처벌하게 되어야 합니다. 제가 겪은 바, 대부분이 정당한 것으로 아는데 혼자서 법 위반이라고 주장하는 제가 어떨까요? 법 위반을 알게 되니 이제는 말하지도 못하고, 당초 내용을 힘으로만 밀어 붙입니다. (12. 08. 16.)

○○○ '경제민주화'로 쇄신 이미지…
5·16, 정수장학회, 불통이 '약점'

↳ **댓글** ○○○ 의원은 대원칙만 제시할 뿐 실천할 구체적인 대책이 없습니다. 검증을 통해 구체적인 대책이 무엇인지 알아야 합니

사실을 歪曲시키는 보도

다. 저는 구체적 대책 없이 거짓을 공약한 새누리당을 피고로 소를 진행 중이지만, 피소되는 것이 새누리당의 소통인지 이상합니다. 소통은 듣고 실천하는 것이지, 듣기만 하면서, 본인이 아닌 타인이 실천할 것을 바라는 것은 진정한 소통이 아닙니다. (12. 08. 16.)

○ ○ ○ 대통령 제67회 광복절 경축사

↳ **댓글** 대통령의 경축사를 보니, 대통령이 잘하여 우리나라가 잘되는 것처럼 자화자찬식의 표현이 많아 글을 씁니다. 대통령은 잘못하지만 국민이 잘해서 우리나라가 잘되고 있음을 인식해야 합니다. 즉 대통령이 잘했다면 우리나라는 더 잘되었을 것을, 말만하며 책임지지 않는 대통령과 정치인들 때문에 더 잘되지 못하고 있음을 인식해야 합니다. (12. 08. 15.)

부메랑이 된 '과거'… 대선주자들 '발목' 잡는다.

↳ **댓글** 사과한다는 말 등으로 과거에 책임지지 않는 것은 부당합니다. 과거를 책임져야할 대선주자들은 먼저 정계를 은퇴하는 참된 모습을 국민에게 보여, 과거의 잘못을 진심으로 국민에게 사죄할 줄 알아야 합니다. (12. 08. 13.)

○○○, 누가 뭐래도 당당하고 떳떳한
올림픽 동메달리스트다.

↳ **댓글** ○○○에게 IOC가 동메달을 주던 말던이 아니고 반드시 주어야 합니다. 만약 IOC가 ○○○에게 은메달을 수여하지 않는다면, 이것 또한 IOC가 올림픽정신을 훼손하며 정치적인 개입을 한다는 증거입니다. IOC는 올림픽 정신에 투철해야 합니다. 그리고 우리나라도 IOC의 결정에 의존하지 말고 ○○○에게 그에 상응한 대우를 할 수 있는 법을 제정해야 합니다. 여야 국회의원들의 싸우는 장소가 국회가 되어서는 아닙니다. (12. 08. 13.)

〈○○○ - ○○○, 공천헌금 파문 속 신경전 고조〉

↳ **댓글** 과거를 청산한다면서 과거를 청산하지 않고 잘못을 검증 없이 넘기려는 게 정당한 것인지 이해되지 않습니다. 투명한 검증이 되도록 해야 합니다. (12. 08. 11.)

[총선 공천헌금 의혹 파문]
경직된 朴 - 무책임, 非朴 - 무기력 지도부… 3일간 경선파행 합작

↳ **댓글** ○○○ 의원은 송구하다면서 책임지지 않고, 비박 주자들과 지도부는 아무런 대책 없이 본인은 책임지지 않고 타인이 책임지라 주장하니, 서로 갈등만 발생합니다. 잘못을 진정으로 반성한다면

　　　　　　　　　　　　　사실을 歪曲시키는 보도

새누리당은 본인이 국민에게 책임질 줄 알아야 합니다. (12. 08. 06.)

통진당 ○○○ · ○○○ 제명 안 부결

↳ **댓글** 쇄신한다고 말하면서도 쇄신하지 않는 것은 새누리당이나 민주통합당이나 통합진보당이나 똑같아 어느 당이 타당의 잘못을 책임지게 하지 못하고 오히려 잘못을 방치하면서 도와주는 것이 진실입니다. 이런 형편이니 정치권을 국민들이 신뢰하지 못하고 정치에 대한 불만만 확산되게 됩니다. 현 정치인은 쇼로 국민을 기만하지 말고 잘못을 책임지고 정계를 은퇴할 줄 알아야 합니다. (12. 07. 27.)

MB, 친인척 · 측근비리 사과…
"억장이 무너지는 참담한 심정" 또 고개 숙인 대통령

↳ **댓글** 공무원은 중립적이어야 하는데 야당은 배려하지 않고 새누리당을 배려하여 사과한 것을 보니, 대통령의 중립성이 의심됩니다. 어떠한 질책도 감수하겠다면서 스스로 책임지지 않는 것은 안타까운 일이며, 대통령이 6차례나 사과하면서 이를 책임지지 않으니 경력 있는 정치인도 말만 사과하면서 책임지지 않는 게 정당한 것으로 생각하는 것 같습니다. (12. 07. 24.)

○○○, 진보냐 보수냐 묻자
"난 상식파"… 대선 출마는 즉답 피해

↳ **댓글** '진보냐 보수냐'라는 것은 정치적 논리의 물음입니다. 이러한 사고이니, 정치권에만 가면 본질과는 거리가 먼 엉뚱한 방향으로 접근하게 됩니다. 과거 서울시의 무상급식 찬반투표에서 보듯이 무상급식 찬반은 논하지 않고 투표의 찬반을 논한 것이 그 예라 할 수 있습니다. 승리를 위해서라기보다는 패배할지라도 상식과 원칙이 존중되는 대한민국이었으면 합니다. (12. 07. 24.)

〈민주 권력구조개편 개헌론 부상… 경선 쟁점 될까〉

↳ **댓글** 권력구조 개편을 위한 개헌이 아닌 국민을 위한 개헌이 되게 해야 합니다. 즉 현재 한국 정치가 개헌을 안 해서 문제가 있는 것이 아니고, 있는 헌법(국민보호)도 지키지 않고 대통령령 등으로 국민권익을 제한하면서 대통령 중임제를 논의하는 것은 우스운 일입니다. 헌법은 국민을 위한 것이지, 권력구조를 정하기 위한 헌법이 아닙니다. (12. 07. 23.)

○○○가 MB까지 때리면, 야당의 카드는?

↳ **댓글** ○○○ 의원이 현 정부의 구조를 변화시키지는 않을 것이라면서 현 정부의 잘못을 사과하는 것은, 현재와 같은 잘못이 앞으

사실을 歪曲시키는 보도

로 계속되어도 국민에게 사과하면서 지내겠다는 식의 우유부단한 태도입니다. 박 의원의 사과가 진심인지 실천하는 모습은 두고 볼 일입니다. (12. 07. 21.)

노령연금 5년 내 3배로… 통 큰 공약, 깡통 재원

↳ **댓글** 재원을 마련할 구체적인 방안 없이 장밋빛 공약만 발표하는 것은 부당합니다. 장밋빛 공약을 발표하는 자는, 솔선수범하여 재산을 국가에 기부토록 해야 합니다. (12. 07. 21.)

국무총리 해임 안 표결처리 '무산'… 정족수 미달 '자동폐기'

↳ **댓글** 쿠데타가 최선의 선택이 되게 하여서도 안 되지만 진정성 없는 사과를 사과한 것으로 인정하여서도 안 됩니다. 사람을 죽인 후 죄송하다고 사과하는 것은 부당한 것입니다. 정치인들은 진정한 사과를 할 줄 알아야 하며, 국민들도 거짓사과를 진실된 사과로 인정해서도 안 되며 이를 관례화되게 하여서도 안 됩니다. (12. 07. 21.)

"동의 못해… 나부터 징계하라" 일부 쇄신파 반발

↳ **댓글** 새누리당 내에 쇄신파가 몇 명인지 모두 잘못을 책임져야 합니다. 일부 쇄신파 의원들이 잘못이 무엇인지 모르는 것처럼 행동하여 말하지만, 특권포기를 주장하면서 국회의원의 특권인 체포동의안에 반대했다는 것입니다. 징계할 것이 아니고 당사자는 거짓에 책임지고 정계를 은퇴해야 합니다. 새누리당은 쇼가 아닌 진정성을 국민에게 보이도록 해야 합니다. (12. 07. 14.)

새누리 대선 주자들 "○○○도 책임 있다" 일제히 공세

↳ **댓글** ○○○ 의원은 결자해지를 아전인수 격으로 해석하지 않아야 합니다. 정두언 의원 사태에 대해 새누리당과 ○○○ 의원은 잘못을 국민에게 사과했습니다. 따라서 ○○○ 의원도 결자해지해야 되지만, ○○○ 의원과 새누리당도 잘못을 진심으로 사과한다면 결자해지해야 합니다. (12. 07. 14.)

〈與 '○○○ 파문' ○○○ 뜻대로 정리〉

↳ **댓글** ○○○ 의원이 진심으로 사과하고 ○○○ 대표도 대국민 사과문을 발표하고 ○○○ 의원도 "책임지는 자세가 필요하다"고 말하긴 하는데, 정작 사과하는 의원은 책임질 생각이 없고 ○○○ 의원이 책임질 것을 바라는 것이 진심어린 사과인지 의심됩니다. 사과

사실을 歪曲시키는 보도

가 진심이라면, 국민에게 잘못을 사과한 의원은 '결자해지'의 자세로 타인이 아닌 본인의 사과하는 모습을 국민에게 보여야 합니다. (12. 07. 13.)

[○○○ 방탄국회]
새누리 최소 63명, 민주도 최소 37명 '체포동의 반대 (반대·기권·무효)'

↳ **댓글** 약속을 지키지 않기 위해 '특권 포기'를 외치는 쇼를 하면서 국민을 기만한 새누리당과 민주통합당 국회의원들은 양심적으로 잘못을 책임지고 정계를 은퇴해야 합니다. (12. 07. 12.)

○○○가 제시하는 '정부 3.0'은… '정보공개 대폭 확대'

↳ **댓글** 행정정보는 행정의 투명성 확보를 위해 행정절차법에서 공개할 것을 의무화하고 있습니다. 그러나 현 실상을 보면, 객관적 기준에 의한 합리적 결정이라면서도 정보를 공개하지 않고, 제 경우는 4년간 당사자인 저에게도 사실에 맞는 결정내용을 공개하지 않습니다. 즉 허위내용을 공개하는가 하면 사실을 공개하지 않는 등 행정부가 행정절차법을 위반하고 있는 실정입니다.

행정정보를 밝히게 하여 투명한 결정이 되게 하는 것은 옳지만, 공약을 실천하는 모습이 중요합니다. (12. 07. 11.)

○○○ 대권도전 선언…
경제민주화 · 일자리 · 복지가 핵심과제

↳ **댓글** 총선 때는 '과거와 청산하겠다며 변화할 것'을 약속한 후 지킨 게 하나도 없는데, 이제는 '국민', '경제민주화', '복지'를 약속하니, 이 약속을 믿어야 될 것인지 의심됩니다. 실천할 대책을 제시하며 공약을 해도 믿기 어려운데 또 구체적 대책 없이 장밋빛 말로 공약을 하는 것은 대통령 후보가 아니라도 누구나 할 수 있는 것입니다. (12. 07. 11.)

[정권 말 컨트롤타워가 없다]
중단 위기에도… 관련 당국 책임공방만

↳ **댓글** 중앙정부가 건전한 재정이 되도록 하여 복지가 실천되게 하지 않고, 그 탓을 지방정부에 떠넘기는 것은 부당합니다. 중앙정부는 쓸데없는 기관을 폐지하여 국민을 위한 예산이 지급(복지실천)되게 하지 않고 채권발행(채무증가) 등의 임시방편으로 자금을 조달하여 사용하는 것은 부당합니다. (12. 07. 08.)

○○○, 大選 슬로건은 '내 꿈이 이루어지는 나라'

↳ **댓글** '내 꿈이 이루어지는 나라'가 되기 위한 방법 없이 말만하는 것은 누구나 할 수 있는 말입니다. 그러면 새누리당은 말 잘하는

사람이면 아무나 대통령 후보로 추천하기 바라며, 저번 총선에서도 ○○○ 의원은 '과거와 청산하고 약속을 지킨다'고 말하고는 한 것 없이 법안 개정을 공약실천이라고 게시합니다. 장밋빛 같은 말만하지 말고 바름을 실천하는 의원이기 바랍니다. (12. 07. 08.)

〈○○○ 대선공약 만들 캠프 정책전문가 면면은〉

↳ **댓글** 저번 공약 시 약속을 지키지 않아 제가 새누리당을 피고로 소를 진행하고 있지만, 새누리당의 복지공약이 문제없이 실천되고 있는지 확인하기 바라며, 저번 총선공약과 같이 실천되지 않을 줄 알면서 가능한 것처럼 청사진 식의 공약은 만들지 않기 바랍니다. (12. 07. 06.)

〈민주 "무상보육 대란, 정부·여당이 자초"〉

↳ **댓글** 민주통합당은 새누리당이나 정부의 책임으로 돌리지 말고, 보편적 복지를 주장하며 무상보육을 실시한 복지의 잘못을 책임질 줄 알아야 합니다. 책임진 후에 복지를 실천할 방법을 검토해 볼 수 있지만, 임시적 방편으로 국민의 눈과 귀를 가리려는 시도는 하지 않게 해야 합니다. (12. 07. 06.)

친박·비박, 이번엔 복지 공방

↳ **댓글** 새누리당이나 ○○○ 의원은 복지 잘못을 책임져야 합니다. 반성한다든지 송구하다면서 말만 쉽게 하지 말고 잘못을 책임질 줄 알아야 하며 약속을 지킬 줄 알아야 합니다. 책임진 후에 예비비 투입 등의 방법을 검토해 볼 수 있지만, 임시적 방편으로 국민의 눈과 귀를 가리려는 시도는 하지 않아야 합니다. (12. 07. 06.)

예비비 2800억으로 해결 가능… 정부는 '난색'

↳ **댓글** 먼저 잘못된 정책을 추진한 자는 사의 등으로 책임지게 해야 합니다. 다음에 계속되어야 할 예산지급을 예비비(세금)로 임시 충당하는 것은 부당하므로, 보편적 복지 등을 주장한 국회의원은 사재를 기부하는 솔선수범을 보여 국민들도 참여하게 하는 등 항구적인 복지가 실천되도록 해야 합니다. 그리고 복지를 실천할 방안 없이 말만하며 국민을 선동한 국회의원도 잘못을 책임지고 정계를 은퇴해야 합니다. (12. 07. 06.)

한-일 협정 질책만… 책임 안지는 이 대통령

↳ **댓글** 한일협정추진 잘못에 대한 책임을 묻지 않으려고 대통령이 누가 어떻게 무엇을 잘못했는지 따져보지 않는 것은 부당합니다. 대통령은 하기 쉬운 좋은 말만하지 말고 행정 선진화를 위해 행정의

사실을 歪曲시키는 보도

잘못을 책임자가 책임지게 해야 합니다. (12. 07. 03.)

곳곳서 靑 개입론⋯ 임기 말 체면 구긴 MB

↳ **댓글** 대통령이 잘못한 책임을 해당 부처에 떠넘기기 위해서 절차상의 잘못이라고 말한 것인지 이해되지 않습니다. 대통령은 어느 부처가 잘못을 책임져야 한다고 판단하는지 알 수 없지만, 새누리당이나 ○○○ 의원이 이러한 잘못에 대한 책임을 분명하게 밝히게 될 것으로 봅니다. (12. 07. 02.)

한일 군사협정 전문 입수⋯ 독소조항 투성

↳ **댓글** 한일 군사협정 잘못에 대해 정부 책임자가 책임지게 해야 합니다. 맨날 송구하다면서 책임지지 않는 것이 정당한 것으로 통상 인식되게 하는 것은 부당합니다. (12. 07. 02.)

공무원 · 군인 연금부채만 342조⋯ '철밥통' 위력

↳ **댓글** 국가부채를 후세의 국민이 책임지게 하는 것은 부당합니다. 원인을 밝혀 부채의 원인을 제공하고 돈을 소비하게 결정하여 국가부채를 증가시킨 공무원과 정치인을 우선 책임지게한 후, 세금

으로 충당하는 등의 방법으로 국가부채가 최소화되도록 온 국민이 노력해야 합니다. (12. 06. 01.)

국회 문은 안 열고 '법안 보따리' 메고 폼 잡기

↳ **댓글** 19대 국회가 선거만 의식하여 가계나 기업 등 각 주체들과 타협하지 않은 법을 마련하는 것은 부당합니다. 법이 없어 잘 안 되는 것이 아니므로, 국회의원부터 만들어진 법을 지켜야 하며, 선거에 승리하기 위해 본인은 실천하지 않는 거짓을 공약하지 말아야 합니다. 예산이 소비되는 공약을 지키기 위해 법을 만들어, 본인은 재산을 기부하지 않으면서 국민세금이 소비되게 하는 것은 부당합니다. 국회의원은 솔선수범해야 합니다. (12. 05. 30.)

[통합진보당 갈등 최악]
○○○ 배후 '보이지 않는 손' ○○○

↳ **댓글** 대한민국 국회의원이 살아남기 위해 거짓말로 국민을 기만하며 책임지지 않고 이런 식이니 한심한 일입니다. 정치에 책임 있는 여야 정치인은 정계를 은퇴하여 국민이 정치를 신뢰해야 합니다. (12. 05. 05.)

사실을 歪曲시키는 보도

통합진보 당권파들 소란에 전국운영위 '파행'

↳ **댓글** 경선부정에 책임지고 사퇴하라니 ○○○ 대표는 경선부정 조사결과를 수용하지 못한다고 즉각 사퇴를 거부하고 비례대표 1번은 부정에 책임지고 즉각 사퇴하고, 가관입니다. 정치인은 정치 잘 못에 책임지고 사퇴해야 함에도 사퇴하지 않고 버티는 게 정치인인가 봅니다. 전 민주통합당 대표가 돈을 받지 않은 것처럼 버티고 전 국회의장도 돈 받지 않은 것처럼 사퇴하지 않고 버티다가 이제는 돈 받은 것이 사실이라며 재판부의 선처를 바라니, 국회의원은 양심도 없는 것 같습니다. 양심 없는 국회의원이 되지 않도록 해야 합니다. (12. 05. 04.)

[4 · 11 총선 이후]
"이긴 게임 망쳐놔" ○○○ 사면초가… 사퇴 초읽기

↳ **댓글** 민주통합당 대표직을 사퇴하며 살기 위해 국민을 계속 기만하려 하지 말고, ○○○은 양심적인 판단으로 ○○○ 의원과 같이 정계를 은퇴하는 책임을 질 줄 알아야 합니다. (12. 04. 13.)

〈총선 D-1〉 여소야대 땐 대선정국 조기 도래

↳ **댓글** 정치인이 정치에 책임지지 않고 말로만 송구하다며 선거 유세를 지원하고, 국민들은 정권심판이라는 등의 말에 속고, 또 국

가의 주인이며 책임자인 국민들은 합리적으로 후보를 선택하려 하지 않고 정치를 잘못했음에도 잘 아는 후보를 선택하여 정치의 잘못을 국회의원에게 떠 넘길 생각이나 하고, 한심한 일입니다. (12. 04. 10.)

총선 사흘 앞둔 여야, 물러설 수 없는 '난타전'

↳ **댓글** 국민들은 서로 난타전하는 정치인을 싫어한다면서도, 난타전하는 정치인 중 한명을 국회의원으로 선택하는 국민들의 이중성이 이해되지 않습니다. 아마 국민들은 이러한 정치인을 선택하면서, 정치인들의 난타전을 즐기는 것 같습니다. 국민들은 정신을 차려야 하며, 살기위해 서로 싸우는 정치인들에게 속지 말아야 합니다. (12. 04. 08.)

새누리, 서울 강남갑 · 을… ○ ○ ○ · ○ ○ ○ 공천 취소

↳ **댓글** 공천심사과정에서 미처 발견하지 못한 잘못을 누가 책임질 것인가! 잘못을 책임지지 않는 것이 새누리당의 양심이며 입장이라면, 차후 청와대의 인사 잘못에 대해서도 새누리당은 인사담당 비서관에게 책임을 묻지 않게 됩니다. 이렇게 하여 새누리당이 어떻게 국정을 운영하게 될지 안타깝습니다. (12. 03. 14.)

서울 구로갑, ○○○ - ○○○ 세 번째 맞대결,
부산 ○○○, ○○○ "텃밭 탈환" ○○○ "3선"

↳ **댓글** 비대위원장이 '과거의 잘못과 단절' 한다고 말합니다. 과거에 잘못된 것은 다른 사람이 하였지 본인은 잘했다는 말 같으며, 본인은 과거에 한나라당 대표도 아니었고 당원도 아니었다든지 이상한 말입니다. 민주통합당 대표가 '정권심판' 등을 말하지만 이런 말을 할 자격이 있으려면, 본인은 본인을 양심적으로 심판하여 본인부터 정치를 하지 말았어야 하며, 양심 없는 사고로 정치를 계속하는 것은 위험합니다. 의혹이라며 양심적 책임도 지지 않는 대표가 정권을 심판하자고 외칠 자격이 있는지, 가슴에 손을 올려 진심으로 반성할 줄 알아야 합니다. (12. 03. 14.)

○○ · ○○○ · ○○○, 물고 물리는 고소 전

↳ **댓글** 가짜편지를 쓰고, 조사를 축소하고, 그리하여 국민이 허위를 사실로 믿게 하고 , 책임지지 않으려고 ○○ · ○○○ · ○○○은 물리고 물고, 책임자 중에 축소 조사한 사람은 왜 **빠졌는지** 이상합니다. ○○ · ○○○ · ○○○만이 아니고 국민이 허위를 사실로 믿게 조사를 축소한 공무원도 책임져야 합니다. (12. 03. 13.)

"내가 평생 먹여 살릴게,
캐시로 달라면 그것부터 처리해줄게"

↳ **댓글** 진실이 허위에 묻히게 되었는데 녹취록으로 진실이 되살아 난 것 같습니다. 증거인멸로 허위가 진실이 되기는 고위직에게 쉬운 것 같습니다. 허위를 사실인 것처럼 말하는 고위층을 청문하는 국회의원의 어려움도 이해되지만, 그보다는 면죄부 꼴의 청문을 국회가 할 필요가 무엇인지 이해되지 않습니다. (12. 03. 13.)

정수장학회 '정면 대응'에 정치권서 갈등 다시 확산

↳ **댓글** "선거를 앞두고 정치공세를 펴고 있다", "○○○ 새누리당 비상대책위원장과 현재 아무 관련이 없다"는 정수장학회 이사장의 말에 동조하지 말고, 오히려 과거의 잘못과 단절하기 위해 ○○○ 위원장은 정수장학회 이사장 사퇴여론에 동감하여 이사장이 사퇴되도록 하여 국민이 신뢰해야 합니다. (12. 02. 24.)

○○○ 판사 '국민법복' 선물 받고 눈물 주르륵

↳ **댓글** "법원은 법원장이 아니라 국민을 위해 존재해야" 하듯이 '국가는 대통령이 아니라 국민을 위해 존재해야' 함에도, 현재 대통령이나 위정자 등 1%를 위해 국가가 존재하는 것 같은 행정은 잘못입니다. (12. 02. 17.)

결론 내렸나? 수사팀 입에서 "○○○ · ○○○ 억울"

↳ **댓글** 사실과 전혀 다르다며 도의적으로 책임지지 않더니 결국 증거에 의해 돈 봉투 수수가 사실임이 확인되어서야 사실을 책임진 다합니다. 거짓말한 국회의장과 아직 책임지지 않고 있는 ○○○ 수석에 대하여는 대통령이 우선 도의적으로 책임지게 하고 법적 책임은 합리적인 수사결과에 따라야 합니다. (12. 02. 10.)

"선거용 무상보육, 돈 쏟아 붓고도 효과 작을 것"

↳ **댓글** 실천하지도 못할 무분별한 지원은 총선과 대선을 겨냥한 '매표(買票)행위'입니다. 무상보육이 필요하다고 주장하는 정치인은 재산을 기부하는 솔선수범을 보여, 매표행위가 아닌 실천이 되도록 노력해야 하며, 무상으로 실시 할 것이 예상되는 제반 문제를 해결할 실천방안을 제시해야 합니다. 말이 아닌 실천이 중요합니다. (12. 01. 31.)

○ 대법원장 "'부러진 화살' 흥행이유 고민해야"

↳ **댓글** 지금도 여러 소가 계속되고 있지만, 제가 소를 제기한 결과 법원은 청구취지를 증거에 의해 판결하지 않으니, 사법부가 국민으로부터 신뢰받지 못하게 됩니다. 그래서 저는 판사 2명을 직무유기로 고소한 상태이지만, 계속 그러면 판사를 더 고소할 예정입니다. 사법부는 청구취지를 심정에 의한 판결이 아닌 증거에 의한 판

결이 되도록 자성해야 하며, 심리과정에서 제기된 의혹도 해소되게 해야 합니다. (12. 01. 31.)

정부 · 공기업 '부채폭탄'… 800조 돌파 임박

↳ **댓글** 공기업 부채를 누가 책임질 것인가? 대통령이? 국회의원이? 국민이? 이해되지 않는 게 쓰기는 다른 사람이 쓰고, 부담은 국민이 하고 이상한 일이다. 국민을 세금만 납부하는 봉으로 생각하지 않는 나라면 좋겠다. 부채를 갚기 위해 내년 예산이 또 증액되겠지? 대통령이나 국회의원은 양심상 책임져야 할 일이다. (12. 01. 29.)

영화 '부러진 화살' 실제 재판기록 보니…

↳ **댓글** 사법부가 증거에 의한 재판을 하지 않고 심증으로 재판하고 있습니다. 제가 소를 제기하니, 청구취지를 증거에 따라 판결하지 않고 심정적으로 판결하여 상고하였습니다.

사법부는 신뢰되는 판결을 위해서 '판결에 문제없다는 식'으로 당초 판결을 단정하여 밀어붙이지 말고, 증거에 의한 양심적 판결이 되게 해야 합니다. (12. 01. 27.)

사실을 歪曲시키는 보도

與, 100만 가구 전월세 대출이자 경감 추진

↳ **댓글** 한나라당을 신뢰하기 위해 그동안 하지 못한 여러 가지 정책을 내고 있습니다. 국민이 한나라당 정책을 신뢰하게 하기 위해서는 그동안 업무에 부작위한 관련자는 책임지게 해야 합니다. 그리고 100만 가구 전월세 이자 경감 등을 실천하기 위해 필요한 예산은 한나라당 소속 국회의원이 솔선수범하여 집과 사무실 등을 국가에 기부하여, 기부문화 확산을 통해 국민의 세금이 아닌 기부금으로 예산을 조달하도록 해야 합니다. (12. 01. 19.)

〈문제 있지만 책임은 없다? 서울시 감사 논란〉

↳ **댓글** 감사원이 헌법(헌법 제1조)과 법률(민원사무 처리에 관한 법률 제15조)를 위반하면서 타 부처를 감사한다는 것은 이해되지 않습니다. 잘못된 것은 바르게 시정해야 함에도 시정하지 않는 것은 감사원이 직무를 유기하는 것입니다. 시정에는 신분상 처벌과 잘못으로 낭비된 예산을 환수하는 것이니, 감사원은 헌법과 법을 지키고 국고를 환수하기 바랍니다. (12. 01. 18.)

원칙 없는 보육, 엄마들 뿔났다.

↳ **댓글** 원칙 없는 게 한두 개가 아닙니다. 그러니 청탁이나 하고 또 투쟁이나 하면, 원칙이 없으니 안 되는 일도 되게 됩니다. 현실도

모르고 원칙도 없는 국회와 정부가 한심스러워, 저는 이번 총선에 참여하여 국민의 판단을 받으려고 합니다. (12. 01. 13.)

민주통합당, '돈 봉투 살포의혹' 대책마련 부심

↳ **댓글** 아니 땐 굴뚝에 연기가 날 리 없건만, 민주통합당은 현 여건상 의도적으로 의혹을 덮고 가려는 것 같습니다. 민주당은 당명을 민주통합당으로 바꾸더니 이제는 증거 없는 의혹이라며 사실을 확인하지 않고 부인하는 것은 부당합니다. 증거 유무는 검찰에서 밝힐 일이며, 정치인은 양심이 있어야 합니다. 도덕적으로 해이하지 않고 양심 있는 민주통합당이 되기 바랍니다. (12. 01. 11.)

[한나라 '보수' 포기 논란]
선거 이기고 보자… '反기업 포퓰리즘' 공약 준비

↳ **댓글** 한나라당이 선거를 의식하여, 지키지도 않는 정강에 '보수'를 빼니 많이 논란이 되는 게 한심합니다. 한나라당은 정강이 문제가 아니라 사람이 문제이므로, 정강을 고쳐 개혁하는 것처럼 국민을 기만하지 말고 헌법정신과 정강을 지키는 당이 되게 해야 합니다. (12. 01. 06.)

사실을 歪曲시키는 보도

○ ○ ○ 진화에도 한나라 '물갈이' 갈등 확산

↳ **댓글** 책임져야 할 사람들이 책임지지 않고 타인에게 책임을 떠넘기며 구태의연한 정치를 또 하고 있습니다. 마치 한나라당 비대위가 잘못을 국민에게 책임지기 위해 생긴 것이 아니고 책임을 타인에게 떠넘기기 위해 생긴 것 같습니다. (11. 12. 31.)

'문지방 예산' 5억으로 출발한 김해 경전철…
20년간 매년 1045억 삼키는 세금 블랙홀 돼

↳ **댓글** 국민은 세금을 내고, 국회는 쓸데없는 곳까지 선심성 예산으로 수천억 원의 세금을 낭비하고 있음에도, 세금을 낭비한데 대해 책임지는 국회의원이 아무도 없는 게 이상합니다. 국민을 봉으로 생각하여 세금을 낭비한 국회의원은 자진해서 국민에게 책임지는 양심이 있어야 합니다. (11. 12. 26.)

비대위 짜고 지도부 뽑고…
새판 짜기 바쁜 한나라 · 민주통합

↳ **댓글** 과거를 책임지지 않기 위해 새판을 짜서 국민 기만을 시도하려 합니다. 기성 정치인은 과거에 책임지는 자세가 필요하지, 책임 없이 지역이나 계파정치를 또 하여서는 안 됩니다. (11. 12. 25)

'MB 비하' 판사 윤리강령 위반 검토

↳ **댓글** 판사(공무원)가 MB를 비하하면 법관윤리강령에 위배될 수 있으나, 공무원이 아닌 국민이 정부(MB)를 비하하는 것은 국민에게 잘못이 없다는 의견에는 동의합니다. 그런데 법원이 청구취지에 대해 판결하지 않고 청구취지가 아닌 것을 판결하여, 항소나 상고 등을 국민이 하게 하는 것은 법원의 책임이 아닌지 배임행위가 아닌지 이상합니다.

법원은 배임하지 말고 청구취지를 판결해야 하며, 청구취지도 판결하지 않고 배임하면서 소에 무책임한 법원이 법관 윤리강령 위반 여부를 검토하는 것은 부당합니다. (11. 12. 22.)

〈판결 확정 뒤 원·피고 뒤바뀐 판결문 논란〉

↳ **댓글** 모든 피해에 대한 책임을 법원이 지지 않는 게 이해되지 않습니다. 제 경우도 그렇지만, 법원의 잘못을 소송 당사자인 제가 왜 책임져야 하는지 이상합니다. 소의 판결문 등에 대한 잘못은 법원이 그 피해를 책임져야 합니다. (11. 12. 18.)

親盧·시민사회 가세… 정치실험 무대로

↳ **댓글** 기존 잘못을 책임져야 할 사람들이 국민에게 책임지지 않으려고 당명만 바꾸어 또 국민을 기만하려 하고 있습니다. 기존 정

사실을 歪曲시키는 보도

치에 참여한 여당 야당 각 사회단체 등은 잘못을 국민에게 책임진 후 또는 책임지게 한 후, 새로운 당명으로 책임정치를 실천해야 합니다. (11. 12. 17.)

청와대, 잇단 악재에 '벙어리 냉가슴'

↳ 댓글 말만하던 청와대는 이제 말도 못합니다. 그러면 이제 잘못을 국민이 책임져야 하는지 답답한 일입니다. 대통령 등 책임져야 할 책임자 모두는 잘못을 국민에게 떠넘기지 말고 책임져야 합니다. (11. 12. 09.)

"우리나라 부패했다" 국민 65.4% 느껴

↳ 댓글 권익위부터 헌법과 법을 지켜야 함에도 지키지 않으면서, 중앙부처나 국회가 더 부패하다고 조사하고 대책을 마련할 자격이 있는지 의심됩니다. 대책은 권익위부터 법을 지키게 하는 것이 급하지, '공직자의 부정한 사익추구 금지법'을 제정하고 '공익신고자보호법' 정착에 노력하는 것이 급하지 않습니다. (11. 12. 09.)

예산안 9년째 직무유기… 국회는 '무법부'

↪ **댓글** 국회가 헌법을 뭉개며 직무를 유기하는 게 이제는 관례화되어 있습니다. 국민에게 세금을 내게 하는 등 각종 의무를 부담하기 위해 헌법이 있는 것 같습니다. 헌법은 국민을 위해 제정된 것임에도, 입법부 행정부 사법부 모든 부가 국민에게는 관심 없이 각 부의 입장에 따라서 헌법(법)을 지키지 않습니다. 각 부는 국민의 권익을 보호하는 헌법을 지켜야 합니다. (11. 12. 03.)

'감사받던' 서울메트로 직원, 목매 숨진 채 발견

↪ **댓글** 감사원 감사에서 잘못은 알았겠지만, 이 잘못이 얼마나 억울했으면 유서 없이 자살하게 되었을까요? 고인의 명복을 빌며, 죽음이 헛되지 않게 억울하다고 생각하게 하는 일이 없도록, 원칙을 지키는 투명한 사회가 되어야 합니다. (11. 11. 30.)

'종로서장 폭행' 두고 네티즌 설전,
"폭행 잘못" VS "의도된 꼼수"

↪ **댓글** 인권이 보호된 것인지에 대해서는 말없이, 일부는 공무중인 경찰서장을 폭행했다고 주장하고 일부는 폭행하지 않았다고 주장하고 이상한 설전만 하고 있습니다. 경찰서장의 인권만 중요하고 경찰공무원이나 시위대의 인권은 중요하지 않은지 궁금합니다. 경

사실을 歪曲시키는 보도

찰서장과 경찰공무원이나 시위대의 인권은 평등하게 보호되어야 하며, 시위하고 시위를 진압하는 과정에서 인권을 차별한 모든 관련자는 책임져야 합니다. (11. 11. 27.)

20대 무당파를 잡아라.

↳ **댓글** 문제제기로 끝나지 말고, 대안을 제시하며 문제를 해결하는 능력이 있어야 합니다. (11. 11. 27.)

"학자금 대출 제로금리 추진해야"… ○○○ 전 대표

↳ **댓글** ○○○ 의원 말은 맞지만, 한나라당 대표까지 지낸 ○○○ 의원이 그런 말을 할 위치에 있다고 볼 수 있는지 의심됩니다. ○ 의원은 지금도 잘못을 책임져야 할 여당이며, 여당 의원으로 ○○○ 서울시장 후보를 지원한 사람임을 잊지 말아야 합니다. (11. 11. 23.)

끼워 넣고, 나눠 먹고… 예산 늘리기 경쟁 가관

↳ **댓글** 부담은 국민이 하고 쓰기는 국회의원들이 예산을 선심 쓰듯이 쓰고, 예산은 확보하지 않고 임자(?) 없는 돈 먼저 쓰고 보자는 식의 사고로 대한민국을 운영하는 것은 국민을 위한 것이 아닙니다. 예산확보 없이 예산소비만 주장하는 정치인은 사재를 국가에 출연

하여 예산을 확보한 후 모자라면 국민이 부담하게 해야 합니다. 정치인은 모범을 보이기 바랍니다. (11. 11. 22.)

청계천 물길 따라 해마다 80억 원 증발

↳ **댓글** 예산만 낭비되고 있는 청계천을 왜 복원했는가? 책임질 사람은 없는가? 책임져야 할 사람은 책임지지 않고 국민이나 뒷 사람이 책임져야 하는가?

한미 FTA도 그렇고 복지도 그렇고 전부 국민이 부담하게 되는 것임에도 떠들기만 하며 국민에게 책임지게 하지도 않고 책임지는 사람도 없으니 한심한 일입니다. (11. 11. 21.)

국회는 지금 자고나면 'ㅇㅇㅇ' 탄생

↳ **댓글** 그때마다 주관이 흔들리는 식의 원칙 없는 정치를 하여 후세에 비판받는 정치가 아닌, 진정으로 국익을 위한 주관 있는 정치를 해야 합니다. (11. 11. 20.)

한나라 '굴욕' 끝에 칼을 뽑다.

↳ **댓글** 헌법정신에 따라 인권도 보호하지 않고 행정편의를 위한 시행령으로 행정해도 이를 바르게 고치도록 하지 못하는 한나라당

사실을 歪曲시키는 보도

이 '의회질서 운운' 하니 한심한 일입니다.

한나라당은 헌법정신에 따른 행정이 현실에서 시행되고 있는지 확인하여 책임지게 해야 하며, 잘못된 것은 바르게 고쳐야 합니다.
(11. 11. 18.)

李 대통령 "대학등록금 인상, 정부가 한 것처럼 됐다"

↳ **댓글** 대학등록금이 인상된 것에 대해 자유로울 수 있는 기성 정치인은 아무도 없습니다. 등록금 문제는 과거부터 해결해 왔어야 할 문제로 이를 해결하지 않고 계속 방관하다가 이제 표면화된 것입니다. 이 대통령은 기성 정치인이 아닌지 묻고 싶으며, 기성 정치인의 방관으로 발생된 문제를 왜 지금 학생들이 책임지게 하는지 묻고 싶습니다. 빚으로 살다가 후 세대가 빚을 부담하듯이 하지 말고 등록금 문제는 기성 정치인이 책임지고 근본적으로 해결해야 합니다.
(11. 11. 16.)

"李 대통령, 국회 비준되면 3개월 내 ISD 재협상"

↳ **댓글** 3개월 내에 ISD 재협상을 하겠다니 반갑긴 하지만, 3개월 내에 ISD 재협상을 시작하는 것인지 재협상 결과가 나오는 것인지 불분명합니다. 그리고 재협상 결과 미국이 부정적인 결정을 하게 되면 한국은 원안을 수용하는 것인지 어떻게 할 것인지 알 수 없고 대

책도 없습니다. 국면을 전환하기 위해 국민을 기만하는 제안이 아니기 바랍니다. (11. 11. 15.)

직장인도 종합소득 높으면 건보료 따로 낸다.

↳ **댓글** 좋은 안이지만, 선행돼야 할 일은 않고 이를 국민에게 떠넘기는 것은 부당합니다. 선행되어야 할 일은 법에 따라 보험료가 산정되어야 합니다. 저는 보험료가 잘못 산정되어 납부하지 않고 있습니다. 또 엉터리 환자에게 지급되는 예산을 보전하기 위해 보험료를 인상하는 등의 현 안은 부당합니다. 엉터리 환자로 인정하여 예산이 지급되지 않게 해야 합니다. 참고로 엉터리 환자를 평가기관에서 인정하고 있습니다. 공평한 건강보험료 부과체계를 마련하기 바랍니다. (11. 11. 15.)

대한민국은 '빚' 공화국… 채무 2천조 육박

↳ **댓글** 채무를 급감시킬 근본적 대책을 정부는 마련해야 합니다. 청와대와 국무총리에게도 수차례 말했지만 정부부터 구조조정을 실시하여 쓸데없는 곳에 예산이 지급되지 않도록 해야 합니다. (11. 11. 13.)

사실을 歪曲시키는 보도

〈보험사기 설계 · 나이롱 환자 근절될까〉

↳ **댓글** 환자로 인정받기 위해서는 신청하고 인정하는 2가지 절차가 있습니다. 자유민주주의에서 신청은 자유롭게 하도록 해야 하나, 인정은 평가기관에서 평가하여 인정하는 것임에도, 평가방법은 개선하지 않고 신청자만 비도덕적이라는 이유 등으로 매도하고 있습니다. 제가 입원하여 경험한 것을 토대로 평가방법 개선을 수차례 건의해도 개선하지 않고 정부는 나이롱 환자를 인정하여 예산을 지급하고 있으며, 경찰도 나이롱 환자인 줄 알면서 방관하는데 금감원 직원도 그럴 것으로 예상되며, 또 금감원 직원 증원으로 해결될 문제도 아닙니다. (11. 11. 13.)

또 민간인 사찰

↳ **댓글** 해당 인에게는 정보 제공이 절대 불가하다던 공단이 기무사 직원에게는 전화로 알려 주고 엉망입니다. 해당 인에게 제공이 불가하다면서 잘못을 숨기려고 하지 말고 행정정보를 투명하게 해당 인에게는 제공해야 합니다. (11. 11. 12.)

靑, 국회 못 믿겠다 - 대통령 담화 발표

↳ **댓글** 국회가 대통령을 못 믿는데, 대통령은 국회를 못 믿는다며 책임을 국회에 떠넘기는 것은 부당합니다. 책임을 국회에 떠넘기지

말고 헌법과 법을 지키는 진심으로 국민을 위하는 대통령이 되어 향후 국정을 안정적으로 운영되게 해야 합니다. (11. 11. 10.)

〈부실대학 '퇴출 1호' 등장〉다음은 우리?… 떨고 있는 '대출제한' 대학들

↳ **댓글** 법도 지키지 않는 정부가 대학을 구조조정을 할 자격이 있는지 의심됩니다. 정부부터 모범적으로 구조조정한 후 대학을 구조조정 해야 합니다. 그리고 정부처럼 대학이 법을 지키지 않는 것이 원칙이라면 정부도 법을 지켜야 합니다. 정부가 법을 지키지 않는 사례는 제 블로그(http://blog.daum.net/seojoung)에 열거되어 있습니다. (11. 11. 07.)

감사원, 영남대 교직원 30억 원 횡령 적발

↳ **댓글** 법도 지키지 않고 국민 위에 군림하는 감사원이 영남대 교직원 횡령을 적발할 자격이 있다고 생각하는지 아리송합니다. 자기에게 엄격하고 타인에게 관대한 감사원이면 좋겠습니다. (11. 11. 05.)

사실을 歪曲시키는 보도

검찰, ○ 前 지검장 경찰내사 묵과 의혹

↳ **댓글** 요즘은 수천억 원은 되야지 고작 90만원? 서민에게야 큰 돈이지만 요즘 언론에 보도되고 수사할 정도는 수천억이 되야 한다는 게 검찰의 판단인 것 같습니다. 불법이라도 언제 수천억을 만져 수사하게 될까요? (11. 11. 01.)

검찰, ○ 前 지검장 경찰내사 묵과 의혹

↳ **댓글** 내사 종결된 사건을 입장 곤란하게 언론에서 보도하니 할 말이 없습니다. 답은 묵인한 게 아니고 혐의가 없어 종결했습니다. 일관성 있는 답이니, 국민은 신뢰하기 바랍니다? (11. 11. 01.)

민심에 귀 막은 정치권, 책임론은 쏙 빼고 "쇄신"

↳ **댓글** 책임지면서 쇄신도 해야지 책임과 쇄신이 왜 연계되는지 대통령과 여당의 괴변이 감탄스럽습니다. 대통령과 여당이 이러니 국가 녹을 먹고 사는 모든 이가 책임지지 않는데, 대통령과 여당이 이러는 이들보고 책임지라고 말하지도 못합니다. 책임지는 정치를 하기 바랍니다. (11. 10. 29.)

고문으로 인한 억울한 옥살이… 39년 만에 무죄

↳ **댓글** 39년간 억울한 옥살이? 제 경험으로 가능한 일입니다. 경찰, 검찰, 법원의 합작품입니다. 제가 억울하다고 호소해도 투명하게 밝히지 않고 관련 기관은 밀어붙이기만 합니다. 밀어붙이지만 말고 억울하다고 주장하는 것을 투명하게 밝혀야 합니다. 책임지지 않으려고 잘못을 떠넘기고 밀어붙이고 이를 묵인하며 방조하는 것은 부당합니다. (11. 10. 29.)

한미 FTA 반대 집회 참가자들에 물대포… 67명 연행

↳ **댓글** 한미 FTA 반대는 왜 하고 또 반대한다고 왜 연행하는지 전부 이해되지 않습니다. 반대하려면 대책을 제시하면서 반대해야지 국익을 위한 합리적 대책 없이 반대를 위한 반대는 하지 말아야 합니다. 정부는 연행으로 한미 FTA 문제를 해결하려 하지 말아야 하며, 반대자들로 부터 국익을 위한 구체적 대책(대안)을 제시하게 해야 합니다. (11. 10. 29.)

"자유민주주의는 건국 세력 부정",
"북 인민민주주의에 대비한 개념"

↳ **댓글** 자유민주주의가 건국세력을 부정한다고 이해되지 않는 주장은 하지 말아야 합니다. 그러면 고조선이나 조선시대를 반대하고

사실을 歪曲시키는 보도

○○○ 정부를 반대하여 현 정부가 이룩된 것으로 판단하지? 현 정부는 과거를 계승하면서 시대에 맞게 적응해 가는 것이지 과거를 부정하는 것이 아닙니다. 과거를 계승하면서 더 발전시켜 가는 것임을 명심해야 합니다. (11. 10. 29.)

〈보고도 지휘 · 통제도 안 되는 경찰〉

↳ **댓글** 경찰청장의 말은 맞지만, 내 경험상 실천이 없습니다. 내가 경기지방경찰청이 초동수사를 제대로 하지 않고 피의자로 처리하여 소를 제기하여 현재 소가 진행 중이지만, 초등수사 잘못을 은폐하며 밀어붙이고 있습니다. 경찰은 밀어붙이며 묵인 및 방조하지 말고 사실대로 처리되도록 해야 하며, 잘못은 책임져야 합니다. (11. 10. 24.)

○○○ - ○○○ 정책 공약 비교

↳ **댓글** 두 후보 간의 차이점이 없습니다. 왜냐하면 실현 가능성 없이 말만하는 것은 공약도 아닌 공약이기 때문입니다. 장밋빛 말로 추상적 대책을 제시하지 말고 근본적 대책을 공약해야 하며, 언론도 실천성 없는 공약을 각기 다르다고 보지 말고 바른 시각으로 보도해야 합니다. 두 후보는 公約아닌 空約을 제시하고 언론은 이를 보도해야 하며, 현재 두 후보는 公約이 없어 다르다고 보도할 것도 없습니다. 같은 건 空約입니다. (11. 10. 22.)

'네거티브' 진흙탕, 심판론이 변수되나.

↳ **댓글** 여당이 "내곡동 사저 의혹"에 대해 부동산 거래를 한번쯤 해본 국민들이 쉽게 이해할 것이라는 안이한 판단을 하고 있으니, 한심한 일입니다. 국민을 이끌고 지도해야 할 대통령이 국민들이 그런다고 따라 했으니 쉽게 이해한다? 다른 국민이 대통령하게 하지 왜 대통령했는지 의심되는 말을 여당에서 합니다. (11. 10. 21.)

37년째 戰死보상금 5000원… 보훈처장 "몰랐다"

↳ **댓글** 대통령이 법 위반 의혹을 본의 아니게 라고 해명하고 보훈처장도 대통령 따라 몰랐다고 해명합니다. 보훈처가 엉터리 이유로 국가유공자를 판정하고 이를 기준으로 예산을 지급하고 있어 개선할 것을 2년 이상 요구해도 바르게 고치지 않고 책임만 떠넘기기고 있습니다. (11. 10. 18.)

MB사저 백지화… 의혹은 그대로

↳ **댓글** 알고도 본의 아니었다는 말이 이해되지 않습니다. 대통령이 이러니 정부가 알고도 묵인합니다. 예를 들면 교통사고가 발생하니, 경찰은 운전자가 입원할 정도의 상해가 아님을 알고도 운전자가 병원비 명목으로 보험금을 수령하여도 묵인합니다. 보험금 수령을

경찰과 운전자가 서로 담합한 것인지 이해되지 않습니다. 대통령부터 본의 아니라는 등으로 잘못을 회피하지 말고 국민을 위해야 합니다. (11. 10. 18.)

민주당 "내곡동 꼬리자리기 말라"

↳ **댓글** 본의로 국민에게 피해를 끼칠 대통령이 있는가! 국민에게 피해를 본의 아니게 끼치게 되는 것임은 누구나 알 텐데… 문제는 그러한 생각을 했다는 것이며, 여론이 비등하니 이제는 본의 아니게 그러한 생각을 했다고 사과(?)하는 것이 정당한지 의심됩니다. 잘못을 밀어붙이지 않는 것만 해도 감사한 일이지만, 형식이 아닌 진정으로 국익을 위하는 대통령이기 바랍니다. (11. 10. 17.)

"사저 의혹 참모 잘못에서 비롯… 문제가 있다면 바로 잡겠다"

↳ **댓글** "잘못된 부분이 있다면 바로잡고 문제가 있다면 고치겠다"는 말에는 동감하지만, 말보다는 '실천'이 중요합니다. 그리고 대통령 등 특권층에 대한 잘못만 고치지 말고 서민 등 일반인에게 행한 잘못도 바르게 고쳐야 합니다. (11. 10. 17.)

'한국판 월가시위' 현장에선 무슨 일이

↳ **댓글** 시민단체건 정부건 문제에 대한 근본적 대책을 마련해야
합니다. 문제점에 대한 대책 없이 시민단체는 외치고 정부는 힘으로
억누르니 문제는 해결되지 않고 악순환만 계속됩니다. 시민단체와
정부는 형식적 대책이 아닌 실질적이고 근본적인 대책을 마련해야
하며, 대책 없이 정치성 집회를 개최하지도 억누르지도 말아야 합니
다. (11. 10. 16.)

'서울 점령시위', 제3의 촛불시위 불씨 되나.

↳ **댓글** 시민단체건 정부건 문제점에 대한 대책을 마련해야 합니
다. 문제점에 대한 대책 없이 시민단체는 외치고 경찰은 힘으로 억
누르니 문제는 해결되지 않고 악순환만 계속됩니다. 시민단체와 정
부는 형식적 대책이 아닌 실질적이고 근본적인 대책을 마련해야 하
며, 대책 없이 외치지도 억누르지도 말아야 합니다. (11. 10. 15.)

월가 분노 부른 양극화, 한국도 이미 위험수위

↳ **댓글** 소득불평등, 경제 양극화 같은 병폐가 선진국과 닮아가고
있습니다. 정부의 구조조정으로 재정을 근본적으로 건전하게 운영
하고 기업의 구조조정으로 부가 유출되지 않게 해야 합니다. (11. 10.
13.)

○○ 씨·청와대 공동 지분 비율로 왜 대금 안 나눴나 의문

↳ **댓글** 대통령부터 '나랏돈이 가장 눈 먼 돈이라는' 식으로 예산을 낭비하려 하니, 각 정부기관도 예산을 먼저 챙겨 쓰는 기관이 유능한 기관이고 못 쓰는 기관은 무능한 기관으로 평가됩니다. 국가 채무를 감소시킬 생각이나 대책 없이 오히려 채무를 증가 시키지 않아야 하며, 재정 건전성을 생각하고 진정으로 국민을 위한 정부(대통령)가 되어야 합니다. (11. 10. 13.)

금감원·행안부 "새마을금고 현황?… 몰라요"

↳ **댓글** 관련기관들은 책임을 서로 떠넘기고 있는 실정입니다. 그래서 제가 대통령과 국무총리에게 민원으로 문의하니, 대통령과 국무총리도 책임을 떠넘기는 답만 하는 관련기관에 넘기면서 아무도 문제를 책임지고 해결할 부처가 없습니다. 해당 부처에서 모른다니 대통령이나 국무총리에게 문의해 봐야겠지만 처리절차는 제 경험과 똑같을 것입니다. 정부는 책임행정을 해야 합니다. (11. 10. 10.)

'자유민주주의' 정답인가, 오답인가

↳ **댓글** 자유 민주주의 개념을 분명하게 명시한 헌법 취지를, 불분명한 민주주의 개념으로 해석되게 하지 말아야 합니다. 헌법 취지와 구체성 있는 자유민주주의 개념을 혼동하지 말기 바랍니다. (11. 10. 05.)

내년 나랏빚 448조원, 적자성 채무 222조원

↳ **댓글** 정부가 비과세·감면 정비, 국유재산 매각, 예산지출 구조 조정 등을 지속적으로 추진해 왔음에도 국가채무 총량은 계속 증가하고 있습니다. 국가채무를 매년 관리한다면서 채무를 늘리지 말고 채무를 감소시켜 재정을 건전하게 할 근본적 대책을 마련해야 합니다. 그러기 위해서 쓸데없이 예산만 지출되는 정부기관 등은 구조조정 해야 합니다. (11. 10. 02.)

〈○○○ "무상복지 반대… '눈칫밥' 동의 어려워"〉

↳ **댓글** 무상급식 주민투표 때는 한나라당 누구도 무상급식에 대한 의견을 공개적으로 밝히지 않다가 이제 서울시장선거가 되니 공개적으로 의견을 밝히는 걸 보니 무상급식에 반대하는 부표할 시민이 더 많은 것으로 판단한 것 같습니다. 한나라당은 득실을 계산하여 정책을 마련하지 말고 득실보다 진정으로 국민을 위하는 정책을 마련해야 합니다. 그리고 정치인은 탤런트형 정치를 하지 말아야 합니다. (11. 10. 01.)

〈2012예산〉 전문가 "'장밋빛' 예산안 우려"

↳ **댓글** 긴축재정을 운영해야 함에도 정부는 낙관하며 장밋빛 전망으로 국민을 기만하고 있습니다. 정부의 구조조정 등으로 우리나

사실을 歪曲시키는 보도

라는 세계적인 경기 둔화현상으로 발생되는 제반 여파를 예방하고
균형재정을 달성해야 합니다. (11. 09. 27.)

"○○○, 정권 실세까지 다단계 폭로 계획"

↳ **댓글** 통상 상식에 맞지 않는 일이 자행되고 있습니다. 따라서
상식이 아니라는 등의 사유로 본질이 왜곡되지 않게 해야 합니다.
(11. 09. 24.)

강원대·충북대 등 국립대 5곳 구조개혁 대상

↳ **댓글** 대학을 구조조정하기 위해서는 정부부터 합리적 기준에
따라 구조조정 해야 함에도, 정부는 구조조정하지 않고 대학만 구조
조정하기 바라는 것은 부당합니다. 자신(정부)에게 관대하고 타인(대
학)에게 엄격한 정부가 아니기 바랍니다. (11. 09. 23.)

저축은행 정리에 8조 필요··· 특별계정 '깡통'될 판

↳ **댓글** 유럽 각국의 디폴트 현상이 우려되고 우리나라도 저축은
행 구조조정 등에 소요될 재원 고갈이 우려되는 상황에서 정부는 대
책 없이 구경하듯 하고 있으니 한심한 일입니다. 국민을 진심으로
위하는 정부라면, 정부의 구조조정으로 재정이 건전해지도록 해야

합니다. (11. 09. 23.)

11개 저축은행 수사 착수

↳ **댓글** 영업정지로 한푼 두푼 저축한 돈이 일시에 거품이 되게 하여서도 안 되지만, 세금으로 저축한 돈을 보전하여서도 안 됩니다. 사전에 이러한 사태를 대비하지 않고 사태가 발생할 때까지 기다리는 국무총리나 정부가 문제입니다. 정부에 'A'라는 것을 문의하면 A는 답하지 않고 '1'을 답하여 결국 문의한 A는 모르게 합니다. 정부는 국민에게 유리한 법은 지키지 않고 정부에 유리한 법은 지킵니다. 이것이 준법입니까? 한푼 두푼 저축한 돈을 정부가 사전에 대책을 마련하지 않고 사라지게 하는 것이 준법입니까? (11. 09. 21.)

[2011국감]
국민연금 낼 돈 없다더니 외제차 9대나 보유?

↳ **댓글** 엉터리 금액의 보험료가 산정되는 기준을 정부가 정하여 이를 공단이 징수하고 있습니다. 국민연금만 그런 것이 아니고 국민건강보험공단도 엉터리 금액이라 국민건강보험료 납부를 거부하였더니 체납자라며 공단은 법에도 없는 이상한 독촉장만 발부하고 있습니다. 세금을 부담하는 국민으로서 생각해 보면 한심한 일입니다. (11. 09. 19.)

MB "내가 분통 터지는데 실제 당한 사람들은…"

↳ **댓글** 국민들은 준비가 돼 있는데, 정부 준비가 없다. 이제 대통령은, 말만하지 말고 잠을 못자는 한이 있어도 정부 각 부처가 국민을 위하는지 직접 챙겨야 하며, 실천 없이 말만하는 고위 공직자를 임명하지 않아야 한다. (11. 09. 17.)

○ ○ ○ "보편적 복지로 풍성한 한가위 돌려드릴 것"

↳ **댓글** 보편적 복지가 단계적 복지정책인지 일시적 복지로 재정을 어렵게 하는 복지정책인지 복지를 실천할 대안을 밝혀야 합니다. (11. 09. 11.)

고작 5% 낮추려고… 요란만 떤 '등록금 인하 잔치'

↳ **댓글** 정부의 구조조정을 통해 등록금재원 등을 마련하여 재정을 건전하게 하면서 서민생활(대학 등록금 문제 등)을 근본적으로 해결해야 합니다. 정부는 구조조정하지도 않고 정부 입김만 강화하면서 고작 등록금 5% 인하라는 시늉만 내지 말아야 합니다. 정부는 구조조정으로 등록금 문제 등 제반 예산 문제를 근본적으로 해결하려는 진실된 의지가 있어야 합니다. (11. 09. 09.)

투표함 열어도 못 열어도 정치권에 '초대형 후폭풍'

↳ **댓글** 현 여건상 전체를 무상으로 못하니 우선 급식이나마 점진적으로 무상을 실시하자는 안과 단계적으로 무상으로 하자는 안이 어떻게 다른지, 또 무상급식에 대해 투표하는 건지 투표율을 알아보기 위해 투표하는 건지, 정치권이 원칙 없이 본질을 왜곡하고 있습니다. (11.08.24.)

정부부채 · 가계부채… 두 개의 '시한폭탄'

↳ **댓글** 해마다 세금은 증액되는데 국가재정은 어렵습니다. 재정의 건전성 확보를 위한 조치로 정부의 구조조정을 통해 국민이 공생해야 합니다. 감사원 국무총리실 국민권익위원회 국가인권위원회 고충처리위원회 기타 중앙 및 지방에 '국민을 위한다'는 명칭을 사용하는 기관이 무수히 많이 존재 함에도, 존재함으로 인해 예산만 소비될 뿐 헌법을 수호하지 못하는 실정입니다. (11.08.23.)

무상급식 D-5, '아슬아슬' 홍보전

↳ **댓글** 투표하면 수구고 투표안하면 진보고 정치권이 국민을 편 가르고 있습니다. 국회 내에서 '여야' 등으로 편 갈라 다투던 버릇을 고치지 못하고, 이제는 서울시민을 편 가르게 합니다. 정치권은 무상급식에 대한 합리적 원칙을 밝혀 국민이 자유롭게 선택하게 하기 바라며, 지금같이 투표여부에 따라 '수구 또는 진보'로 편 가르지 않기 바랍니다. 지금 투표는 '무상급식 찬반'에 대한 투표입니다. (11.08.19.)

〈與, 주민투표 목전서 '자중지란' 빠지나〉

↳ **댓글** 무상급식에 대한 한나라당 원칙이 없으니 , '자중지란'입니다. 원칙을 밝혀 서로 다른 생각으로 다툼이 없게 해야 합니다. 민주당의 원칙은 점진적 무상으로 초등생의 급식부터 우선 무상으로 하자는 것이지, 무상에 대한 기준이 없어 초등생 교육을 위해 발생되는 제 비용이나 대학 학자금을 무상으로 하자는 것이 아닙니다. 결국 민주당도 실정에 따른 단계적 무상이지 일시적 무상이 아닙니다.

(11. 08. 18.)

부자 직장인, 모든 소득 합산한 '보험료' 낸다.

↳ **댓글** 건강보험 재정 악화를 해결하기 위해 국민건강보험공단의 적법한 법 집행을 통해 보험료를 징수할 생각은 않고 고소득 직장인 등에게 보험료를 증액하여 징수할 방안을 검토하는 것은 부당합니다. 정부가 원칙(법)부터 지키기 바랍니다. (11. 08. 17.)

[예산낭비 줄이려면]
〈상〉 대학구조조정 예산

↳ **댓글** 대학만 구조조정 할 게 아니고 국민을 위해 일하지 않는 정부기관도 구조조정 하여 잉여예산을 무상급식비나 대학등록금 재원으로 사용해야 합니다. (11. 08. 17.)

교과부, 8~9개 지표로 하위 15% 대학 솎아낸다.

↳ **댓글** 대학만 구조조정 할 게 아니고 국민을 위해 일하지 않는 정부기관도 구조조정 하여 잉여예산을 무상급식비나 대학등록금 재원으로 사용해야 합니다. (11. 08. 17.)

"모든 소득에 건강보험료"… 보험료 부과체계 개편

↳ **댓글** 건강보험료 산출 근거 설명이 없어 확인한 바, 보험료를 실지금액을 기준으로 결정하지 않으며 또 파악한 자료의 사실여부도 확인하지 않고 환산된 금액으로 결정합니다. 건강보험료 부과체계 개선보다는 사실을 확인하여 사실금액을 기준으로 보험료를 부과하는 것이 더 시급함으로 사실을 기준으로 보험료를 부과하는 방안부터 실천해야 합니다. (11. 08. 17.)

〈건강보험료 부과체계 어떻게 바뀌나〉

↳ **댓글** 건강보험료 산출 근거 설명이 없어 확인한 바, 보험료를 실지금액을 기준으로 결정하지 않으며 또 파악한 자료의 사실여부도 확인하지 않고 환산된 금액으로 결정합니다. 건강보험료 부과체계 개선보다는 사실을 확인하여 사실금액을 기준으로 보험료를 부과하는 것이 더 시급함으로 사실을 기준으로 보험료를 부과하는 방안부터 실천해야 합니다. (11. 08. 17.)

사실을 歪曲시키는 보도

임대 · 배당 등 종합소득에도 부과…
고소득 '건보 먹튀' 차단

↳ **댓글** 건강보험료 산출 근거 설명이 없어 확인한 바, 보험료를 실지금액을 기준으로 결정하지 않으며 또 파악한 자료의 사실여부도 확인하지 않고 환산된 금액으로 결정합니다. 건강보험료 부과체계 개선보다는 사실을 확인하여 사실금액을 기준으로 보험료를 부과하는 것이 더 시급함으로 사실을 기준으로 보험료를 부과하도록 해야 합니다. (11. 08. 17.)

자립 · 자활 VS 키다리아저씨…
대권주자들 '복지혈전'

↳ **댓글** 비효율적인 정부 예산을 정비하여 복지 예산을 증세 없이 마련해야 하며, 정치권은 복지에 대한 원칙을 바르게 정해 실천해야 합니다. 한나라당은 복지혜택이 혜택 대상자에게 적정하게 시행되어 예산이 낭비되지 일이 없다고 보는지, 민주당은 현 우리나라 실정을 감안하여 '무상'이라 말하는지 현 사항을 검토하여 주장해야 합니다. (11. 08. 17.)

검찰 최우선 과제는 국민신뢰 회복이다.

↳ **댓글** 정부가 원칙(법)을 지키게 하여, 국민이 검찰을 신뢰하게 해야 합니다. 정부가 법을 지키지 않는 사례는 제 블로그(http://blog. daum.net/seojoung)에 열거되어 있습니다. (11. 08. 15.)

李 대통령 "시장경제 새로운 단계로 진화"

↳ **댓글** 이 대통령의 말은 맞지만, 누구에게 하는 말인지 아리송합니다. 대통령부터 '공생'을 실천하면 공생하지 않는 일이 발생되지 않아 말할 필요가 없게 되는데, 아직 공생을 외치는 걸 보니, 대통령이 베풀지 않으니 발생되는 일입니다. 국민에게 '공생'이나 '공정' 등을 요구하지 말고 대통령이 실천하여 잘못된 일이 발생되지 않게 해야 합니다. 정부부터 원칙(법)을 지키기 바랍니다. (11. 08. 15.)

李 대통령 "복지 포퓰리즘 안돼"

↳ **댓글** 복지 등에 예산을 쓰며 빚으로 해결하려는 자세는 시정되어야 합니다. 정부의 구조조정으로 예산낭비를 방지해야 합니다. 국민을 생각하며 원칙(헌법정신과 법)을 지키는 정부이기 바라며, 민원사무 처리에 관한 법률 시행령 제21조와 같은 대통령령으로 헌법정신에 위반하며, 국민권익을 제한하지 않아야 합니다. 정부원칙이 오락가락하니 복지에 대한 개념도 정립되지 못합니다. 정부부터 원칙을

134

지키기 바랍니다. (11. 08. 15.)

'ㅇㅇㅇ 대세론' 빛과 그림자

↳ **댓글** 경쟁자 없는 독주는 곧 정체입니다. 정체 아닌 움직임이 필요합니다. 정부는 원칙(법)을 지키지 않습니다. 정부가 헌법정신과 법을 지키게 해야 합니다. (11. 08. 10.)

[ㅇㅇㅇ가 만난 사람]
ㅇㅇㅇ, 그가 맞이한 가장 뜨거운 여름

↳ **댓글** 정부가 원칙(헌법정신과 법)을 지키지 않고, 노동자의 일방적 희생을 강요해서는 안 됩니다. "힘든 이웃을 돌아보고 연대하는 일이 결국은 모두를 행복하게 하는 일이라 생각합니다." 라는 김진숙 의원의 말에 동감합니다. 정부부터 원칙(법)을 지켜 국민 모두를 행복하게 해야 합니다. (11. 08. 10.)

저축銀 피해자 6000만원 보상 案 대통령 거부권 검토

↳ **댓글** 예금보험기금은 세금과 관련 없다고 생각하는지, 서민의 세금으로 저축한 부자들의 손해를 보상하지 말고, 세금으로 보상할 것을 주장하는 돈 많은 국회의원들의 개인 돈으로 보상하는 방안을

검토해야 합니다. (11. 08. 10.)

무상급식 투표 "중도 보수층에 달렸다"

↳ **댓글** 무상급식에 대해 각 정당 의견을 문의하니, 한나라당은 의견도 없고 민주당은 의무급식이라면서 왜 의무급식으로 보는지 의견 없습니다. 보수와 진보도 각각 소신에 따른 의견이 있는지 궁금하지만, 한나라당과 민주당도 무상급식에 대한 원칙에 따른 소신을 밝히고 찬반운동을 해야 합니다. 소신 없이 줄서지 말기 바라며, 아이들까지 편 가르지 않는 어른이 되어야 합니다. (11. 08. 02.)

다 쓰지도 못할 지역구 예산 챙기려고 이 난리를 쳤나.

↳ **댓글** 실효성 없는 '아르바이트 고용' 정책을 시행하여 예산을 낭비하고, 국민 인권을 보호하지 못하는 여러 기관이 존재함으로 인해 쓸데가 없어 다른데 예산을 쓰고 있는 실정임에도, 국회의원들은 지역구 선심용 예산 챙기기에 급급하니 한심한 일입니다. (11. 08. 02.)

'묻지마 예산' 2000억 쓸데가 없어 다른데 썼다.

↳ **댓글** 실효성 없는 '아르바이트 고용' 정책을 시행하여 예산을 낭비하고, 국민 인권을 보호하지 못하는 여러 기관이 존재함으로 인해

쓸데없어 다른데 예산을 쓰고 있는 실정임에도, 국회의원들은 지역구 선심용 예산 챙기기에 급급하니 한심한 일입니다. (11. 08. 02.)

'한진重 해고 반대' 3차 희망버스 2천 명 출발

↳ **댓글** 원칙 없이 목소리 크기 대회를 정부가 조장하고 있습니다. 정부가 법을 위반하는 사례는 제 블로그(http://blog.daum.net/seojoung)에 열거되어 있으며, 경찰도 죄 없는 국민을 증거 없이 피의자로 처리하는 일을 중지해야 합니다. 모두가 원칙을 지키기 바랍니다. (11. 07. 30.)

○○○ "반값 등록금 안돼"… ○○○ "고맙다"

↳ **댓글** 한나라당 홈페이지의 정책제안(반값 등록금 문제 해결을 위한 대책)을 참고하여 등록금 문제에 대한 원천적이고 실현성 있는 대책을 마련해야 합니다. (11. 07. 21.)

정보 공개 거부 코레일 '위험한 비밀주의'

↳ **댓글** 국무총리 등 정부가 정보를 떳떳이 공개하지 못하니 코레일도 정부와 같은 답을 하는군요. 제 정보 제출을 요구하니 정부는 '자료가 공개될 경우 업무에 지장을 초래할 우려가 있다.'는 사유로

2년 이상 제 정보도 제게 공개하지 않으니, 한심한 일입니다. 대한민국이 공산주의 국가가 아니고 자유민주주의 국가가 맞는지 의심됩니다. (11. 07. 20.)

집권 후반기 반복되는 '與의 대통령 때리기'… 洪 '총대'멨나.

↳ **댓글** 원칙에 맞는 정치를 해야 합니다. (11. 07. 19.)

左로 가는 與… 이번엔 '선진복지국가'

↳ **댓글** 원칙(법)을 무시하면서 또 말만 하고 있습니다. 원칙을 지킨 후 '선진복지국가' 등의 희망을 말하기 바랍니다. (11. 07. 19.)

한나라 내일 全大… 7인 주자 막바지 각축 치열

↳ **댓글** 원칙을 실천할 것을 수차례 말했지만, 대책 없이 말만 앞서는 당이 아닌 촛불을 지키는 마음으로 대책을 제시하며 원칙을 실천하는 당이기 바랍니다. (11. 07. 03.)

사실을 歪曲시키는 보도

여기저기 서민들 곡소리… "MB · 관료들 들립니까"

↳ **댓글** 정부부터 원칙(법)을 실천해야 합니다. 정부는 법을 지키지 않으면서 국민에게 법을 지킬 것을 주문하는 것은 부당합니다. (11. 06. 17.)

[반값 등록금 어떻게… ②]
재원대책 없이 목소리만… '배가 산으로'

↳ **댓글** 행동 없이 말만 앞서는 정치권이 반값등록금 논쟁을 부추기고 있습니다. 정치권은 이중적인 행태로 국민이 분노하게 하지 말고, 언행일치로 책임 있는 정치를 하기 바랍니다. (11. 06. 12.)

복지부, 국민편익 뒤로하고 약사 편 들다 '자충수'

↳ **댓글** 건강보험료의 엉터리 산정을 수정하고 고지서와 독촉장 송달하자를 치유토록 건강보험공단에 권하였으나, 복지부는 국민편익을 뒤로하고 국민편익을 무시하면서 제 문제를 발생시키고 있습니다. 이에 대한 책임을 누가 어떻게 질지 궁금합니다. 복지부는 국민이 양해하기 바란다는 말로 책임을 회피하지 않기 바랍니다. (11. 06. 04.)

○○○ "MB도 선거관리 자격 없다"

↳ **댓글** 제가 서적이나 블로그로도 정부가 원칙을 지킬 것을 2년 이상 호소해도 민원(법과 원칙 실천)에 동문서답하며 원칙을 지키지 않고, 경찰은 죄 없는 국민(서민)을 범인으로 처리해도, 아무도 이를 시정하지 못하고 묵묵부답하니 기찬 일입니다.

대통령과 박 의원도 원칙을 실천하고 있는 것인지 궁금한 일입니다. (11. 06. 03.)

○○○, 감사원장 때 '○○○ 비리' 묵인 의혹

↳ **댓글** 법도 지키지 않는 감사원장(○○○)이 국무총리로 임명되게 하는 것은 부당하다고 호소했지만 총리로 임명되게 하고서 이제 와서 '○○○ 비리' 묵인 의혹을 제기하는 이유가 궁금합니다. 감사원은 지금도 법을 지키지 않고 민원에 묵인하고 있지만, ○○○ 총리의 비리 의혹을 철저히 밝혀 잘못은 바로 잡아야 합니다. (11. 06. 02.)

청와대 · 야당, 막가는 폭로 전쟁

↳ **댓글** 보훈처는 엉터리 결정으로 예산을 낭비하고, 국민건강보험공단은 결정한 이유도 알리지 않고 또 가짜 환자를 만들어 예산을 낭비하면서 건강보험료를 엉터리로 산정하고, 경찰은 허위진술을 근거로 선량한 국민을 피의자로 처리하고, 감사원은 비리나 저지르

고, 국무총리는 이러한 정부의 잘못을 방치하고, 기본권이 이렇게
억압되는 세상임에도 누구도 이를 시정하지 못하니 한심한 일이며,
정부가 원칙을 실천하기 바란다고 수차례 말했지만 2년 이상 고충
이라면서 고충도 해결 못하는 정부의 능력이 의심됩니다. (11. 06. 01.)

민주당, 저축은행 사태에 MB '정조준'

↳ **댓글** 보훈처는 엉터리 결정으로 예산을 낭비하고, 국민건강보
험공단은 결정한 이유도 알리지 않고 또 가짜 환자를 만들어 예산을
낭비하면서 건강보험료를 엉터리로 산정하고, 경찰은 허위진술을
근거로 선량한 국민을 피의자로 처리하고, 감사원은 비리나 저지르
고, 국무총리는 이러한 정부의 잘못을 방치하고, 기본권이 이렇게
억압되는 세상임에도 누구도 이를 시정하지 못하니 한심한 일이며,
정부가 원칙을 실천하기 바란다고 수차례 말했지만 2년 이상 고충
이라면서 고충도 해결 못하는 정부의 능력이 의심됩니다. (11. 05. 31.)

사상 첫 감사위원 비리… 감사원마저 검은 커넥션

↳ **댓글** ○ 감사위원의 비리에 대해, 법적 근거도 밝히지 못하는
감사원 직원이, ○ 위원을 비난하는 것은 부당합니다. 감사원장이
공직기강해이에 대해 감사를 강화한다는 보도를 보고, 제가 지은 서
적 등으로 현 실정을 제보하여도 감사원은 감사하지 않고, 경찰은

가짜 카메라로 선량한 국민의 허위진술을 근거로 교통사고범으로 처리하는 실정임에도, 감사원은 이를 방치하면서 비리만 저지르고 있습니다. (11. 05. 27.)

○○○ 'MB노믹스 구원투수' 자청… 왜?

↳ **댓글** 자신에게 관대하고 타인에게는 엄격하지 않기 바랍니다. 지금 박 장관이 그러는 것 같아 생각납니다. 자신의 일은 얼렁뚱땅 넘기면서 왜 그렇게 감세를 주장하는지 누구를 위해 주장하는 것인지 궁금합니다. 먼저 자신에게 엄격한 사람이 되어야 하며, 자신에게 엄격하지 않으면 장관직도 수행할 수 없고 따라서 감세문제를 거론할 수도 없는데 왜 감세문제를 거론하는 장관이 된 것인지 한심합니다. 장관이 되게 한 사람은 양심상 책임져야 할 것입니다. (11. 05. 26.)

"고소영 비리 5남매"… 野, 전원 '리콜' 별러

↳ **댓글** 고위직 공무원을 할 준비나 하고 생각 없이 각종 비리 등으로 도덕성 없이 편하게 지내다가, 갑자기 후보자로 임명되니 자리 욕심으로 그동안의 비도덕적인 행태를 숨기기에 급급한 어려운 심정이 이해됩니다. 그런 인사를 장관 후보자로 임명하는 대통령도 우습지만 장관 후보자는 국민의 모범이 될 자격이 있는지 자성하며 후보직을 자진해서 사퇴해야 합니다. (11. 05. 23.)

사실을 歪曲시키는 보도

○○○ 자꾸 건드리는 ○○○…
'反朴' 세몰이 전략인 듯

↳ **댓글** "무엇을 위한 원칙이고 무엇을 위한 당헌인지 묻지 않을 수 없다."고 말한 ○ 전 대표는 과연 그동안 무엇을 했는지 궁금하며, 정 전 대표가 이런 말을 할 자격이 있는지 궁금합니다.

○ 전 대표는 대표 재직 시 원칙을 지켰는지 그래서 제 민원을 해결했는지 묻고 싶으며, 2년이 지난 현재도 제 민원은 계속되고 있음을 알고 말해야 합니다. (11. 05. 21.)

'MB가 나를 버렸다' ○○○ 사생결단 반격수

↳ **댓글** ○○○ 정권의 '성골 불패의 법칙'을 ○○○ 장관은 인정해야 합니다. 공무원이었던 제가 뇌출혈로 퇴직하자 ○○○ 정권이 토사구팽한 사례가 제가 지은 서적에도 있지만, 이 대통령은 절대 정치 문외한이 아닙니다. (11. 05. 19.)

지자체, 정치권 이기주의

↳ **댓글** 헌법정신과 상반되게 행정하는 사례를, 제 블로그를 통해 또 가짜 카메라로 선량한 국민이 허위 진술을 하게 하여 교통사고범으로 처리하는 현 실정을 알겠지만, 이러한 상황을 아는 총리가 어떻게 과학벨트지를 원칙에 맞게 선정했다고 장담하는지 궁금합니

다. 국민을 기만하지 말고 법을 준수하는 총리가 되고, 잘못을 밀어붙이는 총리가 되지 않기 바랍니다. (11. 05. 17.)

어떻게 조성되나?

↳ **댓글** 헌법정신과 상반되게 행정하는 사례를, 제 블로그를 통해 또 가짜 카메라로 선량한 국민이 허위 진술을 하게 하여 교통사고범으로 처리하는 현 실정을 알겠지만, 이러한 상황을 아는 총리가 어떻게 과학벨트지를 원칙에 맞게 선정했다고 장담하는지 궁금합니다. 국민을 기만하지 말고 법을 준수하는 총리가 되고, 잘못을 밀어붙이는 총리가 되지 않기 바랍니다. (11. 05. 17.)

'3색 신호등' 보류 관련 ○○○ 경찰청장 일문일답

↳ **댓글** 경찰이 거리에 가짜 카메라를 설치하여 국민을 협박하여 허위 진술을 하게 하며 예산을 낭비한데 대한 책임도 지지 않는 현 상황에, 또 예산을 소모할 방법을 찾는 것 같아 유감입니다. (11. 05. 16.)

"과학벨트 수용 못해"… 영호남 민심 '폭풍전야'

↳ **댓글** 총리가 왜 국민담화를 하려 하나요? 제 경우도 마찬가지

사실을 歪曲시키는 보도

이지만, 정부가 잘못을 바르게 고치지는 않고 말로 잘못을 은닉하며 피하려고 기도하니 한심한 일입니다. (11. 05. 16.)

○○○ - ○○○, 금융사 감독권 놓고 힘겨루기

↳ **댓글** 여러 기관에 업무를 분산 시키면 보완되어 국민에게 더 유리할 것 같지만, 제가 경험해 보니, 현실적으로 보완되지 못하고 여러 의견으로 양분될 가능성만 높이면서 예산만 낭비하게 됩니다. 예산만 낭비하며 국민을 위하지도 못할 바에야, 한 기관으로 통합됨이 국민에게 더 유리합니다. (11. 05. 14.)

민주 새 원내 대표에 ○○○ 의원

↳ **댓글** 원내 대표에 당선된 것을 축하하며, 민주당이 '수도권 지도부'를 선택한데 대해서도 찬사를 보냅니다. 특히 ○○○ 의원은 재경위에 근무할 때나 수원 지역에서 지구당을 운영할 때 존경하던 분으로, 원내 대표의 역할을 잘 수행할 것으로 기대합니다.

초심을 잃지 말고, 진심으로 국민을 위해 잘못을 바르게 고칠 수 있는 원내 대표가 되기 바랍니다. (11. 05. 13.)

직장 잃자 10만 → 20만 원 건보료, 실직자 울린다.

↳ **댓글** 건강보험료가 법에 따라 산출되지 않아 납부하지 않으니 산출내역은 바르게 알리지 않고 체납된 내역만 알리고, 고지서나 독촉장을 법(국세기본법과 국세징수법 등)에 따라 하여야 함에도 법에 따르지 않고는 법에 따라 체납 처분할 예정임을 알리고, 가짜 환자를 만들어 명의로 된 가짜 환자에게 예산을 지급하여 공단직원이 횡령하고, 이런 사유로 건보 재정이 어려워지게 하고 있음에도 주인 없는 돈처럼 바르게 관리하는 자가 없으니 한심한 일입니다. (11. 05. 11.)

〈○○○ "배신 한번으로 족해"… 거취 장고〉

↳ **댓글** ○○○ 장관이 '배신' 또 '일부 의원들이 국민을 위해 정치를 할 생각을 하지 않고 자신의 보신이나 안위를 우선한다'는 가사를 보고 글을 씁니다.

저도 그렇지만, 대다수 사람들은 현 정부가 이렇게 잘못할 줄 알고 지지한 것이 아닙니다. 오히려 배신한 것은 현 여권이지 소속 국회의원이 아니라는 걸 일고 ○○○ 장관은 반성해야 합니다. 그리고 일부 의원들이라면, 선거에 패하지도 않았을 것인데 일부 의원으로 격하하는 것은 부당합니다. 책임 있는 자리를 거친 정부와 여당의 합작임을 인정하여야 하며, 아직 현 상황을 제대로 파악하지도 못한 이 장관은 국민에게 책임져야 합니다. (11. 05. 09.)

〈○○○, 靑 - 친이계와 대립각… 당청관계 새 흐름〉

↳ **댓글** "국민의 뜻과 마음을 정확하게 전달하는 기능이 강화돼야 하며, 그런 임무가 국회에 있다"는 한나라당 ○ 신임 총무의 말이, 국민 기만을 위해 한 말이 아닌 진정성 있는 말이기 바랍니다. (11. 05. 09.)

권력 축 이동 중

↳ **댓글** "민심이 제대로 반영되지 않고 결국은 정부의 독주로 끝나고 한나라당은 다음 선거에서 또 힘들어 집니다."고 ○○○ 한나라당 전 대표가 말하고 ○ 전 대표는 "신임 원내대표가 국민의 뜻을 잘 알아서 할 것"이라고 남의 일 구경하듯 하고, 정치인은 진심으로 국민을 위해 일해야 합니다.

민심을 제대로 반영하는 당이 되기 위해서는, 알고 있는 잘못을 바르게 고쳐야 합니다. 신임 원내 대표나 ○ 전 대표와 ○ 전 대표가 잘못을 몰라서 바르게 고치지 못한 것이 아닙니다. 내 일이라는 마음으로 다 같이 환경개선에 노력해야 합니다. (11. 05. 09.)

한 쇄신風… 당 이름만 빼고 전부 바꾸나.

↳ **댓글** '중산층 민심의 반을 되돌리자'라든지 '수동적 당·청 관계 변화'라는 등 좋은 말로 국민을 기만하지 말고, 진심으로 실천하여

국민이 신뢰할 수 있도록 해야 합니다, 쇄신이라는 말로 또 국민을 기만하려고 하지 않기 바랍니다. (11. 05. 08.)

'작심'한 ○ ○ ○ "정부에 분노 느낀다"

↳ **댓글** 자리에 있을 때는 자리를 보전하기 위해 국민을 위해 말도 못하고 일하다가, 이제 자리를 떠나니 바른 말을 할 용기가 생겨 바른 말을 하니 안타깝습니다. 그리고 본인도 못한 일을 후임에게 넘기면, 후임은 진심으로 국민을 위한 일을 할 수 있다고 생각하여 말하는지 후임도 말만하며 국민을 위해 필요한 일을 하지 못할 걸 알면서 선심용으로 말장난하는 건지 아리송합니다. (11. 05. 08.)

"정말 분노… 정부는 정신 차리고 당의 말 들어라"

↳ **댓글** 맞긴 한데 알면서 힘 있을 때는 뭐하다가, 이제 힘없고 책임 없으니 말하는 것 같아 아쉽습니다. 할 수 있을 때 후회 없이 하고 차후에 후회하지 않는 정치를 바랍니다. (11. 05. 08.)

與, '쇄신 파고' 속 권력지형 변화 예고

↳ **댓글** 혁신이나 쇄신은 기본을 실천하는 것이지, 기본은 실천하지 않고 말로 혁신이나 쇄신을 외치는 것이 아닙니다. 제가 경험한

사실을 좌곡曲시키는 보도

바 지금은 헌법 정신이 외면당해도 아무도 바르게 고치지 못하는 것이 현실입니다. 바르게 고치지 못하는 것이 혁신이며 쇄신인지 한심한 일이며, 실천하는 정치이기를 바랍니다. (11. 05. 08.)

부실저축銀 대주주 은닉재산 환수 '불투명'

↳ **댓글** 국민을 기만하기 위해 한 말이지 실무상 원래부터 은닉재산 환수가 가능한 일이 아닙니다. 되지도 않는 일을 말로 다 할 것처럼 표현하니 한심한 일입니다. (11. 05. 07.)

○○○계, 예상 밖 패배에 당혹 · 충격

↳ **댓글** 할 말 없으면 겸허히 수용한다고 표현하고 돌아서면 겸허히 수용하겠다는 말과 정반대의 행동을 하고, '겸허히'라는 말을 선거에 패배하기만 하면 사용하는 말인지, 궁금합니다. (11. 05. 07.)

깊어지는 MB의 고민… 쓸 사람 많은데 청문회가…

↳ **댓글** 회전문식 개각을 하는 이유가 국면 전환용 개각인지 궁금합니다. 진심으로 국민을 위해서는, 개각으로 사람을 바꾸는 것보다는 사람(공무원)의 마음(태도 및 자세)을 바꾸어야 합니다. (11. 05. 06.)

[흔들리는 軍 사법기관]
"군 검찰, 거짓 진술 강요했다"

↳ **댓글** 군 검찰만 허위 자백을 강요면 다행입니다. 경찰도 가짜 카메라를 설치하여 신호위반을 확인하지 않고 허위로 신호위반을 자백하게 하고 있습니다. 어찌해야 합니까. (11. 05. 03.)

[재·보선 그 후]
몸 던지는 사람 없고 다들 제 살길만… MB의 고민

↳ **댓글** 진심으로 국민(서민)을 위해야 하며, 미사여구로 국민을 기만하지 않는 자세가 필요합니다. 행정 각 기관은 말만 친절한 척하지 말고 진정으로 국민을 위하고 생각하는 부서가 되어야 합니다. 제가 장애인이면서 2년간 민원을 계속하여도 정부는 동문서답만 하며 민원을 해결하지 못하고 있는 실정입니다. 이런 현실을 방관하며 만들어 놓고 타인이 몸 던져 일할 것을 기대하는 것은 이해되지 않는 일입니다. 본인이 만든 것은 본인이 해결하는 자세가 필요합니다. (11. 05. 01.)

○ ○ ○ "승리 위해서는 통합"… 야권 통합론의 '활활'

↳ **댓글** 미사여구가 아닌, 선거에 이기기 위한 야권 단일화 보다는, 국민을 위하는 진정성이 더 중요합니다. (11. 05. 01.)

사실을 歪曲시키는 보도

與 차기대표 '네 갈래 윤곽'

↳ **댓글** 미사여구가 아닌 진정으로 국민을 위하는 정치이기 바랍니다. (11. 05. 01.)

"MB 진정성 보이면 ○ ○ ○ 전면 나설 것"

↳ **댓글** 현 정부 여당은 미사여구가 아닌, 국민을 위하는 진정성을 보여야 합니다. (11. 05. 01.)

보험료 올라도 왜 환자부담은 줄지 않나?

↳ **댓글** 고지내역이 틀려 납부를 거부함에 따라 발생된 보험료를 징수하지 않고, 공단이 엉터리 환자를 만들어 예산을 지급하다 보니, 예산소비가 많으므로 인해, 인상된 보험료로는 환자 부담금이 줄어 들 수 없습니다. (11. 04. 30.)

〈'○ ○ ○ 등판론' 이번에는 다를까〉

↳ **댓글** 국민을 위한다는 미사여구가 아닌, 진심으로 국민을 위하는 자세가 필요합니다. (11. 04. 30.)

李 대통령 "남 탓하는 정치인, 성공 못해"

↳ **댓글** 국민을 진심으로 생각하고 정치하기 바랍니다. (11. 04. 29.)

재보선 후폭풍… 여권 내부 진통

↳ **댓글** 진심으로 국민을 생각하는 정치를 바랍니다. (11. 04. 29.)

與소장파 "새 원내 대표 '靑 아바타' 안돼"

↳ **댓글** 청와대의 아바타가 아닌, 진심으로 국민을 위한 정치를 바랍니다. (11. 04. 29.)

〈한나라, 차기 당 대표 선택에 정치권 이목 집중〉

↳ **댓글** 미사여구가 아닌, 진심으로 국민을 위하는 정치를 바랍니다. (11. 04. 29.)

"총 사퇴 정도로는 안 된다"… 與 주류 교체론 급부상

↳ **댓글** 정부나 여당이 선거결과에 국민의 의견을 수렴하겠다는 취지를 환영합니다. 여당의 선거패배는 예견된 것이었고 당연한 일

사실을 歪曲시키는 보도

입니다. 즉 제 블로그나 제가 지은 서적 "민원사무 처리 사례로 보는 정부의 자세(상)"에서 현 사례를 알 수 있지만, 이러한 일을 개선하지 않고 지속되게 하는 것은 부당합니다.

국민의 의견을 수렴하겠다는 자세가, 일시적 자세가 아닌 진정성 있는 자세이기 바라며, 실천 없이 말 등으로 일시적 어려움을 회피하지 않기 바랍니다. (11. 04. 29.)

[운명의 날… 오늘밤 누가 웃을까]
李 대통령, 승패 관계없이 여권 재편 등 단속 나설 듯

↳ **댓글** 여당이 국민을 기만하는 사례는, 여당의 홍보 내용과 제가 지은 서적 "민원사무 처리 사례로 보는 정부의 자세(상)" 및 제 블로그 내용을 대사해보면 알겠지만, 여당이 국민을 위해 한 일이 없으면서 '힘 있는 여당'이라고 홍보하며 힘으로 밀어붙이는 것은 국민을 기만하는 것이며, 이는 열린 자세가 아닙니다. (11. 04. 27.)

'검찰이 BBK ○ ○ ○ 회유' 보도 "명예훼손 아냐"

↳ **댓글** 재판부의 공정한 판단을 환영합니다. (11. 04. 21.)

건강보험 재정 악화 해결방안은

↳ **댓글** 건강보험료 산정내역을 바르게 알리지 않아 건강보험료를 납부하지 않아도, 그래서 고지서 및 독촉장도 적법하게 송달하지 못하여 적법하게 징수하지도 못하니 건강보험 재정 악화는 당연한 결과 입니다. 이를 해결할 방안은 국민건강보험공단의 적법한 법 집행이 우선되어야 합니다. (11. 04. 20.)

'비호감' ○ ○ ○ - '존재감 없는' ○ ○ ○…
TV토론회 혹평 난무

↳ **댓글** 그동안 정당이 국민을 위해 한 일이 없으면서, 국민을 위하는 척 구호 등으로 외치며 국민을 기만하는 거짓말로 선거를 치르게 하여, 다시 국민이 기만 당하게 하는 것은 부당합니다. 차라리 국민을 위하는 척 하는 말 등을 하지 말고, 묵묵히 공평하게 선거운동을 한다면 몰라도, 국민을 기만한 사실이 입증됨에도 국민을 기만하기 위해 기만하는 말(실천 없는 말) 등을 하지 않게 하여 주시기 바랍니다. (11. 04. 19.)

사실을 歪曲시키는 보도

[사개특위 법조개혁안]

대법관 증원 7명 찬성(찬성 6 · 반대 2 · 유보 4)···
중수부 폐지(수사 기능)는 찬반 팽팽(반대 4 · 유보 1)

↳ **댓글** 2011. 3. 12. 사법개혁특위에 헌법재판소와 관련된 글을 올렸는데도 이에 대한 대책 없이 예산만 낭비되는 법관 증원(14명인 정원을 총 20명으로 증원)에 찬성하고 있습니다. 국회는 예산이 낭비되지 않는 방안을 검토해야 합니다. (11.04.19.)

최대 격전지 분당乙··· 전략싸움도 '치열'

↳ **댓글** 2011. 3. 27. 정당(한나라당, 민주당)에 글을 보내 국민을 기만하지 말 것을 호소하였으나, 정당이 계속 국민을 기만하여 글을 씁니다.

정당이 국민을 기만하는 사례는, 정당홍보용 책자 등과 제가 지은 서적 "민원사무 처리 사례로 보는 정부의 자세(상)" 및 제 블로그 내용을 대사해 보면 알 수 있습니다.

그동안 정당이 국민을 위해 한 일이 없으면서, 국민을 위하는 척 구호 등으로 외치며 국민을 기만하는 거짓말로 선거를 치르게 하여, 다시 국민이 기만 당하게 하는 것은 부당합니다. (11.04.15.)

○ ○ ○ "잘 사는 강원으로"

○ ○ ○ "여당이 예산 누락"

↳ **댓글** 2011. 3. 27. 정당(한나라당, 민주당)에 글을 보내 국민을 기만하지 말 것을 호소하였으나, 정당이 계속 국민을 기만하여 글을 씁니다.

정당이 국민을 기만하는 사례는, 정당홍보용 책자 등과 제가 지은 서적 "민원사무 처리 사례로 보는 정부의 자세(상)" 및 제 블로그 내용을 대사해 보면 알 수 있습니다.

그동안 정당이 국민을 위해 한 일이 없으면서, 국민을 위하는 척 구호 등으로 외치며 국민을 기만하는 거짓말로 선거를 치르게 하여, 다시 국민이 기만 당하게 하는 것은 부당합니다. (11. 04. 15.)

사실을 歪曲시키는 보도

사례
요약

진정일 (답변일)	제출처 (답변처)	진정(답변)내용 및 의견	진행사항	
			해당민원	당초민원
2011. 10. 9.	국가 보훈처	보훈처가 잘못된 결정 이유를 바르게 수정하지 않고 '고의로 법을 위반' 한 것으로 판단하는 등, 문의한 내용에 대하여 기 답했다고 하여 다시 민원을 제출함. 　'기 답'라고 답한 근거가 무엇인지 알려 주기 바라며, 법적 근거 없이 임의로 민원을 처리한 관련 공무원은 국민에게 책임지게 하여 국가보훈처가 책임행정을 실시하고 있음을 알리기 바람. 　참고로 민원사무 처리에 관한 법률 시행령 제21조에 의해 '동일 반복 민원'으로 판단하여 처리한 것이라면, 이는 민원인과 협의하여 판단한 것이 아닌 행정편의를 위해 국가보훈처가 일방적으로 판단한 것이므로 헌법취지(국민의 인권보호)에 벗어난 판단임을 알림.	(동문서답)	미결
2011. 10. 17.	국가 보훈처	종결 처리하였음을 알림.		
2011. 10. 9.	답변에 대한 의견	8일 만에 민원을 처리하면서 근거 없이 민원을 종결하며, 법에 위반되게 민원을 처리하여도 이를 책임지지 않음.		
	국민건강 보험공단	공단이 엉터리로 산정된 보험료를 징수하고 '고의'로 장기요양 등급 결정 이유가 적시된 서류를 교부하지 않은 것으로 판단하게 하는 등, 문의한 내용에 대하여 기 답했다고 답하여 다시 민원을 제출함. 　'기 답'이라고 답한 근거가 무엇인지 알려 주기 바라며, 법적 근거 없이 임의로 민원을 처리한 관련자는 국민에게 책임지게 하여 국민건강보험공단이 책임행정을 실시하고 있음을 알리기 바람. 　참고로 민원사무 처리에 관한 법률 시행령 제21조에 의해 '동일 반복 민원'으로 판단하여 처리한 것이라면, 이는 민원인과 협의하여 판단한 것이 아닌 행정 편의를 위해 국민건강보험공단이 일방적으로 판단한 것이므로 헌법취지(국민의 인권보호)에 벗어난 판단임을 알림.	(동문서답)	미결
2011. 10. 16	국민건강보험공단	민원내용이 장기요양 등급 판정과 보험료 산정에 대한 것이므로, 장기요양 등급판정과 보험료 산정내용을 설명.		

진정일 (답변일)	제출처 (답변처)	진정(답변)내용 및 의견	진행사항	
			해당민원	당초민원
	답변에 대한 의견	헌법취지에 벗어난 판단을 법 근거 없이 공단 일방이 임의적으로 판단하여 법 위반을 은닉하기 위해 동문서답으로 '기 답'했다면서 국민에게 책임지지 않고 밀어붙임. 　민원내용은 장기요양 등급판정과 보험료 산정 내용이 아니고, 일방적으로 '기 답' 했다고 답한 법률적 근거 문의이며 법률위반에 대한 책임요구임. 　장기요양 등급판정과 보험료 산정에 대하여는 기 민원에 대한 답과 이 답의 제 문제를 기 알렸음. 제기된 제반 문제를 공단은 개선해야 함.		
2011. 10. 10.	감사원	감사원이 민원에 답하지 않고 또 일부 민원에 대하여는 '종결 처리'라고 답하여 법적 근거를 문의하였으나, 처리근거가 없어 처리근거를 알리지 못하는 것으로 이해하게 하여 다시 민원을 제출함. 민원에 답하지 않은 법적 근거가 무엇인지 또 '종결 처리'라고 답한 근거가 무엇인지 알려 주기 바라며, 법적 근거 없이 임의로 민원을 처리한 관련공무원은 국민에게 책임지게 하여 감사원이 책임행정을 실시하고 있음을 알리기 바람. 참고로 민원사무 처리에 관한 법률 시행령 제21조에 의해 '동일 반복 민원'으로 판단하여 처리한 것이라면, 이는 민원인과 협의하여 판단한 것이 아닌 행정편의를 위해 감사원이 일방적으로 판단한 것이므로 헌법취지(국민의 인권보호)에 벗어난 판단임을 알림.	미 회신	미결
	의견	법적 근거 없이 임의로 '종결 처리'라며 민원을 처리함.		
2011. 11. 12.	국민건강 보험공단	2009. 6. 1. 제게 3등급 결정을 알리면서 결정내역도 교부하지 않던 공단이 기무사 직원에게는 개인정보를 전화로 관행적으로 유출하고 있음에도 유출한 직원 1인만 징계한 것이 이해되지 않음. 공단은 개인정보를 보호하기 바라며, 그동안 1건이라도 외부에 개인정보를 유출한 직원은 법에 따라 처벌하고 그 결과를 알려주기 바람. 그리고 해당인인 제게 2009. 6. 1. 결정한 내역을 투명하게 밝혀 주기 바람. 즉 2009. 6. 1. 교부하지 않은 인정조사서를 교부해 주기 바람.	(동문 서답)	미결

진정일 (답변일)	제출처 (답변처)	진정(답변)내용 및 의견	진행사항	
			해당민원	당초민원
2011. 11. 18.	국민건강 보험공단	장기요양 3등급 결정 내역을 설명.		
	답변에 대한 의견	공단이 기무사 직원에게는 개인정보를 관행적 으로 유출하면서 해당인인 제게 2009. 6. 1. 결정 한 내역을 투명하게 밝혀 주기 바란다는 민원에 대해, 관행적으로 유출한 직원이 누구인지 파악 하여 처벌하지 않고 설명했다며 제 인정조사서도 교부하지 않음. 　민원은 정보를 유출한 직원의 처벌요구이며, 인 정조사서 교부요구임. 그리고 인정조사서 미교부 사유가 '공공기관의 정보 공개에 관한 법률 제9조 ① 5에 의한 것처럼 회신하여 말하지만, 본 건은 법 (행정절차법)에 따라 시행되지 않은 위법한 행정으 로 정보도 아니며 또 본 건은 공공기관의 정보공개 에 관한 법률 제9조① 5에 규정한 '검토과정에 있는 사항'도 아님. 거짓을 회신한 관련자는 국민에게 책 임져야 함.		
2011. 11. 14.	국민권익 위원회	중앙행정심판위원장에게 제출한 민원내용에 대해서는 알 것이므로 추가로 말하지 않지만, 회 신내용 중 일부 잘못이 있어 말함. 민원청구취지 는 회신한 내용보다는, 청구인이 행복을 추구하 지 못하게 중앙행정심판위원회가 구술을 제지한 후 청구한 것도 아닌 것을 심리하여 재결한데 대 한 책임과 이에 대한 해명요구임. 　민원내용도 모르면서 민원인에게 소송 등을 안 내하지 말고 본연의 업무에나 충실하기 바라며, 다 시 말하지만 적법한 절차를 이행하지 않은 대한 해 명과 동시에 책임에 대해 회신해 주기 바람. 　해명과 책임에 대해 회신하지 않고 동문서답식 의 문의와 관련 없는 내용을 회신하면 국민권익 위원회가 책임 없이 행정을 처리하고 있는 것으 로 판단하겠음.	(동문서답)	미결
2011. 11. 21.	국민권익위 원회	심판사건의 내용을 확인한 결과, 구술심리를 신 청한 바 없는 것으로 확인됨.		
	답변에 대한 의견	구술 신청했음에도 신청한 바 없다며, 책임을 회피함. 　국민권익위원회가 거짓을 답하며, 책임 없이		

160

진정일 (답변일)	제출처 (답변처)	진정(답변)내용 및 의견	진행사항	
			해당민원	당초민원
		행정을 처리하고 있음.		
2011. 11. 21.	국민권익 위원회	청구인은 2011. 8. 30. 구술 신청하였으며 동 신청서를 귀 위원회에서 2011. 8. 30. 접수하였음. 신청한 바 없다며 책임지지 않고 책임을 회피하지 말고 책임에 대해 말하기 바라며, 증빙을 제출하지 않아 책임지지 않는 것처럼 이해되어 말하지만 책임진다면 증빙을 제출토록 하겠음. 　그러기 전에 귀 위원회에서 구술신청서 접수여부를 확인하여 적법하게 조치하고 그 결과를 알려 주기 바라며, 증빙제출로 거짓 답이 확인되면 국민신문고에 거짓을 답한 관련자는 국민에게 책임져야 함을 알림. 　또 다시 말하지만, 본 건은 행정소송법 제19조 등의 '재결취소'에 해당되지 않으며, 따라서 청구인은 재결취소소송을 제기할 수 없음. 청구내용을 심판하지 않았으므로 오히려 청구내용을 심판하게 귀 위원회에 동 심판을 다시 할 수는 있지만, 이러한 신청은 본인의 판단에 의한 것으로 귀 위원회가 관여할 사항이 아님을 알림.	일부회신	미결
2011. 11. 28.	국민권익 위원회	심판사건 내용을 재확인한 결과 구술심리를 신청한 것으로 확인됨.		
	답변에 대한 의견	당초에는 구술심리를 신청하지 않았다고 거짓을 답하고 이번에는 신청하였다고 답하며, 거짓에 책임지지 않음.		
2011. 11. 28.	국민권익 위원회	중앙행정심판위원회가 구술을 제지한 후 청구한 것도 아닌 것을 재결한데 대한 책임과 해명을 요구하니, 귀 위원회가 '구술신청'한 바 없다면서 거짓을 답하여 책임과 해명을 듣지 못했으니, 해명과 동시에 책임에 대해 회신해 주기 바람. 　그리고 거짓 답한 관련자는 국민에게 책임지게 하고 책임진 결과를 알려 주기 바라며, 거짓을 책임지지 않을 때는 고발대상자로 판단되나 제가 추가로 호소할 곳을 알려 주기 바람. 민원에 거짓을 회신하여 고발대상자가 되지 않도록 주의하기 바람.	일부회신	미결
2011. 12. 5.	국민권익 위원회	행정심판위원회가 서면심리만으로 충분히 결정할 수 있다고 결정하는 때에는 구술심리를 하		

진정일 (답변일)	제출처 (답변처)	진정(답변)내용 및 의견	진행사항	
			해당민원	당초민원
		지 않을 수 있는바, 위 사건의 구술심리신청에 대해 위원회에서는 위와 같은 이유로 구술심리를 허용하지 않은 것으로 보임. 　2011. 11. 21. 자 신청한 민원에 대한 답변(구술심리 신청을 하였으나 하지 않았다고 한 것)은 이는 확인하는 과정에서 발생한 거짓이 아닌 착오에 의한 것으로 최초 사실 확인이 미진했던 부분에 대해서는 주의를 주었음.		
	답변에 대한 의견	행정심판위원회가 서면심리만으로 충분히 결정할 수 있다면서 청구인의 구술심리를 제지한 후, 투명하게 처리할 것을 규정한 행정절차법이 투명하게 처리할 의무가 없는 법률인 것처럼 재결하여, 그에 대한 해명과 책임에 대해 민원을 제기한 것임. 　해명이라는 게 위원회의 결정에 따른 것이라는 회신이며, 거짓 회신은 착오에 의한 것이라며 책임지지 않음.		
2011. 11. 28.	국민건강보 험공단	2010년 9월 전세보증금이 6,500만 원인데 공단은 4,699만 원을 기준으로 보험료를 엉터리로 산정하였으니 직권으로 사실을 확인하여 바르게 정정된 보험료를 다시 고지해 주기 바라며, 고지가 법(국세기본법 제8조 등)에 따른 절차대로 하지 않아 국세기본법 제12조에 따른 효력이 발생되지 않았으므로 법 절차에 따라 다시 고지하기 바라며, 고지 효력이 없으므로 당연히 독촉효력도 없음. 참고로 국세징수법 제10조에 부합되기 위해서는 체납발생 시 마다 고지해야 함. 　법을 위반하여 보험료를 엉터리로 산정하여 고지(징수)하고 또 법을 위반하여 고지 및 독촉하여 체납처분을 집행하고 있으므로, 이에 대해 공단은 국민에게 책임지기 바람.	(동문서답)	미결
2011. 12. 5.	국민건강 보험공단	전월세금은 공단이 조사한 지역별 '전월세직권부과조사표'에 의거 부과를 하고 가입자의 조정신청에 의해 조정하며, 조정신청은 가입자의 주장에 의해 처리되는 것이 아니라 전월세 계약서(사본 포함)를 제출하여 조정 받음. 번거로우시겠지만 전월세 계약서 사본을 공단 지사로 보내주시면 보험료를 조정하도록 하겠으며, 추가 부과		

사실을 歪曲시키는 보도

진정일 (답변일)	제출처 (답변처)	진정(답변)내용 및 의견	진행사항	
			해당민원	당초민원
		된 보험료는 기 부과된 보험료와 별도로 고지됨을 알림. 　건강보험의 산정 및 부과, 고지는 국민건강보험법령에서 정한 규정에 의거 이루어지는 것으로 국세기본법을 적용하지 않음. 또한 법 제69조에서 보험료 납부의무자는 해당 월 보험료를 다음 달 10일까지 납부하도록 의무하고 있고, 공단은 법 제74조의 규정에 따라 보험료의 납입고지를 하고 있으며, 「국세기본법」에서 정한 연대납부의무자 각각에게 고지하는 것과는 달리 건강보험에서는 법 제74조 제4항의 규정에 따라 지역가입자 세대가 2인 이상인 때에는 그 중 1인에게 행한 고지는 해당 세대구성원인 다른 지역가입자 모두에게 효력이 있는 것으로 하고 있음. 아울러 보험료를 납부기한까지 납부하지 아니한 경우 법 제70조의 규정에 따라 독촉고지서를 발급하고 있음을 양지하여 주시기 바라며, 법에는 고지서의 송달방법에 대하여 규정하고 있지 않으나 행정절차법에 따라 송달하고 있음.		
	답변에 대한 의견	전세보증금이 6,500만 원인데 4,699만 원을 기준으로 보험료를 과소 징수하면서 민원인이 조정(증액) 신청할 것을 바람. 　보험료를 납부하지 않을 경우 공단은 국세체납처분절차에 따라 강제징수 해야 함에도 답한 것을 보면 강제 징수하는 법(방법)이 없음. 답대로라면, 공단은 보험료 납부의무만 발생되게 하고 공단이 보험료를 강제로 징수할 방법은 없음. 　법을 위반하여 보험료를 엉터리로 산정하여 고지(징수)하고 또 법을 위반하여 고지 및 독촉하여 체납처분을 집행하고 있음에도 공단은 국민에게 책임지지 않음.		
2011. 12. 6.	국민권익 위원회	행정심판위원회가 서면심리만으로 충분히 결정할 수 있다면서 청구인의 구술심리를 제지한 후, 행정절차법이 투명하게 처리할 의무가 없는 법률인 것처럼 처리하여, 그에 대한 '해명(1∞6)과 책임'을 요구하니, 구술이 아닌 서면심리 결정은 위원회(중앙행정심판위원회)의 결정에 따른 것이며 거짓회신은 착오에 의한 것으로 주의처분 하였다면서 헌법정신(국민권익보호)에 대해 책임지지 않	(동문서답)	미결

진정일 (답변일)	제출처 (답변처)	진정(답변)내용 및 의견	진행사항	
			해당민원	당초민원
		아 다시 민원을 제기함. 　그동안 위원회는 심판청구인이 구술을 신청해도 임의로 서면심리로 결정한 것 같으니, 헌법정신을 무시하면서 서면심리로 결정한 근거를 알려주기 바람. 　위원회가 청구내용을 재결한 사실이 없어, 회신하였다면서 청구내용의 재결사실을 알리지 못하는 것으로 이해됨. 또 위원회는 착오인지 거짓인지 여부를 그동안 어떤 근거로 판단하여, 착오라고 판단되면 주의 처분하고 거짓이라고 판단될 경우에는 어떻게 처리하여 왔는지 궁금하니, 귀 위원회가 거짓이라고 판단한 사실이 있는지 이를 경우 어떻게 처리하여 왔는지 알려주기 바람. 　참고로 착오나 고의로 인해 국민에게 거짓을 알리게 되며, 저는 착오 등으로 인해 발생된 거짓 회신에 대해 국민에게 책임지라는 것임. 주의 처분은 행정 벌로 국민에 대한 책임이 아니며 주권자이며 제반 의무의 주체인 국민에 대해 책임지기 위해서는, 국민이 납부하는 세금이 국민에게 책임져야 할 공무원에게 지급되지 않아야 하며 책임져야 할 공무원이 국민에게 권리와 의무를 부여하는 공적업무를 처리하지 않아야 되는 것임. 　위 내용과 직접 관련되지 않는 동문서답식의 내용을 알리면, 귀 위원회가 위 내용에 답할 수 없어 동문서답 식으로 회신하는 것으로 알겠음.		
2011. 12. 14.	국민권익 위원회	구술심리를 신청했음에도 서면심리로 결정한 근거 ⇒ 이미 회신한 내용을 참고하시기 바람. 　거짓이라고 판단될 경우 어떻게 처리하여 왔는지 ⇒ 사례가 없어 어떻게 처리하는지는 아는 바 없음.		
	답변에 대한 의견	구술심리를 요청해도 서면심리로써 가능하다며 심판위원회가 결정하면서, 신청한 것을 심리하지 않은데 대해 책임지지 않음. 또 위원회는 착오인지 거짓인지를 근거 없이 판단하여 왔으며, 고의일 경우에도 착오라며 주의처분 등으로 가볍게 처리하여 왔으며, 이를 국민에게 책임진 사실 없음. 　민원에 답하지 않으면서 8일 만에 기 회신(거짓임)했다는 등의 내용으로 회신함.		

사실을 歪曲시키는 보도

진정일 (답변일)	제출처 (답변처)	진정(답변)내용 및 의견	진행사항	
			해당민원	당초민원
2011. 12. 17.	국민권익 위원회	첨부한 내용으로 고소장을 제출코자 하니, 사실이 아닌 내용이 있으면 알려 주기 바람.	(동문서답)	미결
2011. 12. 27.	국민권익 위원회	2회에 걸쳐 회신한 바 있으니 그 내용을 참고하기 바람.		
	답변에 대한 의견	민원내용에 회신하지 않았으면서 10일 만에 기 민원에 회신한 바 있다며 동문서답 식으로 회신하며 신청한 민원에 회신하게 규정한 민원사무 처리에 관한 법률 제15조를 위반하고, 고소장(허위내용의 공문서 교부 및 문의내용에 대해서 미 회신)에 대해서는 이견 없음.		
2012. 12. 17.	국무 총리실	첨부한 내용으로 손해배상의 소를 제기코자 하니, 사실이 아닌 내용이 있으면 알려 주기 바람.	(동문서답)	미결
2012. 1. 4.	대법원	검토하여 서면으로 회신할 예정임.		
	답변에 대한 의견	신청한지 18일 만에 대법원에서 서면으로 회신할 예정임을 알리며, 국무총리는 첨부한 '손해배상의 소' 내용에 대해 이견 없음.		
2012. 1. 11.	국민권익 위원회	위원회의 재결서를 보면, 청구한 것을 심리하지 않아 민원을 제기한 것임. 수차 말하지만 청구인이 청구한 것은 처분취소 청구가 아니고 사실에 맞는 처분청구임. 청구인이 청구하지 않은 것을 서면심리로 심리(청구한 것과 정반대의 내용을 심리) 가능하다고 판단한 사유를 알려 주기 바라며, 또 부적법한 청구가 무엇인지 구체적인 사유도 알려 주기 바람. 다시 말하지만, 청구인은 귀 위원회가 청구인이 청구한 '처분청구'를 심리하지 않아 본 재결에 불복할 수 없게 되었음을 알리며, 청구인이 청구(처분청구)한 것을 재결하여 청구인이 행정소송법 제19조에 따라 재결에 불복할 수 있게 조치하기 바라며, 불복할 수 없게 된데 대해서는 청구한 것을 재결하지 않은 귀 위원회의 잘못이므로 이를 책임지기 바람.	(동문서답)	미결

진정일 (답변일)	제출처 (답변처)	진정(답변)내용 및 의견	진행사항	
			해당민원	당초민원
2012. 1. 19.	국민권익 위원회	행정심판위원회가 서면심리만으로 충분히 결정할 수 있다고 판단하여 구술심리를 허용하지 않은 것임. 아울러 심판사건을 각하한 이유 등에 대해서는 이미 알려드린 바와 같이 위 심판사건 재결서 "6. 이 사건 청구의 행정심판적격 여부" 부분을 참조하기 바람.	(동문서답)	미결
	답변에 대한 의견	8일 만에 답하면서, '처분취소청구'와 '처분청구'는 180도 다른 내용임에도 서면심리로 심리가능하다면서 구술심리를 제지하고, 또 청구인이 재결에 불복할 수 없게 함. 청구한 부작위(미결정)에 대하여는 답하지 않고, 청구하지 않은 작위(결정)에 대한 답을 재결서 "6."으로 알림. 작위가 아닌 부작위에 대해서도 알려야 함.		
2012. 1. 19.	국민권익 위원회	청구인이 청구한 것은 '부작위'이므로 '작위'로 재결한 것은 청구인이 청구한 것이 아니므로 책임지기 바람. 위원회는, 거짓으로 결정(피청구인의 행정)하여도 적법한 처분이 성립된 것으로 판단하는지, 아니면 사실내용을 결정하여야 적법한 처분이 성립된 것으로 판단하는지, 알려 주기 바라며, 귀 위원회 재결서와 같이 거짓내용일지라도 결정하기만 하면 효력이 발생된다고 판단한다면 투명한 방법으로 행정을 시행해야 한다는 내용의 '행정절차법'은 폐기되어야 하니, '행정절차법'을 폐기하는 조치를 취하고 그 내용을 알려 주기 바람. 참고로 적법한 행정이 성립되기 위해서는 거짓 아닌 사실내용을 결정해야 하며 거짓내용의 결정은 행정 성립이 불가한 부작위에 해당되므로 어떠한 경우에도 '행정절차법'은 준수되어야 함.		
2012. 1. 27.	국민권익 위원회	귀하가 제기한 심판청구에 대한 재결에 문제가 있다는 취지인 것으로 파악되니, 기 회신내용을 참조하기 바람.		
	답변에 대한 의견	재결에 문제가 있다는 민원이 아님에도 민원내용도 파악하지 못함. 민원내용은 청구인이 청구한 '부작위'에 대해 책임지지 않았다는 것이며, 거		

사실을 歪曲시키는 보도

진정일 (답변일)	제출처 (답변처)	진정(답변)내용 및 의견	진행사항	
			해당민원	당초민원
		짓내용일지라도 결정하기만 하면 효력이 발생된다고 판단한다면 '행정절차법'을 폐기하는 조치를 취하라는 것임. 　민원에 대한 답이기 위해서는, 부작위한 이유와 이를 책임지지 않은 이유를 알리고, 행정절차법이 부당하다고 판단하는 이유를 알려야 함.		
2012. 1. 26.	국민건강 보험공단	사건번호 2011가단46476과 관련하여 수원지방법원에 제출한 귀 공단의 서류가 허위임을 재판부가 민사소송법 제363조 ①에 의해 과태료를 부과하지 않고 엄격한 심리를 하지 않는 등 공정한 판결이 어려울 것으로 판단되어 법원 재판부를 기피하였으나 기피를 기각하여 원고가 직접 피고의 소송대리인 등을 고소코자 함. 　현재는 소송대리인의 인적사항이 불명확하여 허위서류 제출자인 지사장을 고소할 수밖에 없음을 양지하기 바라며, 진실된 인정조사표를 제출하지 못하는 이유를 알려 주기 바람.	(동문서답)	미결
2012. 2. 1.	국민건강 보험공단	사건번호 2011가단46476과 관련하여 수원지방법원의 자료요청에 대해 우리공단이 2011. 11. 16. 회신한 인정조사표는 원본과 다름없음을 알림.		
	답변에 대한 의견	허위서류 제출자가 지사장 이규호인 것으로 판단되며, 진실된 인정조사표를 법원에 제출하지 못하는 이유는 실주소지가 자동적으로 최근 주소지로 변경되어 원본과 다름없는 인정조사표(사본)를 제출한 것으로 판단됨. 　인정조사표 원본을 관리하지 않아, 원본과 같은 내용의 사본을 제출한다고 말하지 않고 원본인 것처럼 허위서류를 법원에 제출한 것은 잘못임. 제출을 요구한 서류는 원본과 다름없는 서류가 아니고 원본임.		
2012. 2. 2.	국가 보훈처	사실에 맞는 공문서를 교부하여 제가 불복청구가 가능하게 조치하여 주기 바라며, 사실에 맞는 공문서를 교부하지 않으면, 그동안 국가보훈처가 허위 내용일지라도 결정하기만 하면 행정의 효력을 발생시켜 온 것으로 알겠음. 　참고로 행정의 효력이 발생되기 위해서는 적법한 행정이 되어야 하며 귀 처와 같이 허위 사유의	(동문서답)	미결

진정일 (답변일)	제출처 (답변처)	진정(답변)내용 및 의견	진행사항	
			해당민원	당초민원
		결정은 부적법한 결정으로 행정효력이 적법하게 발생될 수 없으며 모든 결정은 결정사유(이유)에 따라 결정하게 됨.		
2012. 2. 8.	국가 보훈처	동일민원에 대하여 기 답변한 바 있으므로, 별도 회신 없이 종결 처리.		
	답변에 대한 의견	적법한 행정으로 불복청구가 가능하게 조치하지 않고 적법한 행정이 아니라 효력이 없는 행정임에도 효력을 발생시켜 국민에게 책임을 전가해 온 것으로 판단 됨.		
2012. 2. 2.	국민건강 보험공단	제출을 요구한 서류는 원본과 다름없는 서류가 아니고 원본(복사)임에도, 원본을 제출하지 않고 원본과 같은 내용의 사본을 법원에 제출한 것은 잘못임. 　제출된 서류인 인정조사표(사본)에 표시된 '점수산정내역'이 없으니 65.2점이 산출된 내역을 알려주기 바람.		
2012. 2. 3.	국민건강 보험공단	공단이 사건번호 2011가단46476과 관련하여 수원지방법원에 보낸 자료는 원본과 다름없음. 또한 장기요양인정조사표에 '점수산정내역'이 포함되어 있는 것이 아니라 보건복지부 고시 장기요양인정점수 산정방법에 따라 자동으로 점수가 산정되었음. 더 궁금한 사항을 연락하면 성심성의껏 답하겠음.		
	답변에 대한 의견	원본 요구임에도 원본과 다름이 없는 사본을 법원에 제출하고, 산정내역을 성의껏 서면으로 알리지 않는 이유가 무엇인지 궁금함. 민원사무처리에 관한 법률 제15조는 신청한 민원에 대한 처리결과를 회신하게 한 법률로 처리과정을 회신하게 한 법률이 아님. 설사 처리하였을지라도 처리과정이 아닌 '처리결과'를 회신해야 함.		
2012. 2. 4	국민건강 보험공단	2009. 6. 1. 인정조사표를 교부하여 제가 불복청구가 가능하게 조치하여 주기 바라며, 만약 교부하지 않으면, 그동안 국민건강보험공단이 인정조사표 교부 없이 행정의 효력을 발생시켜 온 것으로 알겠음.	(동문서답)	미결

사실을 歪曲시키는 보도

진정일 (답변일)	제출처 (답변처)	진정(답변)내용 및 의견	진행사항	
			해당민원	당초민원
		참고로 행정의 효력이 발생되기 위해서는 적법한 행정이 되어야 하며 귀 공단과 같이 인정조사표를 교부하지 않는 결정은 부적법한 결정으로 효력이 발생될 수 없음.		
2012. 2. 9.	국민건강 보험공단	인정조사표는 의사결정과정 또는 내부검토과정에 있는 사항으로 비공개 정보임을 안내함.		
	답변에 대한 의견	결정된 것임에도, 의사결정과정 또는 내부검토과정이라며 인정조사표를 미 교부함. 인정조사표를 미 교부하여 불복청구를 하지 못함. 공단은 그동안 인정조사표 교부 없이 행정의 효력을 발생시켜 왔으며, 이를 책임지지 않음.		
2012. 2. 6.	감사원	계속하여 민원사무 처리에 관한 법률 제15조를 위반하면서 행정의 잘못을 알면서도 계속 직무를 유기하여 감사원장을 법률위반 및 직무유기로 고소코자 함. 제 블로그에 표시된 사항에 대해 법률을 위반하지 않았고 직무를 유기하지 않았으면 그 사항을 알려주기 바라며, 그런 사항이 없으면 감사원장이 법률을 위반하고 직무를 유기한 것으로 알겠음.	미 회신	미결
	의견	블로그에 표시된 사항에 대해 법률을 위반하지 않았고 직무를 유기하지 않았다고 주장하지 않음. 따라서 감사원장이 직무를 유기한 것에 대해서는 이견 없음.		
2012. 2. 6.	대통령	헌법과 법을 위반하며 행정부가 국민과 소통하지 않는 사례를 제 블로그와 서적으로 호소하고 있지만 더 구체적 사례로 국민의견에 귀를 막고 있는 감사원 인터넷 사이트 화면을 제출함. 저는 현 실정을 시정코자 제19대 국회의원 선거 예비후보자로 종로구 선거관리위원회에 등록하였으며 '책임'을 키워드로 선거에 임할 예정임을 알리며, 헌법과 법을 지키며 국민과 소통하는 행정부이기 바람.	미 회신	미결
	의견	감사원이 3월 19일까지 처리할 것을 약속하고 회신(처리)없음.		

진정일 (답변일)	제출처 (답변처)	진정(답변)내용 및 의견	진행사항	
			해당민원	당초민원
2012. 2. 10.	국무총리	계속하여 국무총리가 법(민원사무 처리에 관한 법률 제15조)을 위반하면서, 행정의 잘못을 알면서도 계속 직무를 유기하여 국무총리를 법률위반 및 직무유기로 고소코자 함. 제 블로그에 표시된 사항에 대해 법률을 위반하지 않았고 직무를 유기하지 않았으면 그 사항을 증빙으로 알려주기 바라며, 그런 사항이 없으면 국무총리가 법률을 위반하고 직무를 유기한 것으로 알겠음.	미 회신	미결
2012	의견	국무총리가 법을 위반하고 직무를 유기함.		
2012. 2. 13.	국가 보훈처	사실에 맞는 공문서를 교부하지 않는 것은 국가보훈처장이 직무를 유기한 것으로 판단됨. 국가보훈처장이 직무를 유기한 사실이 아니라면 이를 증명하기 바람.	(동문서답)	미결
2012. 2. 17.	국가 보훈처	동일민원에 대하여 기 답변한 바 있으므로, 별도 회신 없이 종결 처리.		
	답변에 대한 의견	직무를 유기한 사실이 아니라는 증빙을 보내지 않고 민원을 종결한 것처럼 답하는 것으로 보아 국가보훈처장의 직무유기에 대해서는 이견 없음. 민원사무 처리에 관한 법률 제15조는 민원사무 처리과정이 아닌 결과를 회신하게 한 법률임.		
2012. 2. 13.	국민건강 보험공단	인정조사표를 교부하지 않고 건강보험료도 과소 고지하여 2010부터 계속 법에 따라 산정된 올바른 건강보험료를 다시 고지하여 줄 것을 요구하였으나 아직 시정하지 않는 것은 국민건강보험공단이사장이 직무를 유기하여 발생된 일이라 판단됨. 국민건강보험공단이사장이 직무를 유기한 사실이 아니라면 이를 증명하기 바람.	(동문서답)	미결
2012. 2. 20.	국민건강 보험공단	장기요양 인정조사표는 의사결정과정 또는 내부검토과정에 해당하는 내용으로 비공개 사항이며, 보험료 산정과 관련하여 전월세 부과자료 조정에 대해 설명.		
	답변에 대한 의견	장기요양등급이 기 결정되어 의사결정과정 또는 내부검토과정 중이 아님에도 의사결정과정 또		

사실을 歪曲시키는 보도

진정일 (답변일)	제출처 (답변처)	진정(답변)내용 및 의견	진행사항	
			해당민원	당초민원
		는 내부검토과정이라는 등 3년 동안 설명만 하며 「행정절차법」에 따른 투명한 행정을 실천하지 않는 것이 이해되지 않으며, 또 보험료 산정과 관련해서도 보험료를 과소 고지한 사실을 직권으로 확인할 수 있음에도 건강보험료가 과소하게 징수되어 결국 예산이나 추가징수 등의 방법으로 건강보험을 충당할지라도 신청하지 않으면 시정하지 않는다는 답도 이해되지 않음. 　참고로 민원인은 설명이나 보험료 조정을 신청한 것이 아니고 적법하게 인정조사표를 교부하고 적법한 보험료를 산정하여 다시 고지하라는 요구임.		
2012. 2. 24.	대통령	국민건강보험공단은 엉터리 보험료를 고지하여 징수하고, 감사원은 잘못 지급된 예산을 징수하지 않고 국민의견에 귀를 막고, 대법원은 국민신문고에 2012. 2. 23. 까지 민원을 처리한다고 약속하고는 처리하지 않고, 이러한 실정임에도 대통령은 잘못을 바르게 고치지 못하고 진정서만 해당 부처에 전달하고 있는 게 불만임. 　진정서를 해당 기관에 전달하는 역할이 아닌 잘못을 바르게 고치게 한 것은 알려 주기 바라며, 대통령이 잘못을 바르게 고치게 하지 못해 진정서를 해당 기관에 전달하여 해당 기관이 알아서 처리한 것은 해당 기관의 문제(대통령의 역할은 없음)이므로 알리지 말기 바람.	미 회신	미결
	의견	민원에 대한 대통령의 역할이 없는데 대해서는 이건 없음.		
2012. 3. 9.	국민건강 보험공단	제 장기요양인정점수를 보건복지부 고시 제2011-57호를 위반하여 65.2점으로 산정하였으면 기답들과 같이 답하여 점수산정내역을 알리지 말기 바람.	(동문서답)	미결
2012. 3. 14.	국민건강 보험공단	장기요양인정점수는 노인장기요양보험법 시행규칙 별지 제5호 서식의 장기요양인정조사표에 의해 작성된 영역별 심신 상태를 나타내는 52개 항목의 조사결과를 근거로, 보건복지부 고시의 산정기준에 따라 산정된 점수임.		

진정일 (답변일)	제출처 (답변처)	진정(답변)내용 및 의견	진행사항	
			해당민원	당초민원
	답변에 대한 의견	보건복지부 고시를 위반하여 산정되지 않았음을 알리며, 점수산정내역을 알리지 않음. 따라서 고시를 위반하여 65.2점(3등급)이 산정된 것으로 판단됨.		
2012. 3. 9.	대검찰청	저는 2010. 7. 24.에도 대검찰청에 '대통령 실에 민원을 제출하니 국민권익위원회에서 2010. 7. 7. 대검찰청 소관으로 대검찰청에서 처리하여 통보할 것임을 안내하였으나, 대검찰청 결정을 통보받지 못해 추가로 말씀드립니다.'라고 호소한 바 있으나, 2010. 8. 2. 대검찰청은 '검찰에 관심을 가져주신 것에 대하여 감사를 드립니다.'라고 답하였을 뿐 제 민원은 해결되지 않았으며 법적 문제도 없었음.	(동문서답)	미결
2012. 3. 28.	대검찰청	귀하께서 국민신문고를 통하여 신청하신 민원은 중앙지검 2012진정916호로 수리되었으며, 위 민원은 서울중앙지검 *** 검사에게 배당이 되었으며, 사건 종결 후 처리결과는 위 검사실에서 우편으로 통지함.		
	답변에 대한 의견	제 블로그의 제안내용과 같이, 검찰이 고소사건 처분결과 통지 시 결과만 알리고 내용은 알리지 않음. 내용을 알리지 않는 것은 헌법 상 보장된 국민의 알 권리를 침해하게 되는 것이므로, 동 서식은 개선되어야 할 것임. 국민이 주인인 국가가 되게 하기 바라며, 법을 위반한 관련자는 처벌되어야 함. 우선 검찰의 민원사무 처리 사례를 보면, 검찰은 참고적 사항에 대해서는 안내하면서 정작 신청한 민원(원칙실천)에 대하여는 처리하지 않는 것은 검찰이 '민원사무 처리에 관한 법률 제15조'를 위반하는 것임.		
2012. 3. 29.	대통령	행정부가 국민과 소통하지 않는 구체적 사례를 2012. 2. 6. 감사원 인터넷 사이트 화면을 제출하며 말했고, 행정부가 헌법과 법에 위반되는 행정을 시행하는 사례를 제 블로그(http://blog.daum.net/seojoung)와 진정서 등으로 3년간 호소했음에도, 이를 바르게 고치지 않고 다시 진정함. 제 블로그에 허위내용이 있으면 알려주기 바라며, 허위내용이 없으면 블로그 내용의 행정 잘못을 바르게 고쳐주시기 바람. 만약 잘못을 바르게	미 회신	미결

진정일 (답변일)	제출처 (답변처)	진정(답변)내용 및 의견	진행사항	
			해당민원	당초민원
		고치지 않으면, 블로그 내용이 사실임에도 바르게 고쳐야 한다는 대통령의 의지가 없고 사명감이나 책임감도 없어, 이를 바르게 고치지 않는 것으로 알겠음.		
	의견	대통령은 잘못을 바르게 고치려는 의지도 없고 사명감이나 책임감도 없음.		
2012. 4. 28.	대검찰청	제 민원은 원칙(법)실천이므로 안내하는 식의 답은 하지 말기 바라며, 민원사무 처리에 관한 법률 제15조에 따라 신청한 민원사무 처리결과를 회신하여 주기 바람. 그리고 검찰이 민원사무 처리에 관한 법률 제15조나 제20조, 제21조 등에 따라 민원을 처리하지 않아도 되는 법률규정이 있으면 알려주기 바라며, 알려주지 않으면 검찰이 법률규정 없이 민원을 처리(회신)하지 않는 것으로 알겠으며, 법을 준수하는 검찰이기 바람.	(동문서답)	미결
2012. 4. 30.	대검찰청	어떤 민원에 대한 처리 결과 회신을 원하시는지 말씀해 주시면 절차에 따라 처리해 드리겠음. 만약 전에 제기하신 진정사건에 대한 처리결과 통보를 말씀하시는 거라면 전에 답변해 드린바와 같이 해당검사실에서 사건처리 후 우편으로 통지해드릴 예정임. 또한 검찰에 접수된 민원을 처리하지 않아도 된다는 법률규정 등은 다음과 같음. 민원사무 처리에 관한 법률 제15조 민원사무 처리에 관한 법률 시행령 제21조		
	답변에 대한 의견	진정사건에 대한 처리결과를 통보받지 못했으며, 민원사무 처리에 관한 법률 제15조에서 시행령에 접수된 민원을 처리하지 않아도 된다고 위임한 사실 없음.		
2012. 5. 9.	감사원	대통령이 수원여성 피살사건과 관련하여 '국민 생명의 중요성을 강조하고 또 경찰 총수가 잘못을 책임지고 사직했음에도, 감사원장이 국민 생명을 경시하는 것 같이 행동하여 민원을 제출함. 저는 감사원장을 피고로 감사원장이 생명을 경시하여 발생된 손해를 배상할 것을 요구하고 있	미 회신	미결

진정일 (답변일)	제출처 (답변처)	진정(답변)내용 및 의견	진행사항	
			해당민원	당초민원
		음에도, 생명에 대하여는 답하지 않고 동문서답하여 다시 청구취지에 맞게 답할 것을 요구했지만, 제 소는 감사원장의 생명경시에 대한 손해배상 요구임. 감사원장은 국민의 생명을 소중히 여겨 원만하게 소를 진행하기 바람.		
	의견	법을 위반한 잘못을 시정하지도 시정하지 않고 방치(부작위)함. 감사원이 올바르게 변하지 않고 법을 위반한 잘못을 책임지게 하지도 책임지지도 않음.		
2012. 5. 9.	국무총리	대통령이 수원여성 피살사건과 관련하여 '국민 생명의 중요성'을 강조하고 이와 관련하여 경찰 총수가 잘못을 책임지고 사직했음에도, 총리가 '국민에게 죄송' 하다면서 국민 생명을 경시하는 것 같이 행동하여 민원을 제출함. 국무총리는 진심을 국민에게 밝혀야 함. 저는 총리를 피고로 총리가 생명을 경시하여 발생된 손해를 배상할 것을 요구하고 있음에도, 왜 인과관계도 없는 총리에게 손해배상을 청구하는지 모른다는 식의 주장을 보고 법원에도 답했지만, 제 소는 총리의 생명경시에 대한 손해배상 요구임. 국민의 생명을 소중히 여겨 원만하게 소를 진행하기 바람.	(동문서답)	미결
2012. 5. 10.	국무 총리실	관련 업무에 참고하도록 하겠음.		
	답변에 대한 의견	생명경시에 대해 총리의 입장을 분명하게 밝히지 않아 다시 민원을 제출.		
2012. 5. 12.	국무총리	4년간 계속된 민원에 대해 총리는 참고나 검토 또는 행정기관의 잘못을 구체적으로 모른다는 등 중복민원이라면서 민원사무 처리에 관한 법률 제 15조에 따라 신청한 민원을 처리 후 그 결과를 회신하지 않아 피소되고 또 수원여성 피살사건에 대해서도 '국민께 죄송' 하다면서 국민의 생명에 대해 책임지지 않는 등, 총리로서의 자질이 의심됨. 만약 신청한 민원을 처리하지 않아도 되는 근거(시행령이 아닌 법률 조문)가 있으면 그 근거법과 2012. 4. 9. '국민께 죄송' 하다며 진심 아닌 발언을 하게 된 이유	(동문서답)	미결

174

진정일 (답변일)	제출처 (답변처)	진정(답변)내용 및 의견	진행사항	
			해당민원	당초민원
		를 밝히기 바라며, 언행이 불일치하면서 잘못을 책임지지 않는 총리의 자질이 의심되므로 국민을 위해 총리직 사퇴에 대한 의견을 밝혀 주기 바람.		
2012. 5. 14.	국무 총리실	제시한 민원은 업무에 참고하겠음.		
	답변에 대한 의견	2010. 10. 21.에도 업무에 참고한다고 답하고 3년이 된 지금도 동일한 내용으로 답하면서, 법을 위반한 잘못을 시정하지도 시정하지도 않음. 총리가 올바르게 변하지 않고 언행을 불일치하게 하면서 잘못을 책임지지도 않음.		
2012. 5. 16.	대통령	지난 4월 9일 대통령은 "국민의 생명에 대한 책임의식 중요"를 강조하고 또 국무총리도 "수원살인사건 국민께 죄송"이라고 말했음에도, 경찰청장만 잘못을 책임지고 사퇴하고 국무총리는 아직 책임지지 않아 문의함. 국무총리가 언제 어떻게 국민에게 책임지게할 예정인지 알려 주시기 바람.	미 회신	미결
	의견	사명감이나 책임감 없이 말함. 대통령이 언행을 불일치하게 하면서 잘못을 책임지게 하지도 않음.		
2012. 6. 2.	국가 보훈처	재심의를 신청하지도 않은 것을 재심의 하였다고 결정하고 증빙이 있음에도 증빙내용과 다른 내용으로 결정한 허위공문서를 교부하여 사실에 맞는 공문서를 교부하여 줄 것을 2009년부터 계속 요구하였으나 이러한 잘못을 인정하면서도 아직 사실에 맞는 공문서를 교부하지 않아 다시 민원을 제출하니, 사실에 맞는 공문서를 보내 주기 바람. 동 민원은 '사실에 맞는 공문서 교부'이므로, 신청한 민원에 회신하지 않아 민원사무 처리에 관한 법률 제15조를 위반하지 않기 바람.	(동문서답)	미결
2012. 6. 11.	국가 보훈처	동일민원에 대하여 기 답변한 바 있으므로, 별도 회신 없이 종결 처리.		
	답변에 대한 의견	신청한 민원(사실에 맞는 공문서 교부)을 처리하여 답하지 않고 임의로 민원을 종결하면서 민원사무 처리에 관한 법률 제15조를 위반함.		

진정일 (답변일)	제출처 (답변처)	진정(답변)내용 및 의견	진행사항	
			해당민원	당초민원
2012. 6. 2.	국민건강 보험공단	2009. 6. 1. 장기요양등급결정서 교부 시 인정 조사표를 미 교부하여 이는 행정절차법에 위배된 다며 2009년부터 교부하여 줄 것을 요구하였으나 교부하지 않아 다시 민원을 제출함. 공단이 조사한 '표준장기요양이용계획서'와 '1차 판정결과'의 내용이 각기 달라 어느 것이 사실인지 알 수 없음에도 어떻게 2009. 6. 1. 3등급으로 결정한 것인지 이해할 수 없다는 내용의 2012. 5. 10. 준비서면을 첨부함. 2009년 기 결정된 것임에도 의사결정과정 또는 내부검토과정에 있는 것처럼 동 인정조사표가 비공개 정보임을 말하지 말고, 신청한 민원에 회신하지 않아 민원사무 처리에 관한 법률 제15조를 위반하지 않기 바람.	(동문서답)	미결
2012. 6. 8.	국민건강 보험공단	요청한 정보는 「공공기관의 정보공개에 관한 법률」 제9조 제1항 제5호에 해당되어 비공개함을 재차 알림.		
	답변에 대한 의견	「공공기관의 정보공개에 관한 법률」 제9조 제1항 제5호는 검토(진행) 중인 정보를 비공개한다는 규정으로, 본 건은 검토 중인 정보가 아님. 또 교부된 '표준장기요양이용계획서'와 공단이 보관하고 있는 '1차 판정결과'의 내용이 각기 달라 어느 것이 사실인지 알려주지 않고, 잘못을 책임지지도 않음.		
2012. 6. 8.	대검찰청	4월 28일 제 민원에 대해 4월 30일 서울중앙지방검찰청에서 답하면서 사건처리 후 결과를 우편으로 통지할 것을 알렸고 또 신청한 민원을 처리하지 않아도 되는 법률규정은 알리지 않고 시행령규정을 알려, 제가 알고 싶은 것을 알지 못했음. 제가 고소한 사건 명세를 보내드리니 제가 알고 싶은 것은 결과보다는 이유이므로 붙임 서식을 완성하여 답(국민신문고)에 첨부해 주시기 바라며 또 신청한 민원을 처리하지 않아도 되는 시행령이 아닌 법률이 있으면 해당되는 법률규정을 알려주시기 바람.	(동문서답)	미결
2012. 6. 15.	대검찰청	귀하께서 신청하신 민원은 중앙지검 2012진정 1613호로 수리되었으며, 위 민원은 서울중앙지검		

진정일 (답변일)	제출처 (답변처)	진정(답변)내용 및 의견	진행사항	
			해당민원	당초민원
		➠ 검사에게 배당이 되어 처리되며, 사건 종결 후 처리결과는 위 검사실에서 우편으로 통지하여 드림.		
	답변에 대한 의견	수사를 요청하는 민원이 아니고 고소사건에 대한 처리이유를 문의한 것임. 민원은 처리과정을 알기 원하는 것이 아니고 처리결과에 대한 이유임에도, 처리이유를 알려 주지 않음.		
2012. 6. 9.	국민건강 보험공단	6월 8일 답에 대한 검토내용을 보내니, 잘못 판단한 것이 있으면 알려 주기 바람.	(동문서답)	미결
2012. 6. 15.	국민건강보 험공단	'장기요양인정조사표 원본 공개'와 관련, 「공공기관의 정보공개에 관한 법률」 제9조 제1항 제5호에 해당되어 비공개한다는 답을 이미 했음.		
	답변에 대한 의견	'신청한 민원 회신여부에 대한 검토내용'에 이견 없는 것으로 보아 잘못 판단한 것은 없음. 투명한 행정을 위해 장기요양 '인정조사표'를 교부해야 함에도 의사결정과정에 있는 사항이라며 공개하지 않음. 의사결정과정이 기록된 회의록 등의 공개를 요구하는 것이 아님에도, '인정조사표'를 교부하여 투명한 행정을 실현하지 않고 공단은 잘못을 은폐시킴.		
2012. 6. 11.	국가 보훈처	6월 11일 답에 대한 검토내용을 보내니, 잘못 판단한 것이 있으면 알려 주기 바람.	(동문서답)	미결
2012. 6. 15.	국가 보훈처	동일한 내용의 민원을 제출하여 이미 회신하였으므로 「민원사무 처리에 관한 법률」 시행령 제15조에 의거 내부 종결 처리하였음을 알림.		
	답변에 대한 의견	잘못 판단한 것은 없으며, 내부 종결했다며 민원을 외부(국민)에 종결하지 않는 것은 「민원사무 처리에 관한 법률」 제15조를 위반하는 것임.		
2012. 7. 10.	대검찰청	본 건은 원칙에 따른 업무처리가 목적이지, 제 민원해결 목적이 아님을 이해하기 바람	(동문서답)	미결
2012. 7. 17.	대검찰청	귀하께서 신청하신 민원은 중앙지검 2012진정 1885호로 수리되었으며, 위 민원은 서울중앙지검 ➠➠➠ 검사에게 배당이 되어 처리됨. 담당검사는 필		

진정일 (답변일)	제출처 (답변처)	진정(답변)내용 및 의견	진행사항	
			해당민원	당초민원
		요한 수사를 거쳐 공정하게 처리할 예정이며 사건 종결 후 처리결과는 위 검사실에서 우편으로 통지할 것임.		
	답변에 대한 의견	배당사실을 알리며, 민원사무 처리결과를 통지하지 않음.		
2012. 7. 12.	국가 보훈처	1. 민원요지가 정정을 요청하는 것이 아니라, 허위서류를 교부(제시)한 것은 처분이유를 제시하지 않은 것으로 결국 행정절차법 제1조와 제23조를 위반한 것이니, 잘못된 업무처리의 보완을 요구하며 법 위반에 대한 책임요구임. 참고로 민원사무 처리에 관한 법률 제15조에는 해당 해에 민원사무 처리결과를 통지하게 하고 있음에도 민원사무 처리결과를 통지하지 않고 안내 등만 한 관련자에 대한 책임도 요구하였음. 2. '국가유공자 요건 비해당 결정의 정정을 요청'하는 내용으로 민원을 파악하여 기 회신한 것은 민원에 회신한 것이 아니므로 제 민원에 대해서만 회신하기 바람. ※ 동일한 민원에 대하여 내부종결을 처리하게 규정한 것은 '민원사무 처리에 관한 법률 시행령 제21조'에 의한 것이지 '민원사무 처리에 관한 법률 제15조'에 의한 것이 아니므로 이는 '민원사무 처리에 관한 법률 제15조'를 위반한 것이나, 동일 민원에 대한 처리방법을 규정한 타 법률이 있으면 동 법률을 알려 주기 바람.	(동문서답)	미결
2012. 7. 18.	국가 보훈처	귀하의 상이가 공무수행과 관련하여 발생하였음을 인정하기 어려워 국가유공자(공상공무원) 요건에 해당하지 않는 것으로 심의 의결된 것임. 따라서 "허위서류를 교부한 것"은 무슨 서류를 교부한 것인지 확인할 수 없으니 어떤 서류가 허위서류인지 구체적으로 명시해 주기 바람. 그리고 민원사무 처리는 시행령 및 시행규칙에 의거 처리함.		
	답변에 대한 의견	민원요지를 '국가유공자 요건 비해당 결정의 정정을 요청'하는 내용으로 파악하여 민원을 처리한 관련자가 책임지게 하지 않음. 그리고 2009. 2. 19. 결정결과 통보 시 '처음 신청하여 결정한 것을 재결정이라고 결정하고 퇴근		

178

진정일 (답변일)	제출처 (답변처)	진정(답변)내용 및 의견	진행사항	
			해당민원	당초민원
		전 발병사실이 확인됨에도 퇴근 후 발병하였다'는 내용의 허위서류를 교부하여, 결국 행정절차법 제23조를 위반한 관련자가 국민에게 책임지게 하지 않음. 당초 민원은 국가유공자 비해당 결정의 정정을 요구하는 민원이 아니고 2009. 2.19. 행정절차법 위반에 대한 민원임에도, 법 위반에 대한 잘못을 책임지지 않음. 또 신청한 민원사무 처리결과를 통지하지 않는 것은 '민원사무 처리에 관한 법률 제15조'를 위반하는 것임. 그리고 동일민원사무 처리방법을 규정한 법률규정이 없어 민원사무 처리에 관한 법률 시행령 제21조에 의거 그동안 민원을 종결 처리하였음. 법에 의해 행정하지 않고 4년간 시행령으로 국민권익을 제한한 관련자가 국민에게 책임지게 하지 않음.		
2012. 7. 12.	국민건강 보험공단	「공공기관의 정보공개에 관한 법률」 제9조 제1항 제5호는 의사결정과정이 기록된 회의록 등을 비공개한다는 규정으로 제가 요구하는 것은 2009년 6월 1일에 이미 의사가 결정된 저에 대한 '장기요양인정조사표' 공개 요구임. 그리고 표준장기요양이용계획서와 1차 판정 내용이 각기 다른 것에 대한 것이지 결과에 대한 것이 아님. 내용을 보면, 표준장기요양이용계획서에서는 5초를 유지하지 못하는 것으로 조사하고 1차 판정에서는 자립으로 조사한 것에 대한 의문이므로, 이 의문이 해소되게 해야 함. 요구사항은 1. 저의 '장기요양인정조사표' 공개 요구와 2. 표준장기요양이용계획서 내용과 1차 판정 결과 내용이 각기 다른 이유에 대한 문의이므로, 민원사무 처리자는 민원사무 처리에 관한 법률 제15조에 위반되지 않게 성실하게 답하기 바람. 저는 2009. 6. 1. 조사결과 통지 시 조사결정내역을 통지하지 않아, 이는 행정절차법 제1조와 제23조에 위반되는 것이라 잘못된 업무처리의 보완을 요구하면서 그동안 민원사무 처리결과를 통지하지 않고 안내 등만 한 관련자에 대한 책임도 요구하였음. 참고로 민원사무 처리에 관한 법률 제15조는 당 해 민원에 대한 처리결과를 통지하게 한 법률이며, 민원사무 처리에 관한 법률 시행령 제21조	(동문서답)	미결

진정일 (답변일)	제출처 (답변처)	진정(답변)내용 및 의견	진행사항	
			해당민원	당초민원
		는 이전(과거) 통지내용을 검토하여 민원을 처리하게 한 시행령임.		
2012. 7. 18.	국민건강 보험공단	장기요양인정조사표 원본 공개와 관련, 「공공기관의 정보공개에 관한 법률」 제9조 제1항 제5호에 해당되어 비공개함. 표준장기요양이용계획서 내용과 1차 판정 결과 내용이 각기 다른 이유는 기답했음.		
	답변에 대한 의견	「공공기관의 정보공개에 관한 법률」 제4조에서 다른 법률에 특별한 규정이 있는 경우에는 동법률은 적용되지 않음. 즉 행정절차법 제23조에 결정 이유를 알리게 규정하고 있으므로 동법은 적용되지 않음. 2009. 6. 1. 행정절차법을 위반한 관련자와 교부하지 않았음에도 '장기요양인정조사표'를 보관하지 않은 관련자는 국민에게 책임지게 하기 바람. 그리고 신청한 민원을 처리하여 그 처리결과를 통지하지 않고 민원도 아닌 것을 통지하면서 '민원사무 처리에 관한 법률 제15조'를 위반하며 4년간 민원이 계속되게 한 관련자는 국민에게 책임지게 하기 바람. 표준장기요양이용계획서와 1차 판정 결과 내용이 각기 다른 이유에 대해 답하지 않는 것은, 저를 3등급으로 결정하기 위해 고의로 결정내용을 각기 다르게 표시하여 답하지 못함.		
2012. 7. 18.	국가 보훈처	2009. 2. 19. 저에게 결정결과 통보 시 '처음 신청하여 결정한 것을 재결정이라고 허위로 결정하고 퇴근 전 발병사실이 확인됨에도 퇴근 후 발병하였다는 허위내용'의 결정서를 교부한 것은 행정절차법 제23조에 의한 사실에 맞는 결정 이유를 제시하지 않은 것임. 허위서류를 작성하여 교부한 관련자는 국민에게 책임지게 하기 바람.	(동문서답)	미결
2012. 7. 25.	국가 보훈처	결정의 정정을 요구하는 민원이 아니므로 결정의 정당성을 설명할 필요는 없으며, 2009. 2. 19. 행정절차법 제23조를 위반한 사유가 있으면 위반한 사유에 대해서만 설명하면 됨. 법에 의해 행정하지 않고 시행령으로 국민권익을 제한하는 행정을 한 관련자는 국민에게 책임		

사실을 歪曲시키는 보도

진정일 (답변일)	제출처 (답변처)	진정(답변)내용 및 의견	진행사항	
			해당민원	당초민원
		지게 하기 바람. 　수원보훈지청에 2회 등록한 것으로 확인되며, 국가유공자 요건 비해당으로 결정하여 통지한 문서에 "퇴근 후 발병"이라는 내용이 포함되어 있는 것으로 확인됨.		
	답변에 대한 의견	기결정하여 기통지한 문서라고 답하면서 잘못 결정한 관련자가 책임지게 하지 않음. 　신청한 민원은 허위서류를 작성하여 교부한 관련자에 대한 책임과 4년간 민원을 처리한 모든 관련자에 대한 책임요구임에도, 신청한 민원사무 처리결과를 통지하지 않음. 이는 '민원사무 처리에 관한 법률 제15조'에 위반되는 것임. 　행정절차법 제23조에 따른 사실에 맞는 결정 이유를 제시하지 않고, 법에 의하지 않고 4년간 국민권익을 제한한 모든 관련자는 국민에게 책임져야 함.		
2012. 7. 20.	국민건강 보험공단	제 민원은 2009. 6. 1. 행정절차법 제23조에 의한 결정 이유를 알리지 않은 관련자와 신청한 민원을 처리하여 그 처리결과를 통지하지 않고 민원도 아닌 것을 통지하면서 4년간 민원이 계속되게 한 관련자에 대한 책임요구임. 　저를 3등급으로 결정하기 위해 사용목적이 다르다며 고의로 표준장기요양이용계획서 내용과 1차 판정 결과 내용을 각기 다르게 조사한 것은 유감이며, 귀 공단과 국가보훈처 등이 국민을 보호하지 않고 법을 계속 위반하면서 국민에게 책임지지 않아 헌법 제65조를 검토 중임.	(동문서답)	미결
2012. 7. 27.	국민건강 보험공단	'장기요양인정조사표 원본 공개'와 관련, 「공공기관의 정보공개에 관한 법률」 제9조 제1항 제5호에 해당되어 비공개한다는 답변에 만족하지 못하셨다는 것은 유감임.		
	답변에 대한 의견	민원은 공공기관의 정보공개에 관한 법률 제9조에 대한 것이 아니고 행정절차법 제23조에 대한 것임에도, 민원인 행정절차법 제23조에 대해 명확하게 답하지 않아 유감임. 불만 해소요구가 아니며, 원칙(법)에 따른 업무처리 요구임. 공단은 공공기관의 정보공개에 관한 법률 제4조를 숙지하여 업무를 처리해야 함.		

진정일 (답변일)	제출처 (답변처)	진정(답변)내용 및 의견	진행사항	
			해당민원	당초민원
2012. 7. 26.	국가 보훈처	수차례 말한 것이지만 저는 2008. 08. 29. 수원보훈지청에 등록(신청. 접수)한 사실이 없으며 이를 위임한 사실도 없음. 진정서(2009.09.21) 및 보충서면(2011. 08. 25) 등을 참고하여 1. 잘못한 관련자는 이를 책임지게 하기 바람. 그리고 "퇴근 후 발병"이 아님에도 "퇴근 후 발병"이라는 2. 허위내용으로 결정하여 통지한 관련자가 국민에게 책임진 내역을 통보해 주고, 3. '민원사무 처리에 관한 법률 제15조'를 위반하여 민원이 계속되게 한 관련자 전부가 국민에게 책임진 내역도 통보해 주기 바라며, 4. 사실에 맞는 결정 이유가 명시된 결정서를 통보해 주기 바람.	(동문서답)	미결
2012. 8. 3.	국가 보훈처	민원 내용을 살펴보면, 이미 우리 처에서 수차례 답변 드린 내용 이외에는 추가로 답변할 내용 없음. 따라서 기 답변 내용과 서울행정법원의 판결 등을 참고하기 바람.		
	답변에 대한 의견	재등록한 사실이 없음에도 재등록이라고 거짓을 주장한 관련자도 책임지지 않고, "퇴근 후 발병"이 아님에도 "퇴근 후 발병"이라고 거짓내용으로 결정한 관련자도 책임지지 않고, 4년 이상 민원이 계속되게 한 관련자도 책임지지 않고, 사실에 맞는 결정 이유가 명시된 결정서도 통보하지 않음. 잘못을 책임지고 바르게 하는 것 없이, 본인의 잘못을 타기관의 판결서 등에 그 책임을 떠넘김.		
2012. 7. 28.	감사원	국가보훈처와 국민건강보험공단은 처분할 때에 그 근거와 이유를 제시하게 규정한 행정절차법 제23조를 위반하고, 또 법률 근거도 없고 법률하위 규정인 '민원사무 처리에 관한 법률 시행령 제21조'에 의해 민원을 처리하여 결국 '민원사무 처리에 관한 법률 제15조'를 위반하여, 법 위반에 대한 감사원장의 역할이 요구됨. 감사원장이 법을 위반한 위 두 기관에 대하여 조치한 것이 있으면 이를 통지해 주기 바라며, 행정청의 계속된 불법으로 뇌 환자인 제 뇌에 상해를 가하지 않게 해 주기 바람.	(동문서답)	미결
2012. 8. 22.	감사원	감사원은 국민이 겪는 어려움과 각종 불편사항을 해결하기 위해 항상 노력함.		

진정일 (답변일)	제출처 (답변처)	진정(답변)내용 및 의견	진행사항	
			해당민원	당초민원
		동일한 민원을 3회 이상 제출하여 종결한 사안임을 알림.		
	답변에 대한 의견	국가보훈처와 국민건강보험공단이 행정절차법 제23조와 민원사무 처리에 관한 법률 제15조를 위반하며 뇌에 상해를 가하고 있어도, 감사원은 3회 이상 제출하여 민원을 종결했다며 방치함. 말만 어려움과 불편사항을 해결하기 위해 노력하는 것처럼 말하지 말고 실천하는 감사원으로 변해야 함. 감사원은 두 기관에 조치(실천)한 것이 없어 처리결과를 통지하지 못함. 감사원의 잘못 방치로 인해 타인에게 피해만 발생됨.		
2012. 7. 28.	국무총리	국가보훈처와 국민건강보험공단은 처분할 때에 그 근거와 이유를 제시하게 규정한 행정절차법 제23조를 위반하고, 또 법률 근거도 없고 법률하위 규정인 '민원사무 처리에 관한 법률 시행령 제21조'에 의해 민원을 처리하여 결국 '민원사무 처리에 관한 법률 제15조'를 위반하였음. 동 기관이 '행정절차법 제23조'를 보완 조치하고 '민원사무 처리에 관한 법률 제15조'에 따라 신청한 민원에 대해서 회신, 조치해 주기 바라며, 계속된 불법으로 제 뇌에 상해를 가하지 않게 하여 주기 바람.	(동문서답)	미결
2012. 8. 3.	국가 보훈처	민원 내용을 살펴보면, 이미 우리 처에서 수차례 답변 드린 내용 이외에는 추가로 답변할 내용 없음. 따라서 기 답변 내용과 서울행정법원의 판결서 등을 참고하기 바람.		
	답변에 대한 의견	국가보훈처가 허위공문서를 보내며 행정절차법 제23조를 위반해도 민원사무 처리에 관한 법률 제15조를 위반해도 총리는 잘못을 책임지고 바르게 하지 않고, 행정부의 잘못을 사법부에 떠넘김.		
2012. 8. 7.	국민건강보 험공단	공공기관의 정보공개에 관한 법률 제9조 제1항 제5호에 대해 설명.		
	답변에 대한 의견	제 민원은 '공공기관의 정보공개에 관한 법률' 제9조 위반에 대한 것이 아니고, '행정절차법' 제		

진정일 (답변일)	제출처 (답변처)	진정(답변)내용 및 의견	진행사항	
			해당민원	당초민원
		23조 및 '민원사무 처리에 관한 법률' 제15조 위반에 대한 것임. 공단은 공공기관의 정보공개에 관한 법률 제9조로 민원을 밀어붙이지 말고 제4조를 숙지하여 업무를 처리해야 함. 행정기관이 '행정절차법 제23조'와 '민원사무 처리에 관한 법률 제15조'를 위반해도 총리는 행정기관을 통괄하지 못함.		
2012. 7. 31.	대통령	수차례 진정하여 알겠지만, 법을 위반한 국가보훈처와 국민건강보험공단은 힘으로 잘못을 밀어붙이고, 대통령 국무총리(국민권익위원회 포함)와 감사원장은 원칙(법)을 위반하면서 4년간 민원을 방치(두둔)함. 해당 부처가 원칙(법)을 실천하여 주기 바람.	미 회신	미결
	의견	대통령도 '민원사무 처리에 관한 법률 제15조'를 위반하며, 해당 부처가 원칙을 실천하지 않음.		
2012. 8. 11.	국무총리	2010. 12. 20. 민원에 2010. 12. 28. 민원처분 부처에 대한 내용을 보내주면 참고하여 검토하겠다고 답하고, 2012. 7. 28. 법(행정절차법 제23조와 민원사무 처리에 관한 법률 제15조)에 따른 업무처리를 요구하는 민원에 민원이 아닌 공공기관의 정보공개에 관한 법률 제9조 제1항 제5호 등을 핑계로 민원사무 처리결과를 통보하지 않고 법 위반을 책임지지 않아 다시 민원을 제출함. 민원을 검토하여 법을 위반하는 사례가 행정부에서 발생되지 않게 하는 능력 있는 총리가 되기 바라며, 약속을 지키는 총리가 되기 바람.		
2012. 8. 13.	국무 총리실	소송 진행 건으로 민원에 대한 답변이 부적절하여 종결함.		
	답변에 대한 의견	법 규정 없이 민원을 종결하면서 스스로 잘못을 바르게 하지 못하고 사법부의 판단에 의한다는 답임. 즉 총리가 이 핑계 저 핑계만 대면서 행정부의 법 위반을 처리하지 못해 사법부(판사)의 판결에 의존함.		
2012. 8. 13.	국가 보훈처	민원이 4년 이상 계속되게 하면서 제 뇌에 상해를 加하여 다시 민원을 제출함.	(동문서답)	미결

진정일 (답변일)	제출처 (답변처)	진정(답변)내용 및 의견	진행사항	
			해당민원	당초민원
		제 민원은 귀 처가 2009. 2. 19. '행정절차법 제23조'를 위반하였고 또 2009. 6. 12.부터 현재까지 '민원사무 처리에 관한 법률 제15조'를 위반하였다는 것이므로, 법을 위반한 것이 아니라면 법률적 근거를 제시하여 주기 바람. 　그리고 행정절차법 제23조를 위반한 것이 확인되면 계속하여 잘못을 시행하지 말고 다시 적법한 행정을 시행하기 바라며, 뇌 환자인 제 뇌에 상해를 계속 가하지 말고 법 위반에 대한 잘못을 책임지기 바람. 　참고로 귀 처의 법 위반으로 형법 제259조 형법 제266조 형법 제267조 형법 제268조가 적용되는 상황이 발생되지 않기 바라며, '민원사무 처리에 관한 법률 제15조'는 신청한 민원사무 처리결과를 통지할 의무를 부여한 법률로 기 처리결과를 참고하여 중복민원 등으로 판단하게 규정한 '민원사무 처리에 관한 법률 시행령 제21조'와는 별개임. 즉 결과가 없는 안내(참고)나 설명 등은 '민원사무 처리에 관한 법률 제15조'에 위반되는 것임을 참고하기 바람. 　제 민원과 訴 등을 통해 알겠지만, 저는 현재도 치료를 계속해야 할 환자로 귀 처의 불법이 시정되고 잘못을 책임지기만 하면, 저는 장기간 입원하여 저의 잘못된 제반 신체 상태를 치료할 예정임.		
2012. 8. 21.	국가 보훈처	귀하의 상이가 공무수행과 관련하여 발생하였음을 인정하기 어려워 국가유공자 요건에 해당하지 않는 것으로 심의 의결되어 수원보훈지청에서 국가유공자 요건 비해당으로 결정하여 통지하였음.	(동문서답)	미결
	답변에 대한 의견	민원은 국가유공자 결정에 대한 것이 아니고 허위결정문 교부에 대한 것임에도, 이를 해결하지 않으니 수년간 민원이 계속되게 되는 것임. 　보훈처는 '행정절차법 제23조'와 '민원사무 처리에 관한 법률 제15조'를 위반하여, 법률적 근거를 제시하지 못함(법률적 근거 없음). 법을 위반하였음에도, 적법한 행정을 시행하지 않고 뇌에 상해를 계속 가함.		
2012. 8. 13.	국민건강보 험공단	민원이 4년 이상 계속되게 하면서 제 뇌에 상해를 加하여 다시 민원을 제출함.	(동문서답)	미결

진정일 (답변일)	제출처 (답변처)	진정(답변)내용 및 의견	진행사항	
			해당민원	당초민원
		제 민원은 귀 공단이 2009. 6. 1. '행정절차법 제 23조'를 위반하였고 또 2009. 6. 16. 부터 현재까지 '민원사무 처리에 관한 법률 제15조'를 위반하였다는 것이므로, 법을 위반한 것이 아니라면 법률적 근거를 제시하여 주기 바람. 　그리고, 행정절차법 제23조를 위반한 것이 확인되면 계속하여 잘못을 시행하지 말고 다시 적법한 행정을 시행하기 바라며, 뇌 환자인 제 뇌에 상해를 계속 가하지 말고 법 위반에 대한 잘못을 책임지기 바람. 　참고로 귀 공단의 법 위반으로 형법 제259조 형법 제266조 형법 제267조 형법 제268조가 적용되는 상황이 발생되지 않기 바라며, '민원사무 처리에 관한 법률 제15조'는 신청한 민원사무 처리결과를 통지할 의무를 부여한 법률로 기 처리결과를 참고하여 중복민원 등으로 판단하게 규정한 '민원사무 처리에 관한 법률 시행령 제21조'와는 별개임. 즉 결과가 없는 안내(참고)나 설명 등은 '민원사무 처리에 관한 법률 제15조'에 위반되는 것임을 참고하기 바람. 　제 민원과 訴 등을 통해 알겠지만, 저는 현재도 치료를 계속해야 할 환자로 귀 공단의 불법이 시정되고 잘못을 책임지기만 하면, 저는 장기간 입원하여 저의 잘못된 제반 신체 상태를 치료할 예정임.		
2012. 8. 20.	국민건강 보험공단	행정절차법 제23조와 민원사무 처리에 관한 법률 제15조를 공단이 위반한 적 없음. 　고객님의 민원에 법률적 근거를 제시하며 누차 답변을 드렸으나 고객님께서 수용하지 못하신다는 것은 유감임.	(동문서답)	미결
	답변에 대한 의견	공단이 '행정절차법 제23조'와 '민원사무 처리에 관한 법률 제15조'를 위반한 적 없다면서, 법률적 근거는 제시하지 못함[법률적 근거 없음]. 공단은 적법한 행정을 시행하지 않고 뇌에 상해를 계속 가함.		
2012. 8. 13.	국무총리	총리가 이 핑계 저 핑계만 대면서 민원은 처리하지 않고 이해되지 않는 답만 하여, 2012. 8. 13. 답에 대해 문의하니 문의 사항에 대해 통지해 주기 바람.	(동문서답)	미결

　　　　　　　　　　　　　　　　　　　사실을 歪曲시키는 보도

진정일 (답변일)	제출처 (답변처)	진정(답변)내용 및 의견	진행사항	
			해당민원	당초민원
		위법에 대한 손해배상의 소가 진행 중일 경우에 총리의 능력유무에 대한 민원을 종결 처리하도록 규정한 법률규정을 알려 주기 바람.		
2012. 8. 16.	국무 총리실	이미 검토를 거쳐 처리된 건임. 때문에 동일 반복 민원으로 분류 처리토록 하였으니 양해바람.		
	답변에 대한 의견	민원이 4년간 계속되고 있음에도 국무총리는 기 처리된 민원이라면서 거짓을 답함. 2012. 8.13. 답에 대한 법률규정 문의에 법률규정이 없어 답하지 못하는 것으로 보임. 국무총리가 법률규정 없이 임의(자의적 판단)로 민원을 동일 민원으로 간주하며 종결 처리 하기에 급급함.		
2012. 8. 15.	국민권익 위원회	2011. 11. 14. 제 민원에 2011. 11. 21. 국민권익위원회가 거짓을 답한 후, 아직 진실된 답이 없어 2011. 11. 14. 민원과 동일한 민원을 제출하니, 2011. 11. 14. 민원에 대해 진실한 답을 요구함.	(동문서답)	미결
2012. 8. 22.	국민권익위 원회	2011. 11. 14. 제기한 민원에 대한 회신이 진실되지 아니하므로 진실한 답변을 요구한다는 취지의 민원에 대해, 당시 여러 차례에 걸쳐 민원회신을 한 바 있사오니 그 내용을 참고하시기 바라며 이 점 양해해 주기 바람.		
	답변에 대한 의견	답이 이해되지 않아 다시 민원을 제출.		
2012. 8. 23.	국민권익 위원회	2011. 11. 14. 제기한 민원에 대한 회신이 진실되지 아니하므로 같은 민원에 대하여 진실한 답변을 요구하는 민원인 줄 알면서, 2011. 11. 14. 의 행정심판 관련 민원에 여러 차례에 회신하였다며 민원에 회신하지 않는 것이 이해되지 않음. 답대로라면, 2011. 11. 14. 민원에도 여러 차례에 회신하였다며 민원에 회신하지 않았으면 될 것을 당시에는 왜 거짓으로 회신한 것인지 궁금함. 　민원사무 처리에 관한 법률 제15조에 의한 회신을 바라며, 2011. 11. 14. 민원에 대해서 진실한 답변을 요구함.	(동문서답)	미결

진정일 (답변일)	제출처 (답변처)	진정(답변)내용 및 의견	진행사항	
			해당민원	당초민원
2012. 9. 6.	국민권익 위원회	행정심판사건(사건번호 2011-18568 장기요양등급 결정내역교부 이행청구)과 관련하여 2011. 11. 14. 신청한 민원에 대한 회신에서 '구술심리 신청이 없는 것으로 확인된다'고 하였다가 재확인한 후 2011. 11. 24. 이전 답변이 미진하였음을 사과하면서 '구술심리 신청을 한 것으로 확인되고 이에 대해 2011. 10. 10. 구술심리신청에 대한 결과를 등기로 통보하였다'는 취지의 민원회신(행정심판총괄과-11372)을 한 바 있음.		
	답변에 대한 의견	위원회가 잘못을 사과한 후 2011. 11. 14. 제기한 민원에 대한 처리결과를 회신하지 않아 2011. 11. 14. 민원사무 처리결과를 알고 싶은 것이지 사과를 요구하는 것이 아님.		
2012. 9. 4.	국가 보훈처	국가보훈처가 단순착오라면서 4년간 사실에 맞는 결정문(공문서)을 교부하지 않는 이유를 알려주기 바람.	(동문서답)	미결
2012. 9. 11.	국가 보훈처	귀하의 상이가 공무원 재직 중 공무수행과 관련하여 발생하였음을 인정하기 어려워 국가유공자 요건에 해당하지 않는 것으로 심의 의결됨.		
	답변에 대한 의견	국가보훈처가 2009. 2. 19. 국가유공자 요건 비해당이라며 허위내용을 통보하여, 2009. 6. 12. 부터 잘못을 시정하고 행정절차법 제23조에 규정된 사실에 맞는 결정을 요구하며 민원을 제기하였으나, 아직 사실에 맞는 결정도 하지 않고 또 민원사무 처리에 관한 법률 제15조에 따라 신청한 민원사무 처리결과를 통지해야 함에도 이를 통지하지 않음. 즉 국가보훈처는 법을 위반하며 제가 뇌 환자인 것을 알면서도 계속하여 제 뇌에 상해를 가함. 　그리고 수차례 말한 것이지만 국가유공자 등록이나 결정에 대한 민원이 아니며, 본 민원은 '4년간 사실에 맞는 결정문을 교부하지 않은 이유'임. 신청한 민원인 '이유'를 통지하지 않는 것은 민원사무 처리에 관한 법률 제15조를 위반하는 것임.		
2012. 9. 4.	보건 복지부	2009. 11. 3. 이후부터 2011. 7. 15. 현재까지 신청한 민원에 답하지 않고 동문서답하여 일자별 민원 및 답변내용과 답변에 대한 의견을 요약하	(동문서답)	미결

사실을 歪曲시키는 보도

진정일 (답변일)	제출처 (답변처)	진정(답변)내용 및 의견	진행사항	
			해당민원	당초민원
		여 보내니, 잘못된 부분이 있으면 알려 주기 바라 며 그 증거도 보내 주기 바람. 　첨부 : 일자별 진정(답변)내용 요약 및 의견		
2012. 9. 18.	보건 복지부	각 기관으로부터 회신 받은 내용을 귀하의 필 요에 따라 요약 정리한 것으로 판단되는 바 정확 성 여부를 확인하기에는 어려움이 있으니 이점 이해하여 주기 바람.		
	답변에 대한 의견	보건복지부는 국민건강보험공단이 2009. 6. 1. 장기요양등급을 결정하여 통보면서 결정 이유를 제시하지 않은 것은 행정절차법 제23조 위반이므 로 공단의 업무감독기관인 보건복지부가 이러한 잘못을 공단이 시정토록 요구하는 민원을 2009. 11. 3. 부터 제기하였으나, 아직 공단이 잘못을 시 정하지도 않고 또 민원사무 처리에 관한 법률 제 15조에 따라 신청한 민원사무 처리결과를 통지해 야 함에도 이를 통지하지 않음. 즉 보건복지부는 민원사무 처리에 관한 법률 제15조를 위반하며 제가 뇌 환자인 것을 알면서도 계속하여 제 뇌에 상해를 가함. 　그리고 신청한 민원인 '2009. 11. 3. 부터 2011. 7. 15.의 『일자별 진정(답변)내용 요약 및 의견』 에 대한 기록'은 일자별로 기록되어 보건복지부 에서 처리한 민원임을 알 수 있음에도 각 기관으 로부터 회신 받은 내용을 요약한 것이라며, 성심 껏 답하지 않고 거짓을 답하며 잘못된 부분을 알 려 주지 않음.		
2012. 9. 4.	감사원	감사원이 민원을 중복민원으로 판단하는 법적 근거와 중복민원일 경우에 민원사무 처리결과를 통지하지 않아도 되는 법적(시행령이 아님)근거를 알려 주기 바람.	(동문서답)	미결
2012. 9. 14.	감사원	제출하신 민원에 대해서는 이미 회신한 바와 같이 동일한 민원을 3회 이상 제출하여 종결한 사 안임.		
	답변에 대한 의견	행정기관이 행정절차법 제23조와 민원사무 처 리에 관한 법률 제15조를 위반하고 있다며 이러 한 잘못을 시정토록 요구하는 민원을 2009. 6.		

진정일 (답변일)	제출처 (답변처)	진정(답변)내용 및 의견	진행사항	
			해당민원	당초민원
		26.부터 제기하였으나, 아직 잘못을 시정하지도 않고 또 감사원이 민원사무 처리에 관한 법률 제15조에 따라 신청한 민원사무 처리결과를 통지해야 함에도 이를 통지하지 않음. 즉 감사원은 민원사무 처리에 관한 법률 제15조를 위반하며 제가 뇌 환자인 것을 알면서도 계속하여 제 뇌에 상해를 가함. 그리고 신청한 민원인 '중복민원으로 판단하여 민원사무 처리결과를 알려 주지 않는 법적근거'도 통지하지 않고 법적근거 없이 동일한 민원을 3회 이상 제출하였다며 민원을 종결함.		
2012. 9. 4.	국민건강 보험공단	국민건강보험공단직원이 공무원이 아니라고 귀 공단이 주장하여, 국민건강보험공단직원이 공무원이 아닌 법적근거를 제시하여 주기 바람.	회신	미결
2012. 9. 11.	국민건강 보험공단	고객님께서 국민건강보험공단 직원이 공무원이 아니라고 공단이 주장하였다 하나, 이전에 제기한 민원과 답변 중 공단 직원의 공무원 여부에 대한 내용은 없었음.		
	답변에 대한 의견	'국민건강보험공단 직원이 공무원이 아니라는 법적근거' 요구에 대해, 국민건강보험공단직원이 공무원이 아니라고 주장한 사실 없다며, 법적 근거를 제시하지 않음.		
2012. 9. 6.	국민권익 위원회	위원회가 잘못을 사과한 후 2011. 11. 14. 제기한 민원(중앙행정심판위원회가 구술을 제지한 후 청구한 것도 아닌 것을 심리하여 재결한데 대한 책임과 이에 대한 해명요구)에 대한 처리결과(답)를 회신하지 않아 민원사무 처리결과를 알고 싶어 민원을 제기한 것이지 사과를 요구하는 민원이 아님에도, 사과했다며 민원사무 처리결과를 알려 주지 않는 것은 부당함. 진실된 사과라면, 민원사무 처리에 관한 법률 제15조에 따라 민원사무 처리결과를 통지해 주기 바람. 그리고 저는 현재도 뇌출혈 후유증이 있는 환자로, 귀 위원회의 민원사무 처리 관련자가 계속하여 제 뇌에 상해를 가하지 않기 바람.	(동문서답)	미결
2012. 9. 21.	국민권익 위원회	서면심리만으로 결정할 수 있다고 인정되는 경우에는 구술심리를 하고 있음. 행정심판은 처분이나 부작위에 대하여 제기할		

진정일 (답변일)	제출처 (답변처)	진정(답변)내용 및 의견	진행사항	
			해당민원	당초민원
		수 있는데, '장기요양등급 결정내역을 알 수 있는 서류를 교부해 달라'는 귀하의 심판청구에 대해 우리위원회에서는 거부처분이나 부작위에 해당한다고 볼 수 없어 심판청구요건을 갖추지 못한 것으로 판단하여 각하한 것임.		
	답변에 대한 의견	거짓을 답한 관련자가 국민에게 책임지지 않음. 서면심리만으로 결정할 수 있다고 인정되어 구술심리를 제기한 것으로 판단되나, 청구한 것도 아닌 것을 심리하면서 서면심리만으로 결정할 수 있다고 위원회가 인정하여 왔는지 궁금함. 앞으로도 계속 관심을 가져야 될 일임. 　그리고 '장기요양등급 결정내역을 알 수 있는 서류를 교부해 달라'는 심판청구가 구술심리를 제기하여 무슨 의미인지 모르겠지만, 이는 '부작위'에 해당하므로 귀 위원회의 판단은 틀린 것임. 잘못을 계속 반복하여 뇌에 상해를 가하지 않기 바람.		
2012. 9. 11.	대통령	국정감사에 참고토록 정부의 현 실태를 새누리당과 민주통합당에 발송하였음. 동 자료를 참고하여 잘못을 바르게 고쳐 국민을 위한 정부가 되도록 하기 바람.	미 회신	미결
	의견	이견이 없으면서, 잘못을 바르게 하지 않음.		
2012. 9. 18.	보건 복지부	2009. 11. 3. 민원과 2009. 11. 24. 귀 부의 답이, 허위이면 그 내용과 증빙을 보내 주고, 사실이면 2009. 11. 3. 민원과 2009. 11. 24. 답에 대해서 말하지 말기 바람.	(동문서답)	미결
2012. 10. 5.	보건 복지부	인정조사와 표준 장기요양 이용계획서의 내용이 일치한다고 답변하였음을 알림.		
	답변에 대한 의견	표준장기요양이용계획서(5초를 유지하지 못하고 휠체어로 생활)와 인정조사표(완전자립 등)는 일치한다며, 뇌에 상해를 가함. 그리고 2009. 11. 24. '인정조사표 기록은 공개할 수 없다.'며, 근거 없이 답한 관련자는 책임지지 않음. 「일자별 진정(답변)내용 요약 및 의견」은 보건복지부에 대한 것임에도 확인하기 어렵다는 내용의 거짓을 답한 후, 이번 민원에는 말이 없음.		

진정일 (답변일)	제출처 (답변처)	진정(답변)내용 및 의견	진행사항	
			해당민원	당초민원
2012. 9. 22.	국가 보훈처	2009년 국가유공자 결정시 허위사실로 결정하였으므로, 허위가 아닌 1. 사실에 맞는 결정문(공문서)을 교부해 주기 바라며, 그리고 현재까지 2. 사실에 맞는 결정문을 교부한 사실이 있는지 알려 주기 바람.	(동문서답)	미결
2012. 10. 2.	국가 보훈처	공무원 재직 중 공무수행과 관련하여 발생하였음을 인정하기 어려워 국가유공자 요건에 해당하지 않는 것으로 심의 의결되어 국가유공자 요건 비해당으로 결정하였음.		
	답변에 대한 의견	사실에 맞는 결정문을 교부한 사실이 없으면서 또 이를 교부하지 않고, 동문서답하며 민원사무 처리결과를 통지하지 않음. 즉 민원사무 처리에 관한 법률 제15조를 위반하며 뇌에 상해를 가함.		
2012. 9. 22.	감사원	감사원이 민원을 1. 중복민원으로 판단하는 법률적 근거와 중복민원일 경우에 2. 민원사무 처리결과를 통지하지 않아도 되는 법률적 근거 및 3. 민원사무 처리예정일을 감사원이 지정하는 법률적 근거를 제시할 것을 요구함.	(동문서답)	미결
2012. 9. 28.	감사원	동일한 내용으로 3회 이상 제출한 민원은 민원사무 처리에 관한 법률 제15조, 같은 법 시행령 제21조, 그리고 감사원민원사무 처리규정 제12조에 해당하여 민원회신 없이 종결한 사안이고, 민원사무 처리 예정일을 감사원이 지정하고 있지 않음을 알려드리니 참고하시기 바람.		
	답변에 대한 의견	법률적 근거제시 요구에 대해 민원사무 처리에 관한 법률 제15조를 제시함. 동 법률은 민원사무 처리결과를 통지하게 한 규정이므로, 2009. 6. 26. 및 2009. 7. 20. 신청한 민원사무 처리결과를 통지하였는지 확인하고, 법을 위반한 관련자는 국민에게 책임지게 하기 바람. 그리고 동 법률 시행령 제21조는 근거 없는 법이라고 수차례 말했음에도, 국민을 위해 노력한다는 감사원이 법률과 시행령 내용도 구별하지 못하고 답하니 한심한 일임. 국민을 위해 노력한다고 말만 하면서 실천하지 않는 것이, 새누리당의 대통령 후보와 같음.		

사실을 歪曲시키는 보도

진정일 (답변일)	제출처 (답변처)	진정(답변)내용 및 의견	진행사항	
			해당민원	당초민원
2012. 9. 23.	국민건강 보험공단	2009년 장기요양등급 결정시 행정절차법 제23조에 의한 결정 이유(내역)를 제시하지 않았음. 장기요양등급을 결정하게 된 점수산정내역을 제시해 주기 바람.	(동문서답)	미결
2012. 9. 28.	국민건강 보험공단	문의하신 장기요양 인정점수 산정은 보건복지부 고시 「장기요양인정점수 산정 방법」에 따라 이루어지며, 이와 관련하여 기 답변 드린 국민신문고(2010년 1월 26일자) 답변내용에서 확인이 가능함을 알림.		
	답변에 대한 의견	민원내용은 점수산정내역 요구임에도, 점수가 어떻게 산정되어 3등급으로 결정하게 된 것인지 알려 주지 않음.		
2012. 9. 24.	국가 보훈처	2009년부터 시작된 제 민원 명세를 보내니, 동문서답하며 신청한 민원사무 처리결과를 통지하지 않은 것은 민원사무 처리에 관한 법률 제15조에 위반되는 것이므로, 그동안 법을 위반한 관련자 모두는 국민에게 책임(급여 미지급 등)지게 하기 바람. 첨부 : 민원 명세	(동문서답)	미결
2012. 10. 2.	국가 보훈처	공무원 재직 중 공무수행과 관련하여 발생하였음을 인정하기 어려워 국가유공자 요건에 해당하지 않는 것으로 심의 의결되어 국가유공자 요건 비해당으로 결정하였음.		
	답변에 대한 의견	민원 명세와 블로그 내용에 대해서 이견이 없으면서, 잘못을 책임지지 않음. 민원사무 처리에 관한 법률 제15조를 위반하며 계속 뇌에 상해를 가함.		
2012. 9. 24.	국민건강 보험공단	2009년부터 시작된 제 민원 명세를 보내니, 동문서답하며 신청한 민원사무 처리결과를 통지하지 않은 것은 민원사무 처리에 관한 법률 제15조에 위반되는 것이므로, 그동안 법을 위반한 관련자 모두는 국민에게 책임(급여 미지급 등)지게 하기 바람. 첨부 : 민원 명세	(동문서답)	미결
2012. 9. 28.	국민건강 보험공단	법률적 근거와 함께 성심성의껏 답변을 드리고자 노력하였으며, 이 과정에서 위법한 사항은 없었음을 알림.		

진정일 (답변일)	제출처 (답변처)	진정(답변)내용 및 의견	진행사항	
			해당민원	당초민원
	답변에 대한 의견	위법사항이 많음에도 위법사항이 없었다고 답함. 예를 들면, 2009. 6. 16. '이유' 문의에 '정보공개에 관한 법률'을 답한 것이 적법하다고 주장함. 책임지지 않기 위해 위반을 위반이 아니라며 잘못을 정정하지 않고 밀어붙임.		
2012. 9. 24.	보건 복지부	2009년부터 시작된 제 민원 명세를 보내니, 동문서답하며 신청한 민원사무 처리결과를 통지하지 않은 것은 민원사무 처리에 관한 법률 제15조에 위반되는 것이므로, 그동안 법을 위반한 관련자 모두는 국민에게 책임(급여 미지급 등)지게 하기 바람. 첨부 : 민원 명세	(동문서답)	미결
2012. 10. 5.	보건 복지부	당시 처리결과가 통지된 사항임을 알림.		
	답변에 대한 의견	신청한 민원에 대한 처리결과를 통지한 민원사무 처리에 관한 법률 제15조와 반복 및 중복 민원일 경우에 민원을 종결할 수 있게 규정한 민원사무 처리에 관한 법률 시행령 제21조는 각기 별개이며, 시행령은 법률과 다툴 수 없으므로 민원사무 처리에 관한 법률 시행령 제21조에 의해서는 민원을 처리할 수 없고 민원사무 처리에 관한 법률 제15조에 따라 민원을 처리해야 함. 복지부는 민원 명세에 대한 처리결과가 통지된 것인지 확인해 보기 바라며, 신청한 민원이 아닌 것을 통지한 것은 민원사무 처리에 관한 법률 제15조를 위반하는 것임. 복지부가 법을 위반하면서 계속하여 뇌에 상해를 가함.		
2012. 9. 24.	국민권익 위원회	2009년부터 시작된 제 민원 명세를 보내니, 동문서답하며 신청한 민원사무 처리결과를 통지하지 않은 것은 민원사무 처리에 관한 법률 제15조에 위반되는 것이므로, 그동안 법을 위반한 관련자 모두는 국민에게 책임(급여 미지급 등)지게 하기 바람. 첨부 : 민원 명세	(동문서답)	미결
2012. 10. 9.	국민권익 위원회	민원을 처리함에 있어 성실한 답변과 처리결과 통지를 철저히 하라는 뜻으로 이해되며, 향후 민원사무 처리에 참고 하도록 하겠음.		

진정일 (답변일)	제출처 (답변처)	진정(답변)내용 및 의견	진행사항	
			해당민원	당초민원
	답변에 대한 의견	신청한 민원은 법 위반에 대한 책임요구임에도 법 위반을 책임지지 않고 동문서답하며 뇌에 상해를 계속하여 가함.		
2012. 9. 24.	국무총리	2009년부터 시작된 제 민원 명세를 보내니, 동문서답하며 신청한 민원사무 처리결과를 통지하지 않은 것은 민원사무 처리에 관한 법률 제15조에 위반되는 것이므로, 그동안 법을 위반한 관련자 모두는 국민에게 책임(급여 미지급 등)지게 하기 바람. 첨부 : 민원 명세	(동문서답)	미결
2012. 10. 8.	국무 총리실	이미 검토를 거처 처리된 건이기 때문에 동일 반복 민원으로 분류 처리토록 하였으니 양해하기 바람.		
	답변에 대한 의견	위의 답은 신청한 민원사무 처리결과가 없는 답으로 민원사무 처리에 관한 법률 제15조에 위반되는 답임. 　동일 반복 민원이라는 것은 민원사무 처리에 관한 법률 시행령 제21조에 규정된 것으로 동 시행령은 근거 없는 시행령으로 헌법에 위배되는 시행령이며 또 시행령은 법률과 다툴 수 없으므로, 민원사무 처리 시 동 시행령은 적용할 수 없고 민원사무 처리에 관한 법률 제15조에 따라 처리되어야 함. 즉 민원사무 처리에 관한 법률 제15조에 '신청한 민원사항에 대한 처리결과를 문서로 통지하여야 한다.'고 규정하고 있으므로, 신청한 민원이 아닌 것을 통지하면 이는 민원사무 처리에 관한 법률 제15조에 위반되는 것임. 　국무총리가 민원사무 처리에 관한 법률 제15조에 따라 민원을 처리하지 않고 동법 시행령 제21조에 의해 민원을 처리하면서 계속하여 뇌에 상해를 가함.		
2012. 9. 24.	감사원	2009년부터 시작된 제 민원 명세를 보내니, 동문서답하며 신청한 민원사무 처리결과를 통지하지 않은 것은 민원사무 처리에 관한 법률 제15조에 위반되는 것이므로, 그동안 법을 위반한 관련자 모두는 국민에게 책임(급여 미지급 등)지게 하기 바람. 첨부 : 민원 명세	(동문서답)	미결

진정일 (답변일)	제출처 (답변처)	진정(답변)내용 및 의견	진행사항	
			해당민원	당초민원
2012. 9. 28.	감사원	기 제출한 민원과 동일 내용으로 종결하였음을 알림		
	답변에 대한 의견	국민을 위해 노력한다면서 잘못을 밀어붙이는 현 정부의 실상임. 민원사무 처리결과도 확인하지 않고 결과 없는 통지는 민원사무 처리에 관한 법률 제15조 위반임에도, 법 위반에 대해 책임지지 않고 계속하여 뇌에 상해를 가하기만 함.		
2012. 9.28	보건 복지부	2010. 2. 21. 제안하고 국민건강보험공단에 민원으로도 수차례 가짜 환자 평가에 대한 대책을 마련할 것을 말했지만, 동문서답이나 하며 가짜 환자 평가와 관련된 대책을 세우지 않고 방치하여 현재 문제점이 노출되고 있음. 문제점은 대책을 마련하지 않고 방치한 보건복지부의 책임임. 　제 제안이나 민원을 참고하여 저는 대책마련을 요구함.	(동문서답)	미결
2012. 10. 5.	보건 복지부	문제점을 도출하여 제도개선에 반영하기 위한 기획조사를 계획하고 있음을 알리며, 요양급여비용을 편취할 목적으로 사기를 공모하거나 방조하는 의료기관에 대하여는 수사결과에 따라 형사처벌, 요양급여 환수, 의료기관 업무정지, 의료인 자격정지 같은 행정처분을 취함.		
	답변에 대한 의견	답을 보니, 그동안 관련 직원이 직무를 유기하여 이제부터 가짜 환자에 대한 대책을 마련할 것으로 해석됨. 그동안 관련 직원이 직무를 유기하여 온 것이 아니고, 답과 같은 방법으로 가짜 환자 방지 노력을 계속하였으나, 실효성이 없었음. 실효성 있는 방법을 강구하기 바라며, 수개월 뒤에 또 가짜 환자문제가 발생하면 동 민원사무 처리자가 직무를 유기하며 거짓으로 민원을 처리한 것으로 판단하겠음.		
2012. 10. 3.	대통령	대통령 취임 때 헌법 제69조에 따라 헌법을 준수할 것을 선서하였음에도, 헌법이 준수되지 않고 있음. 　민원사무 처리에 관한 법률 시행령 제21조를 폐기하여 헌법이 준수되도록 하여 주기 바라며, 감사원의 민원사무 처리 사례를 첨부하오니 잘못을 책임지게 하기 바람.	미 회신	미결

사실을 歪曲시키는 보도

진정일 (답변일)	제출처 (답변처)	진정(답변)내용 및 의견	진행사항	
			해당민원	당초민원
	의견	이견이 없으면서, 잘못을 바르게 하지 않음.		
2012. 10. 15.	대검찰청	실질적인 이유가 있으면 붙임표의 '이유'란에 이유를 기재하여 주시기 바람. 검찰청에서 첨부건에 대한 이유를 확인한 바 처리이유가 없어 문의하는 것임을 참고하시기 바라며, 본 민원은 기조사한 결과에 대한 것으로 저는 결과가 도출되게 된 이유를 알고 싶은 것이지 조사를 요구하는 것이 아니므로, 만약 구체적인 이유가 없으면 이유를 기재하지 말기 바람.	(동문서답)	미결
2012. 10. 31.	대검찰청	신청하신 민원은 중앙지검 2012진정2732호로 수리되었으며, 위 민원은 서울중앙지검 ***에게 배당이 되어 처리가 됨. 사건 종결 후 처리결과는 위 검사실에서 우편으로 통지하여 드림.		
	답변에 대한 의견	별첨한 내용과 같이, 각하이유 없이 각하하여 항고하니 또 각하이유(당초 정당)로 기각하는 등, 결국 이유 없는 결정만 계속되어 그 실질적인 이유를 알기 위해 민원을 신청한 것임. 당초 각하이유가 정당하다면 기각이유로 각하한 것은 잘못임에도 잘못을 책임지지 않는 것은 이해되지 않음. 그리고 민원은 민원사무 처리결과를 통지하여야 종결되는 것이지 처리과정 통지로 민원이 종결되지 않음에도, 처리결과 없는 과정(안내)을 통지하여 민원을 종결 처리함.		
2012. 10. 29.	대통령	행정 각 부가 헌법을 준수토록 하여 주시기 바람.	미 회신	미결
	의견	이견이 없으면서, 잘못을 바르게 하지 않음.		
2012. 10. 29.	국무총리	1. 국민권익위원회에서 운영하는 국민신문고의 '국민제안'에 대하여 공개 제안 중에는 2010년 79건 2011년에는 214건 2012년 현재까지 63건을 채택한 것으로 분석되나, 공개와 비공개 제안에 대한 채택률을 알지 못해 문의함. 공개와 비공개 제안을 포함하여 연도별 신청 건수와 채택건수를 알고 싶으니, 이를 알려 주기 바람. 2. 2010. 10. 21, 2010. 11. 23. 등으로 제 민원을	회신	미결

진정일 (답변일)	제출처 (답변처)	진정(답변)내용 및 의견	진행사항	
			해당민원	당초민원
		업무에 참고하여 열린 자세의 국민신문고가 되겠다고 국무총리실이 답하여 문의함. 답을 한지 3년이 된 지금 국무총리가 제 민원을 업무에 참고하여 처리한 실적이 있으면 알려 주기 바람.		
2012. 11. 14.	행정 안전부	1. 귀하께서 요청하신 첫 번째 내용에 대해 국민권익위원회에 문의결과, 　　1) 2010년 : 신청건수 127,729건, 채택건수 4,226건, 채택률 3.31% 　　2) 2011년 : 신청건수 116,783건, 채택건수 2,924건, 채택률 2.5% 　　3) 2012년 : 신청건수 116,783건, 채택건수 2,924건, 채택률 2.5% 2. 두 번째 질의 내용에 대하여는 처리기관인 국무총리실에 문의하기 바람.		
	답변에 대한 의견	국민신문고 제안제도의 실효성이 의심됨에도 국무총리는 개선하지 않음. 국무총리에게 문의하니 행정안전부가 국무총리실에 문의하라고 답함. 즉 열린 자세의 국민신문고가 되겠다고 답을 한지 3년이 된 지금 처리한 것이 없으며, 국무총리는 책임 없이 거짓으로 답만 함. 방망이나 치고 대통령 말이나 대독하며 월급받고 사는 것이 국무총리의 역할인지 알 수 없음		
2012. 11. 2.	국가 보훈처	제가 2009년 6월부터 행정절차법 제23조 위반을 시정하도록 국가보훈처에 요구하였으나 현재까지 시정하지 않고 책임지지 않고 있으며 또 제가 2009년부터 신청한 민원에 대해서도 국가보훈처는 민원사무 처리에 관한 법률 제15조 따라 신청한 민원에 답하지 않고 신청하지 않은 민원에 답(동문서답)하여 동 법을 위반한 것에 대해 관련자가 책임질 것을 요구하였음에도 아직 책임지지 않고 있음. 이는 감사기구가 실질적으로 작동되지 않아 잘못임에도 잘못을 시정하지 못하고 밀어붙여 민원이 계속되게 한 것으로 판단되어 실질적인 감사기구 설치를 제안하니, 국가보훈처에 설치된 감사기구(감사담당관실)가 있음을 답하여 감사담당관	(동문서답)	미결

진정일 (답변일)	제출처 (답변처)	진정(답변)내용 및 의견	진행사항	
			해당민원	당초민원
		실의 능력과 역할을 확인하기 위해 다시 민원을 제출함. 　감사담당관실이 잘못을 시정하지 못하고 밀어붙이는 유명무실한 형식적인 기관인지, 아니면 법률 위반여부를 실질적으로 감사하여 잘못이 확인되면 책임지게 할 수 있는 기관인지, 제 4년간의 민원인 행정절차법 제23조 위반과 민원사무 처리에 관한 법률 제15조 위반여부를 확인하여 처리하기 바람. 　확인 결과 위반사항이 있으면 바르게 시정한 후 책임지게 하고, 위반사항이 없으면 법에 위반되지 않는 이유를 설명하기 바라며, 또 실천하지 않고 민원에 동문서답하면 국가보훈처 감사담당관실이 유명무실한 형식적인 기관으로 판단하겠음.		
2012. 11. 9.	국가 보훈처	행정절차법 제23조 위반여부에 관하여, "행정청은 처분을 할 때에는 당사자에게 그 근거와 이유를 제시" 하도록 되어 있는바 귀하의 2008. 8. 29. 공상공무원 등록신청 건과 2008. 12. 11. 공상공무원 재등록 신청 건에 대한 처분사항을 확인한 결과, 행정청인 수원보훈지청에서 귀하에게 2008. 11. 10. 국가유공자 요건 비해당 결정 통보 및 2009. 2. 19. 국가유공자 요건(재등록)비해당 결정 통보시 그 근거와 이유를 제시하여 문서로 통지하였음을 확인하였고, 민원사무 처리에 관한 법률 제15조 위반여부에 관하여, "행정기관의 장은 민원인이 신청한 민원사항의 처리결과를 민원인에게 문서로 통지하여야 한다. 다만, 대통령령으로 정하는 경우에는 구술 또는 정보통신망으로 통지할 수 있다."로 규정되어 있는바 수원보훈지청에서 2008. 8. 29, 2008. 12. 11. 공상공무원 등록신청 건에 대해 귀하에게 2008. 11. 10.과 2009. 2. 19.에 민원사항 처리결과(국가유공자 요건 비해당 결정 통보)를 문서로 통지하였음을 확인하였고, 그동안 귀하께서 국민신문고를 통해 제기한 민원(최근 3개월간 총 5건)에 대해서도 확인결과 동 법률에 의거 해당 부서에서 민원사무 처리기한 내 답변을 완료한 것으로 확인하였음.		
	답변에 대한 의견	답을 하느라 수고했지만, 위반사항이 있으면 위반사항을 시정하여 다시 교부할 것을 요구하는		

진정일 (답변일)	제출처 (답변처)	진정(답변)내용 및 의견	진행사항	
			해당민원	당초민원
		것임. 행정절차법 제23조와 민원사무 처리에 관한 법률 제15조 위반에 대해 다시 민원으로 말함.		
2012. 11. 6.	보건 복지부	제가 2009년부터 민원을 신청하였으나 신청한 민원에 대해서 민원사무 처리에 관한 법률 제15조 따라 신청한 민원에 답하지 않고 신청하지 않은 민원에 답(동문서답)하여 동 법을 위반한 것에 대해 관련자가 책임질 것을 요구하였음에도 아직 책임지지 않고 있음. 이는 감사기구가 실질적으로 작동되지 않아 잘못임에도 잘못을 시정하지 못하고 밀어붙여 민원이 계속되게 한 것으로 판단되어 실질적인 감사기구 설치를 제안하니, 보건복지부에 설치된 감사기구(감사담당관실)가 있음을 답하여 감사담당관실의 능력과 역할을 확인하기 위해 다시 민원을 제출함. 감사담당관실이 잘못을 시정하지 못하고 밀어붙이는 유명무실한 형식적인 기관인지, 아니면 법률위반여부를 실질적으로 감사하여 잘못이 확인되면 책임지게 할 수 있는 기관인지, 제 4년간의 민원인 민원사무 처리에 관한 법률 제15조 위반여부를 확인하여 처리하기 바람. 확인 결과 위반사항이 있으면 바르게 시정한 후 책임지게 하고, 위반사항이 없으면 법에 위반되지 않는 이유를 설명하기 바라며, 또 실천하지 않고 민원에 동문서답하면 보건복지부 감사담당관실이 유명무실한 형식적인 기관으로 판단하겠음.	(동문서답)	미결
012. 11. 6.	보건 복지부	법원에서 '각하' 또는 '기각' 처리된 사안에 대하여 감사하는 것은 적절하지 않음.		
	답변에 대한 의견	민원은 보건복지부 감사담당관실의 능력을 알기 위한 것임에도, 감사담당관실이 능력이 없어 법원 판결에 떠넘김. 법원 판결을 신뢰하지 말기 바라며, 판결오류 등으로 사법부는 개혁대상임을 간과하지 않기 바람.		
2012. 11. 9.	국가 보훈처	제가 2008. 8.29. 공상공무원을 신청하지 않았으며 따라서 2008.12.11. 공상공무원을 재등록 신청한 것이 아니며, 제 민원은 허위이유를 제시하였다는 것이지 이유를 제시하지 않았다는 것도	(동문서답)	미결

진정일 (답변일)	제출처 (답변처)	진정(답변)내용 및 의견	진행사항	
			해당민원	당초민원
		아님. 정확하게 확인해 보기 바라며, 허위이유를 사실에 맞는 이유로 정정하여 교부하기 바람. 　그리고 민원사무 처리에 관한 법률 제15조에 대해서도, 민원사무 처리기한내 답변하지 않았다는 것이 아니고 신청한 민원에 답변하지 않았다는 것임. 신청한 민원에 답변하였는지 확인해 보기 바라며, 신청한 민원에 답변하지 않으면 민원사무 처리에 관한 법률 제15조를 위반하는 것임.		
2012. 11. 19.	국가 보훈처	행정절차법 제23조를 준수하여 업무를 처리하였으며, 귀하의 민원에 대하여 수차례 회신하였고 추가로 답변할 내용이 없어 시행령 제21조에 따라 처리하였음.		
	답변에 대한 의견	허위이유를 제시한 것은 사실에 맞는 이유를 제시해야 하는 행정절차법 제23조에 위반됨. 국가보훈처는 사실에 맞는 이유를 제시하여 행정절차법 제23조를 준수해야함. 그리고 본 건은 국가보훈처가 민원사무 처리에 관한 법률 제15조를 위반하였다는 것이지 민원사무 처리에 관한 법률 시행령 제21조를 위반하였다는 것이 아니며, 국가보훈처의 시행령 제21조에 의한 민원사무 처리는 민원사무 처리에 관한 법률 제15조 위반임.		
2012. 11. 10.	국가 보훈처	2012. 9.24. 잘못을 책임지라는 내용의 민원에 2012.10. 2. 민원 명세와 블로그 내용에 대해서 이견이 없으면서도, 잘못을 책임지지 않아 다시 민원을 제출함. 　국가보훈처의 잘못은 크게 두 가지로 행정절차법 제23조와 민원사무 처리에 관한 법률 제15조를 위반한 것임. 　즉 사실에 맞는 이유를 기재하지 않고 허위이유가 기재된 공문서를 교부한 것은 행정절차법 제23조를 위반한 것이며, 신청한 민원에 답하지 않은 것은 민원사무 처리에 관한 법률 제15조를 위반한 것임. 　잘못(법을 위반)한 공무원은 검찰에 고발하기 바람.	(동문서답)	미결
2012. 11. 19.	국가 보훈처	행정절차법 제23조를 준수하여 업무를 처리하였으며, 귀하의 민원에 대하여 수차례 회신하였		

진정일 (답변일)	제출처 (답변처)	진정(답변)내용 및 의견	진행사항	
			해당민원	당초민원
		고 추가로 답변할 내용이 없어 시행령 제21조에 따라 민원을 처리하였음.		
	답변에 대한 의견	허위이유를 제시하여 행정절차법 제23조를 위반하였고 또 민원사무 처리에 관한 법률 시행령 제21조에 의해서만 민원을 처리하여 민원사무 처리에 관한 법률 제15조를 위반하였음에도, 고발하는 등의 방법으로 잘못을 책임지게 하지 않음.		
2012. 11. 10.	감사원	2012. 9. 24. 잘못을 책임지라는 내용의 민원에 2012. 9. 28. 민원 명세와 블로그 내용에 대해서 이견이 없으면서도, 잘못을 책임지지 않아 다시 민원을 제출함. 　감사원장의 잘못은 크게 민원사무 처리에 관한 법률 제15조를 위반한 것임. 　그동안 신청한 민원에 답한 것이 있는지 확인해 보기 바라며, 잘못(법을 위반)한 공무원은 검찰에 고발하기 바람.	(동문서답)	미결
2012. 12. 21.	감사원	동 민원에 대해서는 이미 회신한 바와 같이 동일(유사)한 민원을 3회 이상 제출하여 종결한 사안임을 알림.		
	답변에 대한 의견	3회 이상 제출하여 종결된 민원이라며, 법을 위반한 관련 공무원을 이유 없이 고발하지 않음.		
2012. 11. 10.	국민건강 보험공단	2012. 9.24. 잘못을 책임지라는 내용의 민원에 2012. 9.28. 민원 명세와 블로그 내용에 대해서 이견이 없으면서도, 잘못을 책임지지 않아 다시 민원을 제출함. 　국민건강보험공단의 잘못은 크게 민원사무 처리에 관한 법률 제15조를 위반한 것임. 　성심성의껏 답변하였으나 그동안 신청한 민원에 답한 것이 있는지 확인해 보기 바라며, 잘못(법을 위반)한 관련자는 검찰에 고발하기 바람. 　그리고 그동안 위법한 사항이 없었다고 답하여 구체적인 위법사항을 말하면, 2009. 6. 16. '이유'문의에 '정보공개에 관한 법률'을 답한 것이 적법한 답이라고 판단하는지 '정보공개에 관한 법률'은 본 건과 관련 없는 답이므로 처벌하기 바람.	(동문서답)	미결

진정일 (답변일)	제출처 (답변처)	진정(답변)내용 및 의견	진행사항	
			해당민원	당초민원
2012. 11. 16.	국민건강 보험공단	2009. 6. 16. 진정서로 요구한 내용(3등급으로 분류하게 된 근거서류 사본 요구)의 유사 동일한 민원을 수십 차례 제기하고 있으며, 이에 공단은 고객님께서 요구하는 자료는 「공공기관의 정보공개에 관한 법률」 제9조(비공개대상정보)제1항 제5호에 의한 비공개 자료임을 누차 안내했음.		
	답변에 대한 의견	요구한 자료는 '3등급으로 분류하게 된 근거서류 요구'임에도 본 요구와 관련되지 않는 「공공기관의 정보공개에 관한 법률」 제9조를 답하니 민원이 수십 차례 제기된 것임. 　본 건은 민원사무 처리에 관한 법률 제15조를 위반한 관련자를 고발하기 바라는 민원임. 　행정절차법 제23조에 의한 행정을 답하지 않고 공공기관의 정보공개에 관한 법률 제9조를 답한 것은 민원과 관련되지 않는 답으로 민원사무 처리에 관한 법률 제15조를 위반한 것임.		
2012. 11. 10.	보건 복지부	2012. 9. 24. 잘못을 책임지라는 내용의 민원에 2012. 10. 5. 민원 명세와 블로그 내용에 대해서 이견이 없으면서도, 잘못을 책임지지 않아 다시 민원을 제출함. 　보건복지부의 잘못은 크게 민원사무 처리에 관한 법률 제15조를 위반한 것임. 　그동안 신청한 민원에 답한 것이 있는지 확인해 보기 바라며, 잘못(법을 위반)한 공무원은 검찰에 고발하기 바람.	(동문서답)	미결
2012. 11. 22.	보건 복지부	귀하께서 제출하신 민원은 서울고등법원에서 항소기각(2011누24004)된 사항이며, 이와 관련하여 재심청구(2012재누219)를 신청하신 것으로 향후 재판 등을 통하여 판단되어질 사항임을 알림.		
	답변에 대한 의견	10. 28. 법률 위반여부를 실질적으로 감시하여 잘못을 책임지게 하는 기구설치를 제안하니 11. 5. 감사담당관실에서 감사를 실시하고 있다고 답하여 11. 6. 현 감사담당관실은 유명무실한 기관이지만 다시 그 능력을 확인하기 위해 민원을 제출하니 11. 6. 법원에서 '각하' 또는 '기각' 처리된 사안에 대하여 감사하는 것은 적절하지 않음을 답하면서 잘못을 책임지지 않아 11. 10. 그동안		

진정일 (답변일)	제출처 (답변처)	진정(답변)내용 및 의견	진행사항	
			해당민원	당초민원
		민원사무 처리에 관한 법률 제15조를 위반하여 답한 공무원은 검찰에 고발하기 바라는 민원을 제출하니 11. 22. 이유 없이 요청을 들을 수 없음을 답했음. 당초 제안은 실천되지 않은 채 보건복지부의 이유 없는 답을 듣는데 24일을 소요함. 그동안 민원사무 처리에 관한 법률 제15조를 위반한 것이 아님을 설명하지 않고 법 위반을 밀어붙이면서 민원사무 처리에 관한 법률 제15조 위반자를 고발하지 않음. 법관이 객관적 증거 없이 주관적으로 판단한 관결에 핑계대지 말고 민원을 법에 따라 처리할 줄 알아야 함.		
2012. 11. 10.	국민권익 위원회	2012. 9. 24. 잘못을 책임지라는 내용의 민원에 2012. 10. 9. 민원 명세와 블로그 내용에 대해서 이견이 없으면서도, 잘못을 책임지지 않아 다시 민원을 제출함. 국민권익위원회의 잘못은 크게 민원사무 처리에 관한 법률 제15조를 위반한 것임. 그동안 신청한 민원에 답한 것이 있는지 확인해 보기 바라며, 잘못(법을 위반)한 공무원은 검찰에 고발하기 바람.	(동문서답)	미결
2012. 11. 21.	국민권익 위원회	귀하가 우리 위원회에 2012. 9. 24. 민원을 제출하여 2012. 10. 9. 회신을 받은 것으로 사료되오나, 국민신문고 상에서 귀하의 민원 현황을 조회한바, 귀하의 2012. 9. 6. 자 민원(1AA-1209-022736) 이후에는 우리 위원회가 회신한 민원이 없는 것으로 확인하였음. 우리 위원회가 귀하에게 더 이상 도움을 드리기는 어려움을 이해하여 주기 바람.		
	답변에 대한 의견	2012. 9. 6. 자 민원 이후에는 민원을 제출하지 않았다고 거짓을 답하며, 신청한 민원에 답하지 않는 것은 민원사무 처리에 관한 법률 제15조를 위반한 것임에도, 법을 위반한 공무원을 정당한 이유 없이 고발하지 않음. 기 회신은 신청한 것에 대한 회신이 아님. 즉 기 회신은 동문서답이므로 확인해 보기 바람. 2012. 11. 10. 민원은 행정심판 재결에 대한 불만이나 권익위의 도움을 요구하는 민원이 아니		

사실을 歪曲시키는 보도

진정일 (답변일)	제출처 (답변처)	진정(답변)내용 및 의견	진행사항	
			해당민원	당초민원
		고, 법을 준수할 것을 요구하는 민원이며 법을 위반한 관련자를 고발할 것을 요구하는 민원임.		
2012. 11. 10.	국무총리	2012. 9. 24. 잘못을 책임지라는 내용의 민원에 2012. 10. 8. 민원 명세와 블로그 내용에 대해서 이견이 없으면서도, 잘못을 책임지지 않아 다시 민원을 제출함. 　국무총리의 잘못은 크게 민원사무 처리에 관한 법률 제15조를 위반한 것임. 　그동안 신청한 민원에 답한 것이 있는지 확인해 보기 바라며, 잘못(법을 위반)한 공무원은 검찰에 고발하기 바람.	(동문서답)	미결
2012. 11. 19.	국무 총리실	귀하의 민원은 이미 검토를 거쳐 처리된 건임. 　위와 같은 사유로 동일 반복 민원으로 분류 처리함.		
	답변에 대한 의견	민원사무 처리에 관한 법률 제15조는 현재 신청된 민원사무 처리결과를 통지해야 하는 규정임을 알려도 동 법률위반을 책임지지 않기 위해 잘못을 밀어붙임. 　9. 24. 민원에 10. 8. 결과 없는 답을 통지하는 것은 민원사무 처리에 관한 법률 제15조를 위반하는 것임.		
2012. 11. 17.	국민건강 보험공단	2009. 6. 16. 신청한 민원에 대해 신청한 민원은 회신하지 않고 신청한 민원과 관련 없는 정보공개에 관한 법률을 회신한 것은 민원사무 처리에 관한 법률 제15조를 위반하는 것임. 　법을 위반한 관련자는 고발하고 책임지게 하기 바람.	(동문서답)	미결
2012. 11. 23.	국민건강보 험공단	지속적으로 요구하고 있는 "장기요양인정서상 결정내용(3등급)에 대한 판단기준인 조사관련 서류"는 「공공기관의 정보공개에 관한 법률」 제9조(비공개대상정보) 제1항 제5호에 의한 비공개 자료이므로 공개할 수 없음을 고객님께 수차례 답변 하였으며, 이 과정에서 위법한 사항이 없었음.		
	답변에 대한 의견	공공기관의 정보공개에 관한 법률 제9조를 답하면서 민원사무 처리에 관한 법률 제15조를 위		

진정일 (답변일)	제출처 (답변처)	진정(답변)내용 및 의견	진행사항	
			해당민원	당초민원
		반한 관련자를 고발하지 않음. 민원사무 처리에 관한 법률 제15조를 위반한 관련자를 고발하기 바람.		
2012. 12. 25.	국민권익 위원회	2012. 11. 10. 민원을 '민원사무 처리를 제대로 하지 않는 행정기관을 감시하여 잘못을 책임지게 하는 기구를 설치해서 헌법정신이 준수되도록 하기 바라는 민원'으로 잘못 알고, 12월 24일 답하여 다시 민원을 제출함. 　2012. 11. 10. 민원은, 신청한 민원에 답하지 않는 것은 민원사무 처리에 관한 법률 제15조를 위반하는 것이므로 법을 위반한 관련 공무원을 고발하기 바라는 민원임. 　정당한 이유 없이 고발하지 않고 또 동문서답한다면, 이는 민원사무 처리자가 제 뇌에 상해를 가할 목적으로 동문서답하는 것으로 판단하겠음. 기 회신한 내용이 민원사무 처리에 관한 법률 제15조를 위반하지 않은 것임을 설명하기 바라며, 기 회신은 신청한 민원에 대한 회신이 아님.	(동문서답)	미결
2013. 2. 1.	국민권익 위원회	내용은 2012. 11. 10. 민원사항 회신에 대한 불만 사항과 민원사무 처리에 관한 법률 15조 위반 여부를 질의함. 민원사무 처리에 관한 법률 15조 위반 여부의 유권 해석은 행정안전부로 질의하기 바람.		
	답변에 대한 의견	신청한 민원내용도 모르고 답하는 것이 안타까움. 민원내용은 질의가 아니고 민원사무 처리에 관한 법률 15조를 위반한 관련 공무원 고발을 요구하는 것임. 동문서답하며 고발하지 않는 것이 안타까움.		
2013. 2. 26.	국가 보훈처	2009년 2월 19일 '재심의'라는 것과 '퇴근 후 발병'이라는 내용의 허위 사실을 심의하여 결정한 허위결정서를 저에게 교부한 후, 교부된 결정서 내용이 허위임을 서울동부지검과 귀 처에서 확인한 사항임에도, 귀 처는 수년간 수차례의 저의 요구에도 불구하고 사실에 맞는 결정서를 교부하지 않고 있음. 　사실에 맞는 결정서를 교부해 줄 것(작위)을 요구함.	(동문서답)	미결

사실을 歪曲시키는 보도

진정일 (답변일)	제출처 (답변처)	진정(답변)내용 및 의견	진행사항	
			해당민원	당초민원
2013. 3. 5.	국가 보훈처	관련 자료를 검토한 결과, 귀하의 상이가 공무원 재직 중 공무수행과 관련하여 발생하였음을 인정하기 어려워 국가유공자(공상공무원) 요건에 해당하지 않는 것으로 심의 의결되어 수원보훈지청에서 국가유공자 요건 비해당으로 결정하여 통지하였음을 다시 알려드림.		
	답변에 대한 의견	민원(사실에 맞는 결정서 교부요구)에 답변한다면서 심의의결사항을 답함. 신청한 민원은 사실에 맞는 결정서 교부요구이지 심의의결사항의 적정 여부에 대한 것이 아님. 결국 신청한 민원에는 부작위함.		
2013. 2. 26.	국민권익 위원회	국가보훈처는, 2009년 2월 19일 교부된 결정서 내용이 허위임을 확인하고도 수년간 수차례의 요구에도 불구하고 사실에 맞는 결정서를 교부하지 않고 있으며, 국민건강보험공단은, 2009년 6월 1일 장기요양인정서를 교부하면서 장기요양등급을 결정하게 된 근거를 제시하지 않고 있음. 국가보훈처가 사실에 맞는 결정서를 교부하지 않는 이유와, 국민건강보험공단이 장기요양등급을 결정하게 된 근거자료를 제시하지 이유를 알려 줄 것을 요구함.	(동문서답)	미결
2013. 2. 28.	국민권익 위원회	반복 민원으로 통보 없이 종결 처리.		
	답변에 대한 의견	국가보훈처와 국민건강보험공단이 수년간 행정절차법 제23조를 위반하고 있어도 국민권익위원회는 반복 민원이라며 잘못을 시정하지 않음. 정부가 과거(이전)의 잘못을 왜 직권으로 시정하는지 국민권익위원회의 존재 이유가 무엇인지 궁금함.		
2013. 2. 26.	감사원	국가보훈처는, 2009년 2월 19일 교부된 결정서 내용이 허위임을 확인하고도 수년간 수차례의 요구에도 불구하고 사실에 맞는 결정서를 교부하지 않고 있으며, 국민건강보험공단은, 2009년 6월 1일 장기요양인정서를 교부하면서 장기요양등급을 결정하게 된 근거를 제시하지 않고 있음. 국가보훈처가 사실에 맞는 결정서를 교부하지	(동문서답)	미결

진정일 (답변일)	제출처 (답변처)	진정(답변)내용 및 의견	진행사항	
			해당민원	당초민원
		않는 이유와, 국민건강보험공단이 장기요양등급을 결정하게 된 근거자료를 제시하지 이유를 알려 줄 것을 요구함.		
2013. 3. 15.	감사원	동일한 민원을 3회 이상 제출하여 종결한 사안임을 알림.		
	답변에 대한 의견	동일(유사)한 민원이라며 법적 근거 없이 임의로 민원을 종결 처리함. 감사원은 국민이 겪는 어려움과 각종 불편사항을 해결하는 기관인 것처럼 말만하지 말고, 신청한 민원에 작위하여 국민을 위해 일할 줄 알아야 함.		
2013. 2. 26.	국민건강 보험공단	2009년 6월 1일 장기요양인정서를 교부하면서 장기요양등급을 결정하게 된 근거를 제시하지 않고 있음. 장기요양등급을 결정하게 된 근거자료를 제시해 줄 것(작위)을 요구함.	(동문서답)	미결
2013. 3. 5.	국민건강 보험공단	고객님께서 요구하고 있는 장기요양등급을 결정하게 된 근거자료는 「공공기관의 정보공개에 관한 법률」 제9조(비공개대상정보) 제1항 제5호에 의한 비공개 자료이므로 공개할 수 없음을 알려 드림.		
	답변에 대한 의견	국민건강보험공단은 평가대상자의 장기요양등급을 결정하게 된 근거자료를 「행정절차법」 제23조에 따라 처리하지 않고 「공공기관의 정보공개에 관한 법률」 제4조(적용범위)에서 '다른 법률에 특별한 규정이 있는 경우를 제외'한다고 규정하고 있음에도 「공공기관의 정보공개에 관한 법률」 제9조 제1항 제5호에 의해 해당자에게도 비공개하고 있는지 궁금함.		
2013. 3. 1.	국민권익 위원회	2013. 2. 26. 민원에 귀 위원회가 2013. 2. 28. '반복 민원으로 통보 없이 종결 처리'라 답함. 반복 민원으로 종결 처리한 법률적 근거를 제시할 것을 요구하며, 법률적 근거를 제시하지 못하면, 민원사무 처리담당자가 법률적 근거 없이 민원을 임의로 처리한 것으로 판단하겠음.	회신	미결

진정일 (답변일)	제출처 (답변처)	진정(답변)내용 및 의견	진행사항	
			해당민원	당초민원
2013. 3. 12.	국민권익 위원회	『부패방지 및 국민권익위원회의 설치와 운영에 관한 법률』 시행령 제43조 1항에 의해 민원을 종결.		
	답변에 대한 의견	시행령은 법률이 아님에도 『부패방지 및 국민권익위원회의 설치와 운영에 관한 법률』 시행령 제43조 1항에 의해 권익위가 법률에 우선하여 시행령으로 민원을 종결 처리. 헌법과 법률을 수호할 것을 선서한 대통령이 헌법과 법률에 상반되는 시행령으로 행정함.		
2013. 3. 9.	국가 보훈처	2010. 11. 7. 허위결정으로 지급된 국고환수를 요구하는 민원에 대해 2010. 11. 15. 등의 답변에서 귀처가 허위결정자에 대하여는 검찰에 수사의뢰할 것이며 보훈수혜를 환수하는 절차가 진행 중이라고 답변하였음. 2010. 11. 15. 등의 답변에 대한 결과를 알려 주기 바람. 2010. 11. 15. 답변이 사실인지 확인하고 싶으며, 사실이 아니면 답변자가 허위공문서를 작성하여 행사(답변)한 것으로 판단하겠으며, 이러한 거짓 답변과 잘못에 대한 미 조치는 국가보훈처장이 직무를 유기하여 발생된 일이므로, 국가보훈처장이 직무를 유기한 사실이 아님을 증명하기 바람.	(동문서답)	미결
2013. 3. 13.	국가 보훈처	공상공무원에 대한 감사원 감사 결과 거짓이나 부정한 방법으로 등록되었음이 확인된 자는 등록취소하였고, 보훈수혜 환수대상자로 31명이 결정되었고, 환수 대상자 31명 중 26명은 환수 완료, 2명은 행정쟁송 결과 우리 처 패소로 환수대상에서 제외되었으며, 3명은 행정쟁송 중에 있음을 알림.		
	답변에 대한 의견	감사 시 지적된 31명 중 26명은 환수 완료하고, 5명은 감사원의 부실한 감사로 쟁송 중에 있는 것으로 판단되며, 감사원이 부실하게 감사한 것까지 언론이 보도한 것은 부당함.		
2013. 3. 9.	감사원	인터넷이나 감사원 홈페이지와 우편 등으로 감사관련 제반서류나 증거서류 등을 접수하여 처리하고 있음에도 굳이 감사원 직원이 현지에 출장하여 감사하는 이유가 무엇인지 궁금하니 이를	(동문서답)	미결

진정일 (답변일)	제출처 (답변처)	진정(답변)내용 및 의견	진행사항	
			해당민원	당초민원
		알려 주기 바람. 　출장이유를 알려 주지 않으면, 감사원 직원이 현지에 출장하여 감사할 이유가 없음에도, 감사원이 법 위반을 은닉하고 감사원의 위상 제고(提高)와 권위를 알리기 위해, 예산을 낭비하면서 현지에 출장하여 감사하는 것으로 판단하겠음.		
2013. 3. 15.	감사원	동일한 민원을 3회 이상 제출하여 종결한 사안임을 알림.		
	답변에 대한 의견	신청한 민원에 답하지 않고 임의로 민원을 종결 처리함. 감사원이 국민이 겪는 어려움과 각종 불편사항을 해결하는 기관인 것처럼 말하면서, 감사원의 법 위반을 은닉하고 위상제고를 위해 감사원 직원이 현지에 출장하여 감사함.		
2013. 3. 9.	국민건강 보험공단	장기요양등급을 결정하게 된 근거자료는 「공공기관의 정보공개에 관한 법률」 제9조 제1항 제5호에 의한 비공개 자료라는 2013. 3. 5. 답변이 이해되지 않음. 　「행정절차법」 제23조에서 평가대상자에게 결정 이유를 알리게 규정하고 있음에도 귀 공단은 평가대상자의 장기요양등급을 결정하게 된 근거자료를 「공공기관의 정보공개에 관한 법률」 제9조 제1항 제5호에 의해 지금도 해당자에게 비공개하는지 그리고 언제부터 비공개하여 왔는지 궁금함. 　2013. 3. 5. 답변이 사실인지 확인하고 싶으며, 사실이 아니면 답변자가 허위 공문서를 작성하여 행사한 것으로 판단하겠음. 참고로 「공공기관의 정보공개에 관한 법률」 제4조에서 '다른 법률(「행정절차법」 제23조 등)에 특별한 규정이 있는 경우에는 「공공기관의 정보공개에 관한 법률」은 적용되지 않는 것'으로 규정하고 있음.	(동문서답)	미결
2013. 3. 15.	국민건강 보험공단	장기요양등급을 결정하게 된 근거 자료는 「공공기관의 정보공개에 관한 법률」 제9조 제1항 제5호에 의한 비공개 자료이므로 공개할 수 없음을 누차 알렸으며, 현재도 비공개하고 있음을 알림.		

사실을 歪曲시키는 보도

진정일 (답변일)	제출처 (답변처)	진정(답변)내용 및 의견	진행사항	
			해당민원	당초민원
	답변에 대한 의견	공단은 「행정절차법」 제23조에 위반될지라도 「공공기관의 정보공개에 관한 법률」 제9조 제1항 제5호에 의해 평가대상자의 장기요양등급을 결정하게 된 근거자료를 비공개한다는 답임. 공단은 법을 지켜야 함.		
2013. 3. 9.	국민건강 보험공단	건강보험료를 과소 고지하여 2010부터 계속 올바른 건강보험료를 다시 고지하여 줄 것을 요구하였으나 아직 직권으로 시정하지 않고 과소 고지(과소징수)를 방치하는 것은, 국민건강보험공단 이사장이 직무를 유기하여 발생한 일이라 생각됨. 　국민건강보험공단 이사장이 직무를 유기한 사실이 아니면 이를 증명할 증빙을 보내주기 바람.	(동문서답)	미결
2013. 3. 12.	국민건강 보험공단	공단이 부과한 금액과 실제 금액이 다를 경우, 가입자의 신청에 의해 조정 받을 수 있음을 설명.		
	답변에 대한 의견	건강보험료를 법(국세징수법)에 의해 다시 고지하지 않고 과소 고지를 책임지지 않고 방치함. 과소 고지분을 신청에 의해 증액된 금액으로 조정한다는 것은 불가함. 공단은 적정한 보험료가 고지된 것인지 확인하여 법에 따른 절차에 따라 건강보험료를 징수해야 함.		
2013. 3. 17.	국무총리	감사원의 부실감사를 사실인 것처럼 언론이 보도한 것은 부당함. 감사원이 부실 감사를 보도하지 않도록 하고 잘못은 책임지게 하기 바람. 　국민건강보험공단이 건강보험료를 과소 고지하여 국세징수법이 아닌 공단 임의로 정한 규정으로 건강보험료를 징수하고 있음. 국민건강보험공단이 과소 고지한 건강보험료를 국세징수법에 따라 징수토록 조치하고 잘못은 책임지게 하기 바람.	(동문서답)	미결
2013. 3. 26.	국민건강 보험공단	보험료를 체납하는 경우 국민건강보험법 제81조 제3항의 규정에 따라 보건복지부 장관의 승인을 받아 국세체납처분의 예에 따라 징수함. 그리고 '전월세 계약서 사본' 요청하니 제출하여 주시기 바라며, 전월세 계약서 사본이 제출되지 아니하면 보험료가 조정되지 않음.		

진정일 (답변일)	제출처 (답변처)	진정(답변)내용 및 의견	진행사항	
			해당민원	당초민원
	답변에 대한 의견	국민건강보험공단이 과소 고지된 건강보험료 체납액을 국세체납처분의 예에 따라 징수하지 않고 과소 고지 건강보험료를 직권으로 조정(활증)하지 않음.		
2013. 3. 29.	감사원	동일한 민원을 3회 이상 제출하여 종결한 사안임을 알림.		
	답변에 대한 의견	감사원이 부실감사를 사실인 것처럼 보도하여, 해당 기관이 피해를 당하게 함.		
2013. 3. 17.	국민권익 위원회	권익위의 2013. 3. 12. 답대로라면, 헌법과 법률을 수호할 것을 대통령이 선서한 것은 대통령이 국민에게 거짓을 선서한 것인지, 또 헌법과 법률에 상반되는 시행령으로 행정하는 것이 정당하다고 판단하여 그동안 각 행정기관이 법에 의하지 않고 법에 위반되는 내용의 시행령에 의해 행정하는 것을 방치하여 왔는지, 또 국회가 정부조직법을 개정하지 않으면 대통령이 시행령을 제정하여 시행령하면 될 것임에도 왜 시행하지 않고 국회를 탓하는 것인지, 알려 주기 바람.	(동문서답)	미결
2013. 4. 16.	국민권익 위원회	반복 민원		
	답변에 대한 의견	권익위가 법률에 우선하여 시행령으로 민원을 종결 처리함.		
2013. 3. 17.	국민권익 위원회	감사원이 부실(쟁송)하게 감사한 것까지 언론이 보도하고 국민건강보험공단은 과소 고지를 방치하고 있음. 행정기관이 업무를 이렇게 처리하고 있으니 시정하기 바람.	(동문서답)	미결
2013. 4. 16.	국민권익 위원회	반복 민원		
	답변에 대한 의견	감사원이 부실 감사를 보도하여도 국민건강보험공단이 건강보험료를 과소 고지하여도 권익위는 반복 민원이라며 법률에 우선하여 시행령으로 민원을 종결 처리함.		

진정일 (답변일)	제출처 (답변처)	진정(답변)내용 및 의견	진행사항	
			해당민원	당초민원
2013. 3. 17.	감사원	국가보훈처는 감사 시 지적된 31명중 26명은 환수 완료하고 5명은 쟁송 중에 있다고 답변하였으며, 이는 당시 감사원이 부실(쟁송)하게 감사한 것까지 자료를 작성하여 언론이 보도한 것으로 부실감사를 사실인 것처럼 언론이 보도한 것은 부당함. 　그리고 국민건강보험공단은 건강보험료를 다시 과소 고지하여 줄 것을 요구하였으나 아직 시정하지 않고 과소 고지(과소징수)를 방치하고 있으며 또 국세징수법이 아닌 공단 임의로 건강보험료를 징수하고 있음. 국민건강보험공단이 과소 고지한 건강보험료를 국세징수법에 따라 징수토록 조치하고 잘못은 책임지게 하기 바람.	(동문서답)	미결
2013. 3. 29.	감사원	동일한 민원을 3회 이상 제출하여 종결한 사안임을 알림.		
	답변에 대한 의견	신청한 민원에 답하지 않고 법적인 근거 없이 임의(시행령)로 민원을 종결함.		
2013. 3. 17.	국가 보훈처	국가유공자 처분 후 제반 특혜를 어떻게 산정하여 환수금액을 산정한 것인지 모르지만, 환수 완료(26명)한 총 금액과 방법을 알려 주기 바람.	회신	미결
2013. 3. 21.	국가 보훈처	환수 완료 총액은 222,457,000원임.		
	답변에 대한 의견	국가유공자로 인해 받게 되는 제반 특혜를 환수지 않음.		
2013. 3. 18.	국민권익 위원회	시행령은 법률에 우선되지 않음에도 2013. 2. 26. 민원에 2013. 2. 28. 『부패방지 및 국민권익위원회의 설치와 운영에 관한 법률』 시행령 제43조 1항을 근거로 민원을 종결하여, 당초 신청한 민원(2013. 2. 26.)에 대한 답을 『민원사무 처리에 관한 법률』 제15조에 근거하여 답할 것을 요구함.	(동문서답)	미결
2013. 4. 16.	국민권익 위원회	반복 민원		

진정일 (답변일)	제출처 (답변처)	진정(답변)내용 및 의견	진행사항	
			해당민원	당초민원
	답변에 대한 의견	시행령으로 민원을 종결 처리함.		
2013. 3. 19.	감사원	수년간 행정 부처가 법(민원사무 처리에 관한 법률 제15조, 행정절차법 제23조)을 위반하고 있다고 말했음에도 이를 확인하여 처리하지 않는 것은 부당함. 　법을 위반한 행정기관에 잘못을 바르게 고치도록 하고 그 책임을 묻기 바라며, 귀 원도 민원사무 처리에 관한 법률 제15조에 의해 업무를 적법하게 처리하기 바람. 　또 다시 민원사무 처리에 관한 법률 제15조에 의해 민원을 처리하지 않고, 민원사무 처리에 관한 법률 시행령 제21조에 의해 민원을 처리하면서 신청한 민원에 부작위하면, 감사원장이 민원인(서맹종)의 치료와 생업에 지장을 초래할 목적으로 부작위하는 것으로 판단하겠음. 　이견이 있으면 그 이견을 말하기 바람.	(동문서답)	미결
2013. 3. 29.	감사원	동일한 민원을 3회 이상 제출하여 종결한 사안임을 알림.		
	답변에 대한 의견	민원사무 처리에 관한 법률 시행령 제21조에 의해 민원을 처리하면서 민원인의 치료와 생업에 지장을 초래할 목적으로 신청한 민원에 부작위하는 것으로 판단됨.		
2013. 3. 19.	국민건강 보험공단	행정절차법 제23조를 위반하면서 정보공개 청구법에 의한다며 결정근거를 비공개하는 것은 부당함. 　정보공개 청구법 제4조를 숙지하여 업무를 적법하게 처리하기 바라며, 다시 허위근거로 결정근거를 제시(작위)하지 않으면 귀 공단 이사장이 민원인의 치료와 생업에 지장을 초래할 목적으로 허위근거로 결정근거를 제시(작위)하지 않는 것으로 판단하겠음.	(동문서답)	미결
2013. 3. 26.	국민건강 보험공단	인정조사표는 「공공기관의 정보공개에 관한 법률」 제9조 제1항 제5호에 의한 비공개 자료이므로 공개할 수 없음.		

진정일 (답변일)	제출처 (답변처)	진정(답변)내용 및 의견	진행사항	
			해당민원	당초민원
	답변에 대한 의견	인정조사표는 「공공기관의 정보공개에 관한 법률」 제9조 제1항 제5호에 의한 비공개 자료이 므로 공개할 수 없다며, 「공공기관의 정보공개 에 관한 법률」 제4조를 무시함. 민원인의 치료와 생업에 지장을 초래할 목적으로 허위근거로 결정 근거를 제시하지 않는 것으로 판단됨.		
2013. 3. 24.	국가 보훈처	국가유공자에게 지급하게 되는 제반 특혜(국가 유공자 자녀에 대한 제반 이익 등)를 환수하지 않는 것은 부당함. 제반 특혜를 어떻게 환수(입학 취소 등)할 것인지 대책이 있으면 그 대책을 알려 주기 바람.	(동문서답)	미결
2013. 3. 29.	국가 보훈처	공상공무원 등록취소자에 대한 사항은 우리 처 에서 지원한 학습보조비, 사립대 수업료 지원액 은 회수하였으며, 국·공립대 및 사립대에서 지 원한 입학금, 수업료 면제 등 기타 지원사항의 환 수에 관한 사항은 해당 대학이 결정하여 조치할 수 있도록 등록취소 사실을 통보하였음.		
	답변에 대한 의견	국가보훈처가 허위로 등록하여 공상공무원 자 녀에 대한 입학특혜나 국립공원무료입장 등 각종 혜택이 지원되도록 통보한 후, 공상공무원 등록 취소 사실을 통보(공고)하였으므로 이는 해당 기 관이 판단할 사항이라며 특혜를 반환(입학취소 등) 하지 않고 국가보훈처의 잘못을 해당 기관에게 전가함.		
2013. 3. 24.	국민건강 보험공단	2010부터 계속 올바른 건강보험료를 고지하여 줄 것을 요구하였으나, 공단이 과소 고지사실을 확인하여 조치하지 않고 신청에 의해서만 조정한 다는 것이 이해되지 않음. 　공단이 2009년부터 2012년까지 4년간 과소 고 지사실을 확인하여 징수한 사실이 있으면 총 건 수와 금액을 알려 주기 바라며, 또 과소 고지 된 금액을 징수할 대책이 있으면 알려 주기 바람.	(동문서답)	미결
2013. 3. 26.	국민건강 보험공단	보험료를 체납하는 경우 보건복지부 장관의 승 인을 받아 국세 체납처분의 예에 따라 보험료를 징수함. 　건강보험료 조정과 관련하여 '전월세 계약서 사		

진정일 (답변일)	제출처 (답변처)	진정(답변)내용 및 의견	진행사항	
			해당민원	당초민원
		본'이 제출되지 아니하면 건강보험료가 조정되지 않음.		
	답변에 대한 의견	공단이 과소 고지사실을 확인하여 조치하지 않 고 신청에 의해서 조정한다며 보험료 과소징수를 방치하면서, 2009년부터 2012년까지 4년간 과소 고지사실을 확인하여 징수한 사실도 대책도 없음.		
2013. 3. 24.	대검찰청	제가 법 위반과 관련하여 여러 건을 고소한 바, 검찰이 사실이 아닌 내용으로 고소 건을 불기소 하는 것은 부당함. 관습이 아닌 증거에 의해 업무 가 처리되어야 함.	(동문서답)	미결
2013. 4. 5.	대검찰청	신청하신 민원은 중앙지검 2013진정999호로 수리되었으며, 위 민원은 서울중앙지검 ••• 검사 에게 배당이 되어 처리됨. 사건 종결 후 처리결과 는 위 검사실에서 우편으로 통지하여 드림.		
	답변에 대한 의견	종결 후 처리결과를 위 검사실에서 우편으로 통지할 것을 수차례(기 처리 사례) 안내하고는 신 청한 민원사무 처리결과를 통지한 사실 없음.		
2013. 4. 2.	보건 복지부	건강보험료가 과소하게 고지되어도 본인의 조 정신고가 없으면 증액하여 고지할 수 없다는 국 민건강보험공단의 업무처리는 부당하며, 결정내 용을 「정보공개 청구법」에 의해 비공개한다는 국민건강보험공단의 업무처리도 부당함. 　증액조정이 불가하다면 공단이 보험료를 과소 하게 징수하여 결국 국가세입을 누락하게 하는 것이므로, 과소하게 고지된 건강보험료를 증빙 등으로 직권 확인하여 다시 적법하게 고지(징수) 하도록 조치하기 바람. 　그리고 「정보공개 청구법」은 동 법 제4조(적 용 범위)에서 다른 법령(「행정절차법」 제23조 등) 에 규정된 사항은 「정보공개 청구법」이 적용되 지 않게 규정하고 있으니, 저에게 결정내역을 알 리도록 조치하기 바람.	(동문서답)	미결
2013. 4. 10.	국민건강 보험공단	보험료 징수는 국세징수법을 준용하여 절차를 진 행하고 있으며, 국세징수법의 준용범위는 국세징수 법 제3장의 체납처분 절차를 준용한다는 것임.		

216

진정일 (답변일)	제출처 (답변처)	진정(답변)내용 및 의견	진행사항	
			해당민원	당초민원
		2011. 1. 1 사회보험료 징수통합 이후 4대 사회보험료의 고지서(독촉고지서 포함) 등의 송달에 대하여 조세와 달리 등기우편이 아닌 일반우편이 가능 하도록 명문화되었음.		
	답변에 대한 의견	복지부에 제출한 민원에 대해 국민건강보험공단이 답함. 보건복지부에 제출한 민원은, 1. 건강보험료가 과소하게 고지되어도 본인의 조정신고가 없으면 증액하여 고지할 수 없다는 국민건강보험공단의 업무처리는 부당하다는 것과 2. 결정내용을 「정보공개 청구법」에 의해 비공개한다는 국민건강보험공단의 업무처리도 부당하다는 것이며, 이러한 제반 잘못을 시정하라는 내용의 민원이었으나, 국민건강보험공단은 위 1과 2에 대해서는 답하지 않음.		
2013. 4. 4.	국무총리 (장애인 정책조정 위원회)	대통령께 건의하니 보건복지부에서 장애인관련 업무는 국무총리 직속인 '장애인정책조정위원회'에서 다룬다하여 진정함. 첨부한 '일자별 진정내용 요약 및 의견'과 같이 4년간 신청한 민원사무 처리결과를 통지하지 않고 있으니, 신청한 민원사무 처리결과를 통지토록 조치하여 주기 바람.	미 회신	미결
	의견	이견이 없으면서, 잘못을 바르게 하지 않고 복지부동함.		
2013. 4. 11.	국민건강 보험공단	보건복지부에 제출한 민원은, 1. 건강보험료가 과소하게 고지되어도 본인의 조정신고가 없으면 증액하여 고지할 수 없다는 국민건강보험공단의 업무처리는 부당하다는 것과 2. 결정내용을 「정보공개 청구법」에 의해 비공개한다는 국민건강보험공단의 업무처리도 부당하다는 것이며, 이러한 제반 잘못을 시정하라는 내용의 민원임. 이에 대해 위 1과 2에 대해서는 답하지 않고, 2011. 1. 1. 이후에는 등기우편송달이 아닌 일반우편으로도 송달되도록 명문화되었다고 답하면서, 2011. 1. 1. 이전에 발생된 제 건강보험료 고지서 송달여부는 확인하지 않고 답함. 제가 건강보험료 고지서를 송달받은 사실은 없으므로, 제 고지서 송달여부를 확인한 후 체납처분(?)을	(동문서답)	미결

진정일 (답변일)	제출처 (답변처)	진정(답변)내용 및 의견	진행사항	
			해당민원	당초민원
		집행하기 바람. 　공단이 건강보험료(독촉) 고지서 송달여부가 확인되지 않음에도 체납처분(?)을 집행하는 것은 부당함. 　그리고 위 1(증액고지)과 2(결정내용 비공개)에 대하여도 답해 주기 바람.		
2013. 4. 18.	국민건강 보험공단	보험료 부과금액 조정과 관련하여, 전월세 계약서 사본이 제출되지 아니하면 보험료가 조정되지 않음. 　장기요양 등급판정 결정내용과 관련하여, 결정의 기초자료인 인정조사표 내용은 「공공기관의 정보공개에 관한 법률」 제9조(비공개대상정보) 제1항 제5호에 의한 비공개 대상 자료이므로 공개할 수 없음. 　보험료 고지서와 체납보험료 독촉고지서 송달과 관련하여, 보통우편으로 발송되어 수취사실을 직접 확인할 수는 없지만 그동안의 민원내용으로 볼 때 수취된 것으로 판단됨.		
	답변에 대한 의견	본인의 신고가 있어야 증액고지 된다는 답이며, 결정내용은 「공공기관의 정보공개에 관한 법률」 제9조에 의해 비공개하고, 제 건강보험료(2010년 9월, 2010년 10월, 2010년 11월 분) 고지서 송달여부는 확인되지 않지만 9월분 보험료는 2010. 10. 8. 국민신문고를 통해 납부거부 의사를 밝힌 사실 등으로 보아 우편송달된 것으로 판단되며 또 체납보험료 독촉고지서도 2011. 3. 29. 국민신문고를 통해 독촉고지서 수령 사실을 밝혔다는 답임. 　따라서 증액하기 위해 신고할 이유가 없다는 답이며, 「공공기관의 정보공개에 관한 법률」 제4조에 의해 동법이 적용되지 않는다고 말했음에도 동법을 근거로 「행정절차법」 제23조를 위반하고, 건강보험료는 고지서 송달 확인 없이 독촉한다는 답임. 제 2010. 10월, 2010. 11월, 2010. 12월 분 건강보험료에 대하여는 고지서 송달여부를 확인한 후 독촉하기 바라며, 납부자가 왜 건강보험료 납부거부 의사를 밝혔으며 또 건강보험료 납부를 거부함에도 귀 공단이 한 일이 무엇인지 확인해 보기 바람.		

사실을 歪曲시키는 보도

진정일 (답변일)	제출처 (답변처)	진정(답변)내용 및 의견	진행사항	
			해당민원	당초민원
2013. 4. 11.	국민건강 보험공단	보건복지부에 제출한 민원은, 1. 건강보험료가 과소하게 고지되어도 본인의 조정신고가 없으면 증액하여 고지할 수 없다는 국민건강보험공단의 업무처리는 부당하다는 것과 2. 결정내용을 「정보공개 청구법」에 의해 비공개한다는 국민건강보험공단의 업무처리도 부당하다는 것이며, 이러한 제반 잘못을 시정하라는 내용의 민원임. 　이에 대해 위 1과 2에 대해서는 답하지 않고, 2011. 1. 1 이후에는 등기우편송달이 아닌 일반우편으로도 송달되도록 명문화되었다고 답하면서, 2011. 1. 1 이전에 발생된 제 건강보험료 고지서 송달여부는 확인하지 않고 답함. 제가 건강보험료 고지서를 송달받은 사실은 없으므로, 제 고지서 송달여부를 확인한 후 체납처분(?)을 집행하기 바람. 　공단이 건강보험료(독촉)고지서 송달여부가 확인되지 않음에도 체납처분(?)을 집행하는 것은 부당함. 　그리고 위 1(증액고지)과 2(결정내용 비공개)에 대하여도 답해 주기 바람.	(동문서답)	미결
2013. 4. 18.	국민건강 보험공단	보험료 부과금액 조정과 관련하여, 전월세 계약서 사본이 제출되지 아니하면 보험료가 조정되지 않음. 　장기요양 등급판정 결정내용과 관련하여, 결정의 기초자료인 인정조사표 내용은 「공공기관의 정보공개에 관한 법률」 제9조(비공개 대상정보) 제1항 제5호에 의한 비공개대상 자료이므로 공개할 수 없음. 　보험료 고지서와 체납보험료 독촉고지서 송달과 관련하여, 보통우편으로 발송되어 수취사실을 직접 확인할 수는 없지만 그동안의 민원내용으로 볼 때 수취된 것으로 판단됨.		
	답변에 대한 의견	본인의 신고가 있어야 증액고지 된다는 답이며, 결정내용은 「공공기관의 정보공개에 관한 법률」 제9조에 의해 비공개하고, 제 건강보험료(2010년 9월, 2010년 10월, 2010년 11월 분) 고지서 송달여부는 확인되지 않지만 9월분 보험료는 2010. 10. 8. 국민신문고를 통해 납부거부 의사를 밝힌 사실 등으로 보아 우편송달된 것으로 판단		

진정일 (답변일)	제출처 (답변처)	진정(답변)내용 및 의견	진행사항	
			해당민원	당초민원
		되며 또 체납보험료 독촉고지서도 2011. 3. 29. 국민신문고를 통해 독촉고지서 수령 사실을 밝혔다는 답임. 따라서 증액하기 위해 신고할 이유가 없다는 답이며, 「공공기관의 정보공개에 관한 법률」 제4조에 의해 동법이 적용되지 않는다고 말했음에도 동법을 근거로 「행정절차법」 제23조를 위반하고, 건강보험료는 고지서 송달 확인없이 독촉한다는 답임. 제 2010년 10월, 2010년 11월, 2010년 12월 분 건강보험료에 대하여는 고지서 송달여부를 확인한 후 독촉하기 바라며, 납부자가 왜 건강보험료 납부거부 의사를 밝혔으며 또 건강보험료 납부를 거부함에도 귀 공단이 한 일이 무엇인지 확인해 보기 바람.		
2013. 4. 20.	안전행정부	제 주요 주장은 헌법에 위반되는 모든 법조항은 폐지되어야 한다는 주장임. 안전행정부가 개헌을 부인하는 부서가 아니기 바라며, 헌법에 위반되는 모든 법과 시행령은 개헌 논의 전에 즉시 폐지하기 바람.	(동문서답)	미결
2013. 5. 3.	안전행정부	우리부에서는 2013년도에 민원법의 개정여부를 검토할 예정이며, 귀하께서 주신 의견을 참고하여 동 조항이 헌법에 위반되는 점이 없는지를 검토하도록 하겠음. 헌법 제26조에서 '…법률이 정하는 바에 의하여… 청원할 권리를 가진다.'고 규정하여, 법률에서 청원권의 내용을 형성할 수 있으며, 청원법 제8조에서 중복 청원 및 이중 청원을 금지하는 것이 헌법에 위반된다고 보이지 않으나, 향후 청원법 개정 시 참고하겠음.		
	답변에 대한 의견	헌법 제26조는 헌법정신에 위배되지 않는 범위 내에서 청원권 등을 제한한다는 규정임에도, 안전행정부가 헌법정신에 위배되어도 헌법 제26조에 의해 국민의 헌법상 권리를 제한하는 것이 정당한 것으로 판단함. 안전행정부의 답대로라면, 헌법 제26조에 의해 국민의 모든 권리제한이 가능하므로 대통령 임기 등 제반 규정을 법으로 정할 수 있음에도, 정부(국회)가 개헌을 추진하는 이유가 무엇인지 알 수 없음.		

진정일 (답변일)	제출처 (답변처)	진정(답변)내용 및 의견	진행사항	
			해당민원	당초민원
		개헌논의 전 현 헌법에 위배되는 내용의 시행령과 법률개정요구에 대해, 개헌논의 전이 아닌 향후 법 개정 시 참고하겠다는 답임.		
2013. 4. 29.	대통령	국민을 위하지 않는 행정기관의 구조조정을 통해 마련되는 잉여예산으로 복지에 사용하는 등 정부의 솔선수범하는 모습을 국민에게 보여야 하며, 경험 없는 원칙과 이상을 주장하는 이들이 계파 간의 갈등만 조장하면서 타인을 탓하며 탁상공론으로 세월만 흐르게 하는 것은 부당함. 탁상행정식의 이상적인 법과 시행령을 정비하여 국민을 위한 강력하고 원칙을 존중하는 정부가 되도록 해야 하며, 각 행정청이 국민이 행복을 추구하게 하지 않고 오히려 헌법(법)을 위반하고 있는 실정임으로, 각 행정청이 헌법(법)을 준수하였는지를 현장으로 확인하여 잘못된 것은 바르게 고쳐, 국민이 생업에 전념토록 조치해 주시기 바람. 각 부(部)가 사건의 본질(실질. 근본)은 외면한 채 형식적인 처리로 국민의 생업을 불편하게 하는 것은 부당하며, 장애인 복지가 실질적으로 실천되게 하여 주시기 바라고, 국민 누구나 법을 지키는 강력한 정부가 되게 하여 주시기 바람.	미 회신	미결
	의견	이견이 없으면서, 잘못을 바르게 하지 않음.		
2013. 5. 9.	안전 행정부	개헌 논의 전 헌법과 상반되는 법률(청원법 제8조 등)이하의 제반규정정비요구 대해 향후 검토할 것임을 답하며, 국민의 모든 권리제한이 법률로도 가능한 것처럼 회신하는 것이 이해되지 않음. 국민의 헌법상 권리를 법으로 제한하지 않도록 즉시 조치하기 바랍니다.	(동문서답)	미결
2013. 5. 21.	안전 행정부	청원권은 국민의 기본권으로 헌법 제37조 제2항에 의하여, 법률로 제한할 수 있으며, 청원법 제8조와 같은 청원권의 제한이 헌법 위반이 아님. 이와 달리 대통령 5년 단임제는 헌법 제70조에 명시하고 있는 것으로 당연히 법률로 임기를 달리 정할 수 없고, 정한다면 위헌임		
	답변에 대한 의견	청원법 제8조는 헌법에 명시된 것으로 위헌되지 않는 것으로 회신함. 국민의 권리제한은 헌법		

진정일 (답변일)	제출처 (답변처)	진정(답변)내용 및 의견	진행사항	
			해당민원	당초민원
		범위내로 헌법에 규정된 사항은 국민의 권리제한 이 아닌 사항을 규정한 것이지 국민의 권리제한 을 규정한 것이 아니므로, 국민의 권리를 제한하 는 것은 헌법정신에 위반되는 것임에도 안전행정 부의 회신이 이해되지 않음.		
2013. 5. 23.	대통령	제가 2013. 4. 29. 진정한 내용에 대한 처리결과 가 없어 다시 진정함. 　행정부가 복지부동하면서 예산만 소비하는 사 례를 제 블로그를 통해서 알 수 있듯이, 행정부가 국민의 생활을 어렵게 하는 것은 부당하므로, 행 정부의 엄정한 복무기강 확립이 필요함.	미 회신	미결
	의견	이견 없으면서, 잘못을 바르게 하지 않음.		
2013. 6. 9.	국민건강 보험공단	국민건강보험공단이 그동안 민원사무 처리에 관한 법률 제15조에 의해 민원사무 처리결과를 통지하지 않고 종결하여, 그동안 신청한 민원 (2008년부터)에 대한 처리결과를 통지해 줄 것을 요구함.	(동문서답)	미결
2013. 6. 14.	국민건강 보험공단	노인장기요양보험에 대해 설명		
	답변에 대한 의견	민원은 국민건강보험공단의 결정에 대한 민원 이 아니고 그동안 발생된 민원사무 처리결과 통 지를 요구하는 민원임에도 결정에 대해 답하면서 민원사무 처리결과를 통지하지 않는 것은 민원사 무 처리에 관한 법률 제15조를 위반하는 것임.		
2013. 6. 9.	보건 복지부	보건복지부가 그동안(2009년부터) 민원사무 처 리에 관한 법률 제15조에 의해 민원사무 처리결 과를 통지하지 않고 종결하여, 그동안 신청한 민 원(2009년부터)에 대한 처리결과를 통지해 줄 것 을 요구함.	(동문서답)	미결
2013. 6. 17.	보건 복지부	건강보험료 부과결정방법 등에 대해 설명		
	답변에 대한 의견	민원은 건강보험료 부과결정방법 등에 대한 민 원이 아니고 그동안 발생된 민원사무 처리결과		

진정일 (답변일)	제출처 (답변처)	진정(답변)내용 및 의견	진행사항	
			해당민원	당초민원
		통지를 요구하는 민원임에도 결정 등에 대해 답하면서 민원사무 처리결과를 통지하지 않는 것은 민원사무 처리에 관한 법률 제15조를 위반하는 것임.		
2013. 6. 9.	감사원장	감사원이 그동안(2009년부터) 민원사무 처리에 관한 법률 제15조에 의해 민원을 처리하지 않고 '반복 민원으로 종결 처리된 민원'이라며 민원사무 처리에 관한 법률 시행령 제21조에 의해 민원을 처리하여, 동 민원을 종결 처리한 법률적 근거를 요구함.	(동문서답)	미결
2013. 6. 14.	감사원	귀하께서 제출하신 민원에 대해서는 이미 회신한 바와 같이 동일(유사)한 민원을 3회 이상 제출하여 종결한 사안임을 알림.		
	답변에 대한 의견	민원은 2009년부터 발생된 수십 개의 민원사무 처리결과를 통지하지 않은 법률적 근거를 요구하는 민원임에도 3회 이상 제출하여 종결하였다며 민원사무 처리결과를 통지하지 않는 것은 민원사무 처리에 관한 법률 제15조를 위반하는 것임.		
2013. 6. 9.	국가 보훈처	그동안 민원사무 처리결과를 통지하지 않고 종결하여, 그동안 신청한 민원(2008년부터)에 대한 처리결과를 통지해 줄 것을 요구함.	(동문서답)	미결
2013. 6. 17.	국가 보훈처	2008년부터 신청한 민원에 대한 처리결과를 통지해 줄 것을 요구하고 있으나, 그에 대한 회신은 이미 모두 통보했으며 반복적인 민원에 대해서만 민원사무 처리에 관한 법률 시행령」 제21조에 의거 내부종결 처리하였음.		
	답변에 대한 의견	민원은 심사 등에 대한 민원이 아니고 그동안 발생된 민원사무 처리결과 통지를 요구하는 민원임에도 그동안 심사 등에 대해 답하면서 민원사무 처리결과를 통지하지 않는 것은 민원사무 처리에 관한 법률 제15조를 위반하는 것임. 국가보훈처는 2008년부터 발생된 수십 개의 민원이 무엇인지 확인하여 그 결과를 통지해야 함.		

진정일 (답변일)	제출처 (답변처)	진정(답변)내용 및 의견	진행사항	
			해당민원	당초민원
2013. 6. 9.	국무총리	국무총리가 그동안 민원사무 처리에 관한 법률 제15조에 의해 민원사무 처리결과를 통지하지 않고 종결해, 그동안 신청한 민원(2009년부터)에 대한 처리결과를 통지해 줄 것을 요구함.	(동문서답)	미결
2013. 6. 12.	국무총리	동 민원에 대하여 민원사무 처리에 관한 법률 시행령 제14조(서류의 보완 등)에 따라 민원종류, 제기일시, 내용에 대해서 구체적이고 자세한 사항을 보완해 주기 바람.		
	답변에 대한 의견	국무총리가 그동안(2009년부터) 발생된 민원을 보완해 줄 것을 요구하며 결과를 통지하지 않음. 답변자(민원사무 처리자)는 과거부터 답한 자로 민원사무 처리에 관한 법률 제15조를 위반하여 고소된 자임.		
2013. 6. 22.	국무총리	1AA-1306-031066 민원과 관련하여, 동 민원에 대하여 민원사무 처리에 관한 법률 시행령 제14조(서류의 보완 등)에 따라 구체적이고 자세한 사항을 보완해 줄 것을 요구하여 보완된 내용(첨부)으로 다시 제출함. 총리는 법을 지키지 않으면서 국민에게 시행령에 따른 서류보완을 요구하는 것은 마치 '똥 묻은 개가 겨 묻은 개'를 나무라는 것과 같은 형상임. 총리의 도덕성이 요구됨. 2011. 4. 9. 자 민원인 '동일 반복 민원으로 분류 처리'한 법률규정을 통지해 주기 바람.	(동문서답)	미결
2013. 7. 1.	국무총리	동 민원은 민원사무 처리에 관한 법률 시행령 제21조(반복 및 중복 민원사무 처리)제1항에 따라 동일반복 민원으로 분류, 처리하였음을 알림.		
	답변에 대한 의견	민원사무 처리에 관한 법률 시행령 제21조에 따른다며 민원사무 처리결과를 통지하지 않음. 민원사무 처리에 관한 법률 시행령 제21조는 헌법과 민원사무 처리에 관한 법률 제15조의 범위 내에서 시행되어야 함에도 총리가 시행령으로 헌법과 법률을 제한함. 이는 마치 헌법에 규정된 대통령 임기일지라도 시행령으로 규정하면 된다는 식의 위험한 발상임으로 개선되어야 함.		

224

진정일 (답변일)	제출처 (답변처)	진정(답변)내용 및 의견	진행사항	
			해당민원	당초민원
2013. 6. 30.	국가 보훈처	제가 2010. 10. 6. 신청한 민원(공정한 행정실천 요구. 즉 17개월간 발생된 민원해소 요구)에 대한 처리결과를 통지해 주기 바람.	(동문서답)	미결
2013. 7. 8.	국가 보훈처	기 통보했음을 알림.		
	답변에 대한 의견	기 통보했다며 결과를 통지하지 않음.		
2013. 6. 30.	국민권익 위원회	제가 2013. 2. 26. 신청한 민원과 2013. 3. 17. 신청한 민원에 대한 결과를 통지해 주기 바람. 　신청한 민원에 대한 처리결과통지는 민원사무 처리에 관한 법률 제15조에 규정된 것이며, 기 민원과 중복되는 민원이라고 판단되면 기 민원사무 처리내용을 참고하여 처리할 것을 규정한 것은 민원사무 처리에 관한 법률 시행령 제21조에 규정되어 있으나, 민원사무 처리에 관한 법률 시행령 제21조는 법적 근거 없는 시행령으로 저는 민원사무 처리에 관한 법률 제15조에 규정된 민원사무 처리결과를 통지해 주기 바라며, 결과 없는 통지는 민원사무 처리에 관한 법률 제15조에 위반되는 것임을 양지하기 바람. 　그리고 국민권익위원회의 민원사무 처리사례를 제 블로그(http://blog.daum.net/seojoung)에서 공개하고 있으니 국민권익위원회가 민원을 처리한 내용을 참고하기 바람.	(동문서답)	미결
2013. 8. 14.	국민권익 위원회	국익을 위해 제시하시는 귀하의 의견 및 제안, 문제점 지적에 대해 업무에 참고하도록 하겠음.		
	답변에 대한 의견	76일 만에 참고하겠다고 답하며, 민원사무 처리결과는 없음.		
2013. 6. 30.	국무총리	제가 2013. 4. 4. 진정(신청한 민원사무 처리결과 통지 요구)에 대한 결과를 통지해 주기 바람. 　신청한 민원에 대한 처리결과통지는 민원사무 처리에 관한 법률 제15조에 규정된 것이며, 기 민원과 중복되는 민원이라고 판단되면 기 민원사무 처리내용을 참고하여 처리할 것을 규정한 것은 민원사무 처리에 관한 법률 시행령 제21조에 규	(동문서답)	미결

진정일 (답변일)	제출처 (답변처)	진정(답변)내용 및 의견	진행사항	
			해당민원	당초민원
		정되어 있으나, 민원사무 처리에 관한 법률 시행령 제21조는 법적 근거 없는 시행령으로 저는 민원사무 처리에 관한 법률 제15조에 규정된 민원사무 처리결과를 통지해 주기 바라며, 결과 없는 통지는 민원사무 처리에 관한 법률 제15조에 위반되는 것임을 양지하기 바람. 　그리고 국무총리의 민원사무 처리사례를 제 블로그(http://blog.daum.net/seojoung)에서 공개하고 있으니 국무총리가 민원을 처리한 내용을 참고하기 바람.		
2013. 7. 3.	국무 총리실	우리 실은 2013. 4. 4. 귀하의 민원을 접수한 사실이 없음을 알림.		
	답변에 대한 의견	민원을 접수한 사실이 없다하여 말하지만, 2013. 4. 4. 발송한 진정서 등기번호는 용인우체국 14527-0303-3699 이니 접수여부를 확인하여 결과를 답변하기 바람.		
2013. 6. 30.	감사원장	제가 2010. 9. 18. 신청한 민원(회신요구 및 미 회신 사유에 대한 답변 요구)과 2012. 5. 9. 신청한 민원(생명경시에 대한 책임 요구)에 대해 답변해 주기 바람. 　신청한 민원에 대한 처리결과통지는 민원사무 처리에 관한 법률 제15조에 규정된 것이며, 기 민원과 중복되는 민원이라고 판단되면 기 민원사무 처리내용을 참고하여 처리할 것을 규정한 것은 민원사무 처리에 관한 법률 시행령 제21조에 규정되어 있으나, 민원사무 처리에 관한 법률 시행령 제21조는 법적 근거 없는 시행령으로 저는 민원사무 처리에 관한 법률 제15조에 규정된 민원사무 처리결과를 통지해 주기 바라며, 결과 없는 통지는 민원사무 처리에 관한 법률 제15조에 위반되는 것임을 양지하기 바람. 　그리고 감사원의 민원사무 처리사례를 제 블로그(http://blog.daum.net/seojoung)에서 공개하고 있으니 그동안 감사원이 민원을 처리한 내용을 참고하기 바람.	(동문서답)	미결
2013. 7. 12.	감사원	동일(유사)한 민원을 3회 이상 제출하여 종결한 사안임		

사실을 歪曲시키는 보도

진정일 (답변일)	제출처 (답변처)	진정(답변)내용 및 의견	진행사항	
			해당민원	당초민원
	답변에 대한 의견	결과 없는 거짓을 회신한 후 법적 근거 없이 동일한 민원이라며 신청한 민원에 대한 처리결과를 통지하지 않고 종결하는 것이, 국민이 겪는 어려움과 각종 불편사항 해결을 위해 노력하는 감사원임.		
2013. 6. 30.	국민건강 보험공단	제가 2010. 10. 6. 신청한 민원(17개월간 민원을 방치하고 건강보험료 납부를 방치하는 것은 공정한 행정이 아니므로, 민원을 해소하고 건강보험료 산정내역을 알리는 공정한 행정실천 요구)에 대한 처리결과를 통지해 주기 바람. 　그리고 국민건강보험공단의 민원사무 처리사례를 제 블로그(http://blog.daum.net/seojoung)에서 공개하고 있으니 그동안 국민건강보험공단이 민원을 처리한 내용을 참고하기 바람.	(동문서답)	미결
2013. 7. 5.	국민건강 보험공단	고객님께서는 '공정한 행정 실천'을 요구하였으며, 자격부-8292호(2010. 10. 12.)로 회신한 바 있음. 　공단은 전 국민을 대상으로 관련 법령 및 제 규정에 따라 공정하게 업무를 처리하고 있음을 양지하기 바람.		
	답변에 대한 의견	신청한 민원은 2010. 10. 6. 신청한 민원에 대한 처리결과통지요구임에도 기 회신한 바 있다며 결과를 통지하지 않음. 즉 그동안 공단은 결과 없는 회신으로 민원을 처리함. 2010년에 과소 고지한 건강보험료를 아직도 바르게 정정하여 고지하지 않으면서, 건강보험업무를 공정하게 처리한다고 주장함.		
2013. 6. 30.	보건 복지부	제가 2010. 10. 13. 신청한 민원(화성시에 책임을 전가하며 보건복지부의 책임을 얼버무리는데 대한 보건복지부의 책임요구)에 대한 처리결과를 통지해 주기 바람. 　그리고 보건복지부의 민원사무 처리사례를 제 블로그(http://blog.daum.net/seojoung)에서 공개하고 있으니 그동안 보건복지부가 민원을 처리한 내용을 참고하기 바람.	(동문서답)	미결
2013. 7. 2.	경기도	적법한 절차에 의하여 처리하였음을 회신		

진정일 (답변일)	제출처 (답변처)	진정(답변)내용 및 의견	진행사항	
			해당민원	당초민원
	답변에 대한 의견	민원사무 처리결과를 통지하지 않는 것이 적법한 절차에 의한 처리라고 주장함. 헌법과 법을 위반하는 것은 경기도지사가 국민과 입법부(국회)를 무시하는 것임.		
2013. 7. 1.	대통령	2013. 4. 29. 신청한 진정과 2013. 5. 23. 신청한 진정에 대한 결과를 통지해 주시기 바라며, 저번에도 말씀드렸지만 현실(현장) 전문가가 국익을 위한 행정을 할 수 있게 조치해야 함.	미 회신	미결
	의견	민원사무 처리결과를 통지하지 않음.		
2013. 7. 8.	감사원장	2009. 6. 26. 신청한 민원(진정)에 대해 민원사무 처리에 관한 법률 제15조 ①에 따라 처리결과를 국민신문고로 통지하여 줄 것을 요청함.	(동문서답)	미결
2013. 7. 12.	감사원	동일(유사)한 민원을 3회 이상 제출하여 종결한 사안임.		
	답변에 대한 의견	2009. 6. 26. 신청한 민원에 대한 처리결과를 문서(정보통신망)로 통지할 것을 요청하여도 결과를 통지하지 않음. 즉 민원사무 처리에 관한 법률 제15조를 위반하는 것이, 국민이 겪는 어려움과 각종 불편사항 해결을 위해 노력하는 감사원임.		
2013. 7. 13.	보건 복지부	제가 2010. 10. 13. 신청한 민원(화성시에 책임을 전가하며 보건복지부의 책임을 얼버무리는데 대한 보건복지부의 책임요구)에 대한 처리결과를 통지해 주기 바람. 그리고 보건복지부의 민원사무 처리사례를 제 블로그(http://blog.daum.net/seojoung)에서 공개하고 있으니 그동안 보건복지부가 민원을 처리한 내용을 참고하기 바람.	(동문서답)	미결
2013. 7. 20.	경기도	규정에 따라 처리된 사항임을 회신		
	답변에 대한 의견	헌법과 법에 위반되는 '규정'으로 민원을 처리함.		

진정일 (답변일)	제출처 (답변처)	진정(답변)내용 및 의견	진행사항	
			해당민원	당초민원
2013. 7. 14.	대검찰청	고소에 대한 검찰의 처리상황을 보면, 이유에 의한 결과가 아닌 결과에 맞추기 위한 이유를 기재하여 진정함. 　제가 고소한 것은 법(증거재판 등)위반에 대한 것임에도, 법 위반여부에 대해서는 조사하지 않고 '고소만으로 죄가 성립되지 않는 것이 명백하다'는 등의 주관적이고 법 위반이 죄가 아니라는 식의 이상한 이유로 각하한 것은 부당함. 법에 규정된 내용을 위반한 것임에도, 법 위반이 죄가 되지 않는다는 사고는, 마치 법에 위반될지라도 시행령으로 대통령 임기를 정할 수 있다는 위험한 사고이며 이는 법(헌법)을 제정하는 국회와 국민을 부정하는 사고임. 무죄임에도 증거 없이 유죄로 처리하는 등, 결론에 짜 맞추기식의 업무처리 방식은 개선되어야 함.	(동문서답)	미결
2013. 7. 22.	대검찰청	귀하의 민원은 우리 청(수원지방검찰청) 2013 진정 625호로 접수되었고, 동 검사실에서 귀하의 민원을 처리할 예정임. 사건 종결 후 처리결과는 위 검사실에서 우편으로 통지하여 드림.		
	답변에 대한 의견	사건종결 후 통지할 것임을 알리면서, 민원사무 처리결과를 통지하지 않고 종결함.		
2013. 7. 20.	국무총리	2013. 4. 4. 진정(신청한 민원사무 처리결과통지 요구)에 대한 결과통지요구에 대해, 2013. 4. 4. 진정을 접수한 사실이 없다고 2013. 7. 3. 답하여 다시 민원을 제출함. 　2013. 4. 4. 진정서를 수령한 사실이 확인됨에도, 국무총리실이 진정서를 접수한 사실이 없다고 2013. 7. 3. 답한 것은 거짓 답으로 판단되니, 거짓 답이 아니면 증거로 주장하여 주기 바람.	(동문서답)	미결
2013. 7. 23.	국무 총리실	2013. 4. 4. 제출한 민원을 2013. 4. 6. 우편으로 접수됨. 　2009년~2012년 4개년 동안 우리 실에 제출한 민원결과는 민원사무 처리에 관한 법률 제15조에 따라 회신됨		
	답변에 대한 의견	2013. 4. 4. 발송된 진정에 대한 처리결과를 통지하지 않기 위해 동 서류가 2013. 4. 4. 우편접수		

진정일 (답변일)	제출처 (답변처)	진정(답변)내용 및 의견	진행사항	
			해당민원	당초민원
		불가함에도 접수사실이 없다며 거짓을 답하고 처리결과를 답하지 않은 ○○○를 고발하고 추가답변하기 바람. 추가 답변하지 않으면 국무총리실이 ○○○를 고발하지 않은 것으로 판단하겠음.		
2013. 7. 22.	대통령	MB정부 때와 마찬가지로 현실과 다른 이상적인 말의 전문가가 국정을 운영하는 것은 부당함. 즉 '원칙을 지킨다,' '복지부동하지 않는다,' 등의 실천하지 못하는 이상적인 말은 부당함. 　헌법과 법에는 이상적인 사항을 정하고 헌법과 법에 정한 사항이 현실에 맞지 않아 시행하기 어려울 경우에는 헌법과 법에 위반될지라도 시행령이나 규정으로 규정하여 시행하는 것은, 헌법에 규정된 대통령임기일지라도 시행령 등으로 대통령 임기를 정할 수 있다는 위험한 사고이며 개헌을 부정하고 국회와 국민을 부정하는 사고임. 　헌법과 법을 제한하는 시행령이나 규정을 정비(개정)하여, 정부가 시행령이나 규정이 아닌 헌법과 법을 준수하여 주시기 바람.	미 회신	미결
	의견	헌법과 법에 따라 민원사무 처리결과를 통지하지 않음.		
2013. 7. 24.	국무총리	4개년 간 국무총리실에 제출한 민원을 민원사무 처리에 관한 법률 제15조(처리의 결과 통지)에 따라 회신한 것으로 답하여 다시 제출함. 　민원사무 처리에 관한 법률 제15조는 신청한 민원에 대한 결과를 통지할 것을 의무화한 법률임에도 2013. 7. 23. 신청한 민원 등에 대해 그 처리결과를 통지하지 않은 것은 민원사무 처리에 관한 법률 제15조에 위반되는 답임. 　법에 위반되는 답으로 복지부동하지 않기 바라며, 이견이 있으면 증거로 반론하기 바람.	(동문서답)	미결
2013. 7. 26.	국무 총리실	답변하지 않는 민원에 대한 구체적인 사항(제출일시, 제목, 내용 등)을 알려주기 바람.		
	답변에 대한 의견	2013. 4. 4. 신청한 진정과 2013. 7. 23. 민원 등 구체적 사항을 제시하였음에도 구체적인 사항을 알려주기 바라면서 민원사무 처리결과를 통지하지 않고, 법(민원사무 처리에 관한 법률 제15조)을		

230

진정일 (답변일)	제출처 (답변처)	진정(답변)내용 및 의견	진행사항	
			해당민원	당초민원
		위반하며 복지부동함. 2013. 4. 4. 진정내용과 제 블로그(blog.daum.net/seojoung)내용에 대해 이견이 없음.		
2013. 7. 28.	국무총리	세계 수영대회 유치 과정에서 불거진 광주시의 공문서 위조 사건에 대해 엄정한 처리를 강조하는 국무총리는, 제가 2013. 4. 4. 발송한 진정에 대한 처리결과를 통지하지 않기 위해 동 서류접수 사실이 없다며 거짓을 답하고 그 처리결과를 답하지 않고 복지부동한 ○○○를 고발하여 국무총리의 위상이 제고되도록 하기 바람.	(동문서답)	미결
2013. 7. 31.	국무 총리실	우리 실에서 답변을 받지 못한 민원에 대해서 구체적이고 자세한 사항(민원제출 일시, 제목, 내용 등)을 알려주시면 성실하게 답변 드리겠음.		
	답변에 대한 의견	성실하게 답변하겠다면서, 그동안 국무총리에게 제출된 민원이 무엇인지 모르는 것처럼 거짓을 답함. 국무총리는 성실하게 행동해야 함. 신청한 민원사무 처리결과를 통지하지 않은 것이 2013. 4. 4. 진정 시 첨부한 '일자별 진정내용 요약 및 의견'과 같이 다수건 이지만, 2013. 4. 4. 진정을 접수하지 않았다고 거짓을 답한 후 그 결과를 답하지 않았으므로, 2013. 4. 4. 진정에 대한 결과를 추가로 답하기 바람. 추가 답변하지 않으면, 국무총리가 복지부동하는 것으로 판단하겠음.		
2013. 8. 17.	보건 복지부	제가 국민건강보험공단에서 징수하는 건강보험료 산출과 관련된 민원을 2010. 7. 24.부터 국민건강보험공단에 수차례 제기하였음에도 아직 국민건강보험공단이 제 건강보험료를 올바로 산정된 금액으로 징수하지 않아 감독기관인 귀 부에 민원을 제기하니 국민건강보험공단이 복지부동하지 않게 하여 주기 바람.	(동문서답)	미결
2013. 8. 22.	보건 복지부	국내에 거주하는 모든 국민은 국민건강보험법 제69조에 따라 보험료를 납부해야 함.		
	답변에 대한 의견	건강보험료 산출과 관련된 민원임에도 민원에 대하여는 답하지 않고 체납에 대하여만 설명. 복지부는 과소하게 산출된 건강보험료를 올바로 산정		

진정일 (답변일)	제출처 (답변처)	진정(답변)내용 및 의견	진행사항	
			해당민원	당초민원
		하여 징수하지 않고 과소 고지된 건강보험료를 할 중받기 위해 민원인이 공단에 이의신청할 것을 권장하면서 복지부동함.		
2013. 8. 17.	감사원장	제가 국민건강보험공단에서 징수하는 건강보험료 산출과 관련된 민원을 2010. 7. 24.부터 국민건강보험공단에 수차례 제기하였음에도 아직 국민건강보험공단이 제 건강보험료를 올바로 산정된 금액으로 징수하지 않아 감독기관인 귀 원에 민원을 제기하니 국민건강보험공단이 복지부동하지 않게 하여 주기 바람.	(동문서답)	미결
2013. 11. 5.	감사원	위 민원은 국민건강보험공단에서 조사할 사항으로 판단되어 국민건강보험공단으로 하여금 이를 조사·처리하고 그 결과를 귀하께 회신하도록 하였음을 알림.		
	답변에 대한 의견	감사원은 국민건강보험공단이 법을 위반하면서 복지부동하는 것을 감독하지 않음. 　국민건강보험공단이 결과를 회신하지 않았음에도 감사원은 민원신청 80일 만에 법적 근거 없이 민원을 종결함.		
2013. 8. 19.	국민권익 위원회	제가 2013. 2. 26. 및 2013. 3. 17. 신청한 민원사무 처리결과 요구에 대해, 2013. 8. 14. 업무에 참고할 것이라고 답하면서 신청한 민원사무 처리결과를 답하지 않음. 　2013. 8. 14. 답은 이전 잘못을 향후 민원사무 처리에 참고할 것임을 약속하는 것으로 판단되므로, 제가 2013. 6. 30. 이전에 신청한 여러 건의 민원에 대한 처리결과를 통지해 주기 바람. 　참고로 동 민원신청일인 오늘(2013. 8. 19.)은 2013. 8. 14. 이후이며, 2013. 6. 30. 제가 신청한 민원에 대한 결과를 통지하지 않을 목적으로 2013. 8. 14. 거짓을 답한 것으로 판단되나, 귀 위원회의 2013. 8. 14. 답이 거짓이 아니기 바람.	(동문서답)	미결
2013. 10. 28.	국민권익 위원회	국익과 국가안위를 위해 제시하시는 귀하의 의견 및 제안, 문제점 지적에 대해 업무에 참고하도록 하겠음.		

　　　　　　　　　　　　　　　　사실을 歪曲시키는 보도

진정일 (답변일)	제출처 (답변처)	진정(답변)내용 및 의견	진행사항	
			해당민원	당초민원
	답변에 대한 의견	2013. 6. 30 신청한 민원에 대한 결과를 통지하지 않을 목적으로 2013. 8. 14. 거짓을 답한 것임. 계속 참고하겠다고 답하면서 신청한 민원사무처리결과는 통지하지 않음.		
2013. 8. 26.	대통령	정부가, 법이 현실에 맞지 않아 시행령으로 업무를 처리하면서 제 개헌안 제1조 및 제3조와 같이 국민을 보호하고 대한민국의 영토를 구체적으로 명시하는 개헌을 추진하지 않고, 미사여구로 국민을 위하는 것처럼 국민을 기만하면서 복지를 실천할 신체장애자 등을 위한 컨트롤타워도 설치하지 않는 것은 부당하며, 또 박 전 대통령이 현재와 같은 상황을 초래하기 위해 새마을 운동을 일으킨 것이 아님에도 박 전 대통령의 업적을 평가절하하는 현 상황은 부당함. 이러한 잘못된 행정은 고쳐야 하며, 책임 없이 예산을 낭비하면서 국민 생업에 지장을 초래하는 정부는 개혁되어야 함. 경험 없이 과거 지키기에 몰두하며 갑론을박하면서 줄서는 현 기득세력으로는 새로운 정신으로 개조될 수 없으므로 경험 있고 기득세력이 아닌 분이 잘못된 현 상황을 타개토록 해야 함. 역할 없이 세월만 흘러가게 하는 대통령이 아닌 역할 있는 주연 대통령이 되시기 바라며, 제가 2013. 4. 29, 2013. 5. 23, 2013. 7. 1, 2013. 7. 22, 진정한 진정에 대한 처리결과를 통보받지 못했으므로, 결과를 통보해 주시기 바람.	미 회신	미결
	의견	헌법과 법에 따라 민원사무 처리결과를 통지하지 않음.		
2013. 8. 31.	국무총리	제가 국민건강보험공단에서 징수하는 건강보험료 산출과 관련된 민원을 2010. 7. 24.부터 국민건강보험공단에 수차례 제기하였음에도 아직 국민건강보험공단이 제 건강보험료를 올바로 산정된 금액으로 징수하지 않아 국무총리에게 민원을 제기하니 국민건강보험공단이 복지부동하지 않게 하여 주기 바람. 이미 검토를 거쳐 처리된 반복 민원이라는 등 국무총리실이 허위내용의 공문서를 행사하지 않기 바람.	(동문서답)	미결

진정일 (답변일)	제출처 (답변처)	진정(답변)내용 및 의견	진행사항	
			해당민원	당초민원
2013. 9. 10.	보건 복지부	국내에 거주하는 모든 국민은 국민건강보험 법 제69조에 따라 보험료를 납부해야 하며, 기 한 내에 납부되지 않을 경우 현행 법 제81조에 따 라 성실납부자와의 형평성 및 안정적인 보험재 정 운영을 위하여 체납처분을 통한 강제징수 절 차를 진행할 수 있도록 규정하고 있음.		
	답변에 대한 의견	국무총리에 대한 민원을 국무총리가 책임지지 않기 위해 보건복지부에 이송하고 보건복지부는 과소 고지에 대한 책임 및 대책 없이 민원을 종결 함. 즉 국무총리(정부)는 잘못을 바르게 하지 않고 대책 없이 복지부동함.		
2013. 9. 8.	감사원장	행정절차법 제23조와 관련된 2009. 6. 26. 자 민 원(행정절차법과 관련된 민원으로 공공기관의 정보공개 에 관한 법률과 관련되지 않는 민원)을 첨부하니, 2009. 6. 26. 자 민원에 대한 처리결과를 민원사무 처리 에 관한 법률 제15조에 의해 통지해 주기 바람. 　민원사무 처리결과를 통지하지 않으면, 귀 원 이 복지부동하기 위해 민원사무 처리에 관한 법 률 제15조를 위반하는 것으로 판단하겠음.	(동문서답)	미결
2013. 11. 5.	감사원	위 민원을 검토한바, 귀하께서 2009. 6. 26. 제 출한 장기요양 등급 판정과 관련하여 근거서류를 요청하는 민원(2009. 6. 29. 감사원에 접수)은 당시 민원사무 처리에 관한 법률 제15조 제1항 단서 및 같은 법 시행령(대통령령 제20741호, 2011. 6. 21. 개정 전의 것) 제24조 제2항의 규정에 따라 당시 민 원인과 유선 통화하여 구두로 국민건강보험공단 에 정보공개 청구하여 볼 것을 안내한 후 민원종 결 처리하였음을 알림.		
	답변에 대한 의견	시행령은 법률이하의 규정으로 적법여부를 제 외하고 감사원이 2009년 6월 26일자 민원을 민원 사무 처리에 관한 법률 제15조에 의해 적법하게 처리한 것인지를 감사원의 '민원사무 처리전'으로 검토해 보면, 1. 민원사무 처리결과를 통지하지 않고 정보공개 청구하여 볼 것을 안내한 것은 민 원사무 처리에 관한 법률 제15조를 위반한 것이 며, 2. 공공기관의 정보공개에 관한 법률과 관련 되지 않는 민원에 민원인이 전화로 동의하였다할		

진정일 (답변일)	제출처 (답변처)	진정(답변)내용 및 의견	진행사항	
			해당민원	당초민원
		지라도 이는 민원인이 신청한 민원에 동의한 것이 아니므로 결국 감사원은 신청한 민원사무 처리결과를 통지하지 않은 것이며, 3. 감사원은 민원에 복지부동하기 위해 민원사무 처리에 관한 법률 제15조를 위반하면서 국민이 겪는 어려움과 불편을 해결하지 않음.		
2013. 9. 9.	대통령	공정 사회를 위해서 꼭 사라져야 할 ○○○를 감사원장 후보자로 지명한 것은 부당함. 　○○○는 과거 지키기에 몰두할 수밖에 없는 기득인사로 사회가 새로운 정신으로 무장되게 할 수 없으므로, 경험있고 기득세력이 아닌 분을 감사원장 후보자로 지명해야 함으로 ○○○는 사퇴해야 함. 　바르게 고칠 것을 약속한 대통령과 새누리당의 공약을 실천할 수 있는 분이 감사원장으로 임명되게 해야 하며, 그러기 위해 현재 감사원이 위반하고 있는 민원사무 처리에 관한 법률 제15조를 ○○○가 올바로 실천되게 할 의지가 있는지도 확인해야 함. 　감사원의 민원사무 처리 사례를 제 블로그에서도 공개하고 있지만, 감사원의 결과 없는 회신은 민원사무 처리에 관한 법률 제15조에 위반됨.	미 회신	미결
	의견	헌법과 법에 따라 민원사무 처리결과를 통지하지 않음.		
2013. 9. 17.	감사원장	2013. 8.17. 감사원장에게 제출한 민원에 대해 국민건강보험공단이 전세보증금 4,699만원(실지 전세보증금 6,500만원. 2010년 민원내용 참고)으로 판단하여 과소하게 고지한 건강보험료에 대해 책임지지 않고 건강보험료 산출(국민건강보험공단 부과부-2040 참조)과 관련되어 답하게 하는 것은 부당함. 감사원장은 민원에 복지부동하지 말고 국민건강보험공단의 건강보험료 과소 고지에 대해 국민에게 책임지게 조치하기 바람.	(동문서답)	미결
2013. 11. 5.	감사원	위 민원을 검토한 바, 민원인이 기제출한 민원(2013-07397호)은 건강보험료 산출, 부과 등의 업무를 담당하는 국민건강보험공단에서 직접 검토하여 답변하는 것이 타당하다고 인정되어 '감사원 민원사무 처리규정'에 따라 위 공단으로 이송 처리하		

진정일 (답변일)	제출처 (답변처)	진정(답변)내용 및 의견	진행사항	
			해당민원	당초민원
		였던 것임을 알림. 앞으로도 국민건강보험료 부과 와 관련하여서는 위 공단에 우선 문의하여 보시기 바람.		
	답변에 대한 의견	감사원이 국민건강보험공단의 건강보험 과소 고지에 대해 책임지게 하지 못함. 감사원의 존재 이유(가치)가 무엇인지 의심됨.		
2013. 9. 25.	국무총리	고액 등 수년간 건강보험료 체납자에 대해 체 납된 건강보험료를 징수하는 것은 당연한 일이 며, 징수 가능함에도 수년간 건강보험료 체납을 방치한 공단이 미 징수에 대해 책임지는 것이 당 연함에도, 공단이 국민에게 책임지지 않는 것은 부당하므로, 공단이 국민에게 책임진 사실이 있 으면 국무총리는 그 내역을 알려 주기 바람. 　그리고 제 건강보험료 과소산정 및 체납(미 징 수)에 대해서도 국민건강보험공단이 책임지게 하 고 그 결과를 민원사무 처리에 관한 법률 제15조 에 따라 통지해 주기 바람.	(동문서답)	미결
2013. 10. 7.	보건 복지부	이미 답변 드린 바와 같이 국내에 거주하는 모 든 국민은 건강보험료를 납부해야 하며, 보험료 를 납부하지 않으면 기한을 정하여 독촉하거나 체납처분을 통한 강제징수 절차를 진행할 수 있 도록 규정하고 있음.		
	답변에 대한 의견	정부는 건강보험료 과소산정(징수)에 대해 책임 지지 않음. 즉 감사원은 감사업무를 주무(소관)부 처에 떠넘기면서 '잘못된 것은 바르게 고치겠다.' 는 대통령의 약속을 실천하지 않음. 　이런 실정임에도 대통령이 감사원의 감사업무 를 주무부처에 이관하여 감사원 철폐 또는 축소 를 통해 예산을 절약하려고 노력하지 않는 것이 이해되지 않음.		
2013. 10. 9.	국가 보훈처	2013. 6. 9. 현재 신청된 민원사무 처리결과를 미 통지한 귀 처의 2013. 6. 17. 답은 부적법하므 로 2013. 6. 9. 신청한 민원에 대해 適法한 답을 요 구하며, 그동안 신청한 민원(2008년부터)에 대한 처리결과를 통지해 줄 것을 요구함.	(동문서답)	미결

진정일 (답변일)	제출처 (답변처)	진정(답변)내용 및 의견	진행사항	
			해당민원	당초민원
2013. 10. 16.	국가 보훈처	귀하께서 제출한 민원에 대해서는 이미 회신한 내용을 참고해 주시고 추가로 궁금한 사항이 있으시면 등록 관리과로 문의하여 주시기 바람.		
	답변에 대한 의견	2013. 6. 9. 민원에 대해 통보했다며 부작위함. 즉 이는 민원사무 처리에 관한 법률 제15조를 위반한 부적법한 답임. 민원은 2013. 6. 9. 민원에 대한 결과를 요구하는 것이지 그동안의 회신내용 요약을 요구하는 것이 아님.		
2013. 10. 9.	국무총리	저는 2013. 4. 4. 자 신청한 진정에 대한 처리결과를 수취하지 못했으므로 처리결과를 발송해 주기 바람. 거짓을 답하지 않기 바람.	(동문서답)	미결
2013. 10. 17.	국무총리 비서실	2013. 4. 4. 제출한 민원에 대해서는 2013. 4. 16. 회신하였음. 민원회신 내용을 다시 보내니 참고하기 바람.		
	답변에 대한 의견	회신했다는 장애인 컨트롤타워 설치요구는 2013. 4. 4. 민원이 아님에도 이를 답했다며 2013. 4. 4. 자 신청한 진정에 대하여는 그 처리결과를 통지하지 않음. 2013. 4. 4. 자 신청한 진정은 2013. 7. 20. 자 민원 시 첨부된 것과 같이, 4년간 신청한 민원사무 처리결과 통지요구임.		
2013. 10. 9.	감사원장	2013. 6. 9. 민원(2009년부터 제가 신청한 민원에 대한 처리결과를 미 통지한 법률적 근거 요구)에 대해 2013. 6. 14. '이미 회신한 바와 같다'고 답했음. 민원사무 처리에 관한 법률 제15조는 현재 신청된 민원에 대해 답할 것을 규정한 법률로, 이전 (과거)민원사무 처리를 답하여 현재 신청된 민원을 처리할 수 있도록 규정된 민원사무 처리에 관한 법률 시행령」 제21조에 의한 답은 민원사무 처리에 관한 법률 제15조를 위반하는 답이며, 「민원사무 처리에 관한 법률」 시행령 제21조는 「민원사무 처리에 관한 법률」 제15조에 의한 시행령이 아니며 시행령은 법률과 다툴 수 없음을 양지하기 바람. 그러므로 민원사무 처리에 관한 법률 제15조에 의해 답하지 않고 2013. 6. 9. 현재 신청된 민원사	(동문서답)	미결

진정일 (답변일)	제출처 (답변처)	진정(답변)내용 및 의견	진행사항	
			해당민원	당초민원
		무 처리결과를 미 통지한 귀 원의 2013. 6. 14. 답은 부적법하므로 2013. 6. 9. 신청한 민원에 대해 適法한 답을 요구함.		
2013. 11. 5.	감사원	귀하께서 2009년 6월 제출한 장기요양 등급 판정과 관련한 민원에 대한 처리의 법적 근거에 대하여는 이미 알려드린 대로 민원사무 처리에 관한 법률 제15조 제1항 단서조항 및 같은 법 시행령 제24조 제2항의 규정에 따라 유선 통화하여 '국민건강보험공단에 정보공개 청구하여 볼 것을 안내' 한 후 종결 처리하였음을 다시 한 번 알림. 또한 건강보험료 부과와 관련한 귀하의 민원은 이미 알려드린 바와 같이 건강보험료 산출·부과 등의 업무를 담당하는 국민건강보험공단에서 직접 검토하여 답변하는 것이 타당하다고 인정되어 '감사원 민원사무 처리규정'에 따라 위 공단으로 이송 처리하였던 것임을 다시 한 번 더 알림. 앞으로도 국민건강보험료 부과와 관련하여서는 위 공단에 문의하기 바람. 아울러 향후 이와 동일 유사한 내용의 민원에 대하여는 별도의 회신 없이 종결 처리함을 알림.		
	답변에 대한 의견	처리결과를 미 통지한 법률적 근거는 민원사무 처리에 관한 법률 제15조 제1항 단서 및 같은 법 시행령 제24조 제2항의 규정에 의한 것임을 알림. 시행령은 법률이하의 규정임으로 결국 민원사무 처리결과를 미 통지한 법률적 근거는 민원사무 처리에 관한 법률 제15조 제1항 단서에 의한 것임을 알림. 본 단서에 의할 경우에도, 민원인이 요청할 때에는 지체 없이 처리 결과에 관한 문서를 내주어야 함에도, 감사원은 민원인이 처리결과를 요청하였음에도 결과를 내주지 않고, 민원사무 처리에 관한 법률 제15조 제1항 단서를 위반함. (2013. 7. 8. 신청한 민원 참조)		
2013. 10. 9.	국민건강 보험공단	「공공기관의 정보공개에 관한 법률」 제9조에 의해 결정 이유를 공개할 수 없다는 답은 「공공기관의 정보공개에 관한 법률」 제4조와 같이 제 민원에 대한 적법한 답이 아니므로 2013. 2. 26. 제가 신청한 민원에 대해 適法한 답을 바람.	(동문서답)	미결

진정일 (답변일)	제출처 (답변처)	진정(답변)내용 및 의견	진행사항	
			해당민원	당초민원
2013. 10. 16.	국민건강 보험공단	「공공기관의 정보공개에 관한 법률」에서 정하는 바에 따라 비공개하였으므로 이는 「공공기관의 정보공개에 관한 법률」제9조 제1항 제5호를 준수한 것임.		
	답변에 대한 의견	정보공개를 요구하지 않고 결정 이유 제시를 요구하는 민원에 대해, 공공기관의 정보공개에 관한 법률 제9조에 의한다며 행정절차법 제23조를 위반함. 「공공기관의 정보공개에 관한 법률」제4조에 의해 행정절차법 제23조에 규정된 사항은 적용될 수 없으며 또 민원은 정보공개요구가 아니고 결정 이유 제시요구임에도, 공단은 정보에 대한 규정을 준수하였다며 2013. 2. 26. 신청한 민원에 適法하게 답하지 않음.		
2013. 10. 9.	보건 복지부	신청한 민원사무 처리결과를 답하지 않은 그동안의 답은 신청한 민원사무 처리결과를 답하게 규정한 민원사무 처리에 관한 법률 제15조를 위반하는 부적법한 답이므로 제가 2013. 6. 9. 현재 신청한 민원에 대해서 適法한 답을 바람.	(동문서답)	미결
2013. 10. 15.	보건 복지부	요청하신 민원(2013. 6. 9.)에 대하여 우리 부에서 기 회신 한바 있으나, 붙임과 같이 다시 보내니 참고하기 바람.		
	답변에 대한 의견	2013.10. 9. 신청한 민원은, 2013. 6. 9. 신청한 민원에 대한 適法한 답변을 요구하는 것임에도 신청한 민원에 대한 답변 없이 회신한 내용만 기재하여 신청한 민원사무 처리결과를 기 회신한 것처럼 답함. 즉 첨부한 기 민원회신내용을 보면 신청한 민원에 대한 결과회신이 아니며, 제안에 대한 것은 민원도 아님.		
2013. 10. 10.	감사원장	2013. 9.30. (조사1과-5838)의 답을 보면, 감사원의 이중성이 노출되어 있음. 즉 감사원이 국민의 어려움과 불편사항을 해소하기 위해 노력하는 기관임을 자처하면서, '감사원민원사무 처리규정'에 따라 소관기관으로 이송하였다고 답하는 것은, 감사원이 국민의 어려움과 불편사항을 해소하기 위해 노력하는 기관이 아님을 말하는 것임.	미 회신	미결

진정일 (답변일)	제출처 (답변처)	진정(답변)내용 및 의견	진행사항	
			해당민원	당초민원
		감사원은 국민을 위해 일하는 기관인지 규정에 의해 일하는 기관인지 분명한 입장을 밝히고 위와 같은 감사원의 이중적인 태도는 지양하기 바라며, '감사원민원사무 처리규정'을 검토하여 헌법을 제한하는 규정은 삭제하기 바라며, 그리고 '감사원민원사무 처리규정'으로 헌법을 제한하는 것은 부당하므로 2013. 9. 23. 제가 신청한 민원은 감사원이 직접 처리하여 처리결과를 회신하여 주기 바람. 국민건강보험료 부과와 관련하여 공단에 수차례 진정(문의)하였음에도, 감사원이 공단에 우선 문의하라는 답은 부당함. 공단에 수차례 진정한 내용은, 2013. 8. 17. 감사원 진정(국민신문고)에 있으므로 동 내용을 참고하기 바람.		
	의견	감사원은 2013. 8. 17, 2013. 9. 8, 2013. 9. 17, 2013. 10. 9. 제가 국민신문고로 신청한 민원에 대해 답하지 않으므로 인해, 국민신문고가 처리되지 않음. 제 민원(주장)에 대해 異見없음.		
2013. 10. 19.	국무총리	2013. 4. 4. 자 신청한 진정에 대한 결과를 통지해 주기 바람. 결과를 통지한 것처럼 다시 거짓을 답하지 않기 바라며, 2013. 4. 4. 자 신청한 진정은 4년간 신청한 민원사무 처리결과 통지를 요구하는 것임.	(동문서답)	미결
2013. 10. 25.	국무총리 비서실	귀하께서 "2009년~2012년까지 제출한 민원(2013. 4. 4)에 대한 처리 결과" 통지 요청에 대해서 "답변하지 않은 민원에 대한 자세하고 구체적인 제출 일시, 제목, 내용 등"을 알려 주시면 성실하게 답변 드리겠음.		
	답변에 대한 의견	2013. 10. 9. 민원(2013. 4. 4. 자 진정처리결과 요구)에 대해 2013. 10. 17. 결과를 회신한 것처럼 거짓을 답한 후 제 블로그에 일시 등이 공개되어 있음에도 총리실이 구체적인 사항을 모르는 것처럼 또 거짓을 답함. 신청하지 않은 것에 동문서답하면서 신청한 민원사무 처리결과를 답하지 않는 것은 민원사무 처리에 관한 법률 제15조를 위반하는 것임.		

240

진정일 (답변일)	제출처 (답변처)	진정(답변)내용 및 의견	진행사항	
			해당민원	당초민원
2013. 10.28	대통령	제가 블로그로 '사법부가 개혁되어야 할 사례' 및 '신청한 민원에 부작위하면서 예산만 낭비하는 사례' 등 잘못된 현 상황을 공개하고 있지만, 잘못된 현 상황을 바르게 하여 선친을 욕되게 하는 대통령이 아닌 선친의 국민을 위한 정신을 계승하는 공정한 대통령이 되어야 함. 　첨부한 '고소(항고)사건 명세 및 처분결과'와 '재정신청사건 명세 및 판결결과와 같이, 검찰과 법원은 법을 지키지 않는 것을 정당한 것으로 판단하고 명백한 증거 없이 청탁의 원인이 되는 주관적인 판단으로 업무를 처리하는 현 잘못된 실정이 개선되게 하기 위해서는 고위공직자(판·검사 등)를 수사하는 기구가 설치되어야 함. 　제가 행정부처 등을 피고로 소를 제기하니 제소에 대해 증거로 재판하지 않은 법관 32명(대법관 및 대법원장 포함)을 고소한 것에 대한 불만으로 사법부가 사전에 정한 결론(기각 등)에 짜 맞추기 위해 증거로 사실을 확인하지 않은 채 임의(자의)로 판결하고, 이에 대해 검찰도 결론(무혐의 불기소)에 짜 맞추기 위해 증거 없는 재판이 정당한 것처럼 이해되지 않는 판단으로 업무를 처리하고, 이러한 잘못을 은폐하기 위해 수사기구 설치에 반대하는 법조계를 개혁하지 않는 것은 대통령의 능력과 의지를 의심하는 것임. 　사법부(법원)가 헌법과 법(증거재판)을 지키지 않는 것은 법을 제정하는 기관인 입법부(국회)와 국민을 부정하는 것과 같은 것이므로 사법부가 법(증거재판)을 지키게 해야 하며, 본인(사법부)부터 법을 지킨 후 타인(국민)이 법을 지키게 해야 함에도 본인은 법을 지키지 않으면서 타인이 법을 지킬 것을 요구하는 것은 부당함. 　법원은 증거 없는 추측으로 비양심적으로 판결하고, 국무총리·감사원·국가인권위원회·보건복지부·국민건강보험공단·국가보훈처·경찰청·검찰청·경기도 등 중 정부가 신청한 사항은 처리하지 않고 신청하지 않은 사항을 처리(회신)한 후 민원을 종결하고, 국무총리는 해당 부처에 책임을 떠넘기며 거짓 답이나 하면서 잘못을 바르게 하려고 하지 않고, 감사원은 말만하면서 국민의 불편을 외면하고, 국가인권위원회는 국가인권위원회법 제32조에 의한다며 헌법 제10조를	미 회신	미결

진정일 (답변일)	제출처 (답변처)	진정(답변)내용 및 의견	진행사항	
			해당민원	당초민원
		준수하지 않고, 국민건강보험공단은 과소하게 건강보험료를 고지한 후 정당한 보험료를 고지하지 않고, 이러한 제반 정부의 잘못을 바르게 하지 않고 방치하는 것은 부당함.		
		'그동안 조국을 위해 헌신한 국민들에게 진심으로 경의를 표하고 한강의 기적을 일으키는 희망의 새 시대를 만들겠다.'는 취임사가 진심이라면, 2013. 5. 23. 제출한 개헌(안)과 같은 내용으로 개헌되게 하여 국민이 행복한 나라가 되게 하여 주시기 바람.		
		조선말기 현실을 중시하는 개화파(김옥균 등)와 기득세력인 민씨척족정권이 대결하였으나 정부의 지원 없는 개화파가 기득세력에 밀리게 됨으로 인해, 결국 우리나라는 외국 열강의 지배를 받는 국가로 전락하게 되었음.		
		기득권을 보호해야 할 기득세력을 고위공직자로 임명하여 과거의 전철을 밟게 하는 대통령이 되지 마시고 선친의 뜻을 되새겨 현실(국민생활) 현장을 중시하는 대통령이 되어 주시기 바라며, 헌법 제69조와 같이 헌법을 준수하고 국민을 위해 일할 것을 선서한 대통령이 이를 실천하지 않고 오히려 정부가 국민을 힘들게 하는 현 실정을 방치하는 것은 부당함. 왜 헌법이 존재하는 것인지 헌법정신이 의심되므로 헌법 제69조가 준수되도록 노력해 주시기 바람.		
		제가 수차례 주장하는 사항이지만 이상과 현실이 일치되는 인사가 고위공직자로 임명되게 해야 함. 그러기 위해서는 현장 경험이 全無하고 이상만 있는 분(교수·정치인·5급사무관 출신 등 중간관리 층으로 임명되어 재직하면서 말로만 업무를 처리한 자)을 고위공직자로 임명하는 것은 부당하므로, 감사원장 후보·검찰총장 후보·보건복지부장관 후보에 대해서는 道德과 能力 등이 엄정하게 검증되어야 하며, 실무(현실)를 모르는 인사는 바르게 고칠 것이 무엇인지 모르므로 고칠 것도 없는 인사를 임명하여 해당 업무는 실무자가 제일이라고 여기게 하는 것은 부당함.		
		대통령이 헌법과 법에 따라 민원사무 처리결과를 통지하지 않는 것은 부당하므로, 제가 2013. 4. 29, 2013. 5. 23, 2013. 7. 1, 2013. 7. 22, 2013. 8. 26. 진정한 진정에 대한 처리결과를 통보해 주시기 바람.		

242

진정일 (답변일)	제출처 (답변처)	진정(답변)내용 및 의견	진행사항	
			해당민원	당초민원
	의견	헌법과 법에 따라 민원사무 처리결과를 통지하지 않음.		
2013. 11. 4.	감사원장	동일(유사)한 민원을 3회 이상 제출하였다며 제 민원을 종결 처리한 것은 민원사무 처리에 관한 법률 제15조를 위반한 것임. 따라서 민원사무 처리에 관한 법률 제15조를 위반한 관련자는 국민에게 책임지게 하기 바라며, 신청한 민원에 장기간 부작위하면서, 감사원이 국민이 겪는 어려움과 각종 불편사항을 해결하기 위해 노력한다는 말은 사실이 아닌 거짓이므로, 진정으로 국민이 겪는 어려움과 불편사항을 해결하는 감사원이 되기 바람.	미 회신	미결
	의견	감사원은 말만하면서 진정으로 국민이 겪는 어려움과 불편사항을 해결하려고 노력하지 않음. 　신청한 민원사무 처리결과를 미 회신하는 것은 민원사무 처리에 관한 법률 제15조를 위반하는 것임.		
2013. 11. 11.	국가 보훈처	제 블로그(blog.daum.net/seojoung) 중 '신청한 민원에 부작위하면서 예산만 낭비하는 사례 2'에 첨부된 내용과 상반되는 사실이 있으면, 이를 제시하여 주기 바람.	(동문서답)	미결
2013. 11. 19.	국가 보훈처	기 답변하였음		
	답변에 대한 의견	신청된 민원에 답변하지 않고 기 답변하였다며 제 블로그에 첨부된 내용에 대해 이견이 없는 것으로 보아 국가보훈처로부터 제 블로그 내용이 사실인 것으로 확인됨.		
2013. 11. 11.	국무총리 국무	제 블로그(blog.daum.net/seojoung) 중 '신청한 민원에 부작위하면서 예산만 낭비하는 사례 2'에 첨부된 내용과 상반되는 사실이 있으면, 이를 제시하여 주기 바람.	(동문서답)	미결
2013. 11. 21.	총리실	민원사무 처리에 대한 불만으로, 민원을 적정하게 처리하였음		

진정일 (답변일)	제출처 (답변처)	진정(답변)내용 및 의견	진행사항	
			해당민원	당초민원
	답변에 대한 의견	신청된 민원사무 처리결과를 답하지 않고 동문 서답한 것이 적정한 처리인 것처럼 답하며, 제 블 로그에 첨부된 내용에 대해 이견 없는 것으로 보 아 국무총리실로부터 제 블로그 내용이 사실인 것으로 확인됨.		
2013. 11. 11.	국민권익 위원회	제 블로그(blog.daum.net/seojoung) 중 '신청한 민원에 부작위하면서 예산만 낭비하는 사례 2'에 첨부된 내용과 상반되는 사실이 있으면, 이를 제 시하여 주기 바람.	미 회신	미결
	의견	제 블로그에 첨부된 내용과 상반되는 사실을 제시하지 않는 것으로 보아, 블로그 내용은 정당 한 것으로 판단됨.		
2013. 11. 11.	대검찰청	제 블로그(blog.daum.net/seojoung) 중 '신청한 민원에 부작위하면서 예산만 낭비하는 사례 2'에 첨부된 내용인 고소(항고)사건 명세 및 처분결과 와 상반되는 사실이 있으면, 이를 제시하여 주시 기 바람.	미 회신	미결
	의견	제 블로그에 법 위반을 법 위반이 아니라고 판 단하는 등의 내용이 기재된 '고소(항고)사건 명세 및 처분결과' 는 사실인 것으로 판단됨.		
2013. 11. 11.	감사원장	제 블로그(blog.daum.net/seojoung) 중 '신청한 민원에 부작위하면서 예산만 낭비하는 사례 2'에 첨부된 내용과 상반되는 사실이 있으면, 이를 제 시하여 주기 바람.	미 회신	미결
	의견	회신하지 않는 것으로 보아, 제 블로그 첨부된 '감사원' 내용에 대해 異見없는 것으로 판단됨.		
2013. 11. 11.	보건 복지부	제 블로그(blog.daum.net/seojoung) 중 '신청한 민원에 부작위하면서 예산만 낭비하는 사례 2'에 첨부된 내용과 상반되는 사실이 있으면, 이를 제 시하여 주기 바람.	(동문서답)	미결
2013. 11. 19.	보건 복지부	법원의 결정이 이루어진 사항임.		

244

진정일 (답변일)	제출처 (답변처)	진정(답변)내용 및 의견	진행사항	
			해당민원	당초민원
	답변에 대한 의견	제 블로그에 첨부된 내용과 상반되는 사실이 없어, 이를 증거로 반론하지 않는 것으로 판단됨.		
2013. 11. 11.	국민건강 보험공단	제 블로그(blog.daum.net/seojoung) 중 '신청한 민원에 부작위하면서 예산만 낭비하는 사례 2'에 첨부된 내용과 상반되는 사실이 있으면, 이를 제 시하여 주기 바람.	(동문서답)	미결
2013. 11. 25.	국민건강 보험공단	사안 별로 답변하였음.		
2013. 11. 12.	답변에 대한 의견	신청한 민원에 답하지 않고 동문서답한 것을 답변한 것으로 판단함.		
	감사원장	국민건강보험공단이 「행정절차법」 제23조에 규 정된 결정 이유는 「공공기관의 정보공개에 관한 법률」 제9조 1항에 해당되는 비공개 정보라며 결 정 이유를 제시하지 않고 건강보험료를 과소하게 산정(징수)하고 또 국가보훈처는 허위내용으로 국 가유공자 등을 결정하고 있음에도, 감사원이 이를 방치하며 묵인하는 이유를 알려 주기 바람. 묵인하 는 이유를 알려 주지 않으면, 감사원이 행정업무에 대한 감사업무를 소홀하게 監査하고 있는 것으로 판단하겠음.	(동문서답)	미결
2013. 11. 20.	감사원	이미 알린 바와 같이 별도의 회신 없이 종결.		
	답변에 대한 의견	잘못을 묵인하는 이유를 알려 주지 않는 것으 로 보아, 감사원이 소홀하게 監査하고 있는 것으 로 판단됨.		
2013. 11. 12.	보건 복지부	국민건강보험공단이 「행정절차법」 제23조에 규정된 결정 이유는 「공공기관의 정보공개에 관 한 법률」 제9조 1항에 해당하는 비공개 정보라며 결정 이유를 제시하지 않고 또 건강보험료를 과 소하게 산정(징수)하고 있음에도, 복지부가 이를 방치하며 묵인하는 이유를 알려 주기 바람. 묵인 하는 이유를 알려 주지 않으면, 보건복지부가 국 민건강보험공단의 행정업무를 소홀하게 감독하 고 있는 것으로 판단하겠음.	(동문서답)	미결

진정일 (답변일)	제출처 (답변처)	진정(답변)내용 및 의견	진행사항	
			해당민원	당초민원
2013. 11. 14	보건 복지부	귀하께서 제시하신 민원 건은 보험정책과-2863호, 민원사무 처리에 관한 법률 시행령 제21조에 의거 2회 이상 반복 및 중복 민원에 해당되어 내부종결 처리되었음.		
	답변에 대한 의견	법에 의하지 않고 시행령에 의해 민원을 종결했다면서, 국민건강보험공단이 결정에 대한 결정 이유를 제시하지 않고 또 건강보험료를 과소 징수하여도 이를 방치함. 보건복지부의 업무처리 능력이 의심됨.		
2013. 11. 12.	국가 보훈처	2012. 4.22. 행정심판 청구 시 보훈심사위원회 위원장 명의의 공문서를 첨부하였음에도 2013-079334사건에 대한 재결서에 피청구인이 보훈심사위원회는 심의·의결기관으로서 처분한 행정청이 아니라고 주장하여 문의함. 보훈심사위원회가 행정청이 아님에도 공문서를 발송할 수 있는지, 공문서 발송에 대해 관련자가 책임진 사실이 있는지 알려 주기 바람.	(동문서답)	미결
2013. 11. 13.	국가 보훈처	보훈심사위원회는 행정청으로부터 독립된 심의·의결기관으로 행정처분을 행할 수 없음. 귀하께서 행정심판 청구 시 첨부한 보훈심사위원회위원장 명의 공문서라 주장하는 문서는 관할 보훈지청에 송부한 의결서로 확인됨.		
	답변에 대한 의견	보훈심사위원회는 행정처분이 불가함으로, 국가보훈처는 보훈심사위원회의 의결만 통보하고 2009년 8월 17일 제가 신청한 민원에는 답하지 않음.		
2013. 11. 13.	국가 보훈처	2013. 11. 12. 신청한 민원에 대한 답변내용과 같이 보훈심사위원회는 행정처분이 불가함으로, 보훈심사위원회는 민원을 회신할 수 없음. 즉 민원을 회신하는 것은 행정처분이므로 행정청이 아닌 보훈심사위원회는 행정처분이 불가함에도, 2009. 8. 17. 민원에 보훈심사위원회가 답한 것은 행정처분이 아니므로 2009. 8. 17. 신청한 민원에 행정청인 국가보훈처가 답해 주기 바람.	(동문서답)	미결

진정일 (답변일)	제출처 (답변처)	진정(답변)내용 및 의견	진행사항	
			해당민원	당초민원
2013. 11. 20.	국가 보훈처	우선, 2013. 11. 13. 보훈심사위원회에서 발송한 '민원 회신' 문서 및 '국민신문고' 상의 답변은 모두 2013. 11. 12. 귀하께서 국민신문고에 제기한 질의에 대한 민원회신임. 　참고로 '행정처분'이란 행정청이 행하는 구체적 사실에 관한 법집행으로서의 공권력의 행사 또는 그 거부, 그 밖에 이에 준하는 행정작용을 말하고 각종 관례 등에서도 일반적으로 민원에 대한 회신의 경우는 행정심판 또는 행정소송의 대상인 '행정처분'으로 보고 있지 않음		
	답변에 대한 의견	보훈심사위원회가 행정청이 아니라고 주장하면서 2009. 8. 17. 신청한 민원에 보훈심사위원회가 답한 후 이를 국가보훈처가 다시 답하지 않는 것으로 보아, 국가보훈처의 주장과 달리 2009. 8. 17. 보훈심사위원회가 행정처분을 한 것으로 판단되게 함.		
2013. 11. 14.	감사원장	제가 2013. 8. 17. 2013. 9. 17. 신청한 민원(건강보험료 산출과 관련된 민원)에 귀 원이 국민건강보험공단에서 민원사무 처리결과를 회신할 것을 알렸으나 민원사무 처리결과 회신이 없는 것으로 보아 귀 원의 2013. 11. 5. 답이 거짓인 것으로 판단됨. 신청한 민원사무 처리결과를 통지하여 2013. 11. 5. 귀 원의 답이 거짓이 아님을 증명하기 바라며, 거짓일 경우 관련자는 국민에게 책임지게 하고 그 내역을 통지해 주기 바람. 　그리고 2013. 9. 8. 신청한 민원에 대한 귀 원의 2013. 11. 5. 답한 것을 보면, 2009년 6월 26일자에 신청한 민원사무 처리결과를 통지하지 않고 정보공개 청구하여 볼 것을 안내한 것은 당시 귀 원이 복지부동하기 위해 민원사무 처리에 관한 법률 제15조를 위반하게 되었다는 답인 것으로 해석됨. 당시 복지부동한 관련자는 국민에게 책임지게 하고 그 내역을 통지해 주기 바람. 　또 2013. 10. 9 신청한 민원에 대한 귀 원의 답을 보면, 민원사무 처리결과를 미 통지한 법률적 근거는 민원사무 처리에 관한 법률 제15조 제1항 단서에 의한 것으로 판단됨. 민원사무 처리에 관한 법률 제15조 제1항 단서에 의할 경우에도, 민원인이 요청할 때에는 지체 없이 처리결과에 관한 문	(동문서답)	미결

진정일 (답변일)	제출처 (답변처)	진정(답변)내용 및 의견	진행사항	
			해당민원	당초민원
		서를 내주어야 함에도, 제가 2013. 7. 8. 민원사무 처리결과를 요청하였음에도 결과를 내주지 않은 것은 귀 원이 민원사무 처리에 관한 법률 제15조를 위반한 것임. 법을 위반한 관련자는 국민에게 책임지게 하고 그 내역을 통지해 주기 바람.		
2013. 11. 20.	감사원	이미 알린바와 같이 별도의 회신 없이 종결.		
	답변에 대한 의견	이미 알린 바와 같다면서, 2013. 11. 5. 거짓을 답한 관련자가 국민에게 책임지게 하지 않고 또 2009년 6월 26일자에 신청한 민원에 복지부동하기 위해 민원사무 처리에 관한 법률 제15조를 위반한 관련자도 국민에게 책임지게 하지 않음. 즉 감사원은 법을 위반한 관련자가 국민에게 책임지게 하지 않고 복지부동함.		
2013. 11. 16.	국가 보훈처	2009. 6. 12. 자에 사실과 다른 내용의 결정에 대해 문의하였음에도 사실과 다른 내용의 결정에 대하여는 답하지 않고(부작위) 공상 인정을 희망하는 내용으로 알고 안내하면서 문의에 답하지 않았음. 민원사무 처리에 관한 법률 제15조에 따라 2009. 6. 12. 자 신청한 진정에 대하여 그 결과를 통지해 주기 바람. 그리고 2009. 6.22. 자에 신청한 민원사무 처리결과를 통지하지 않고 답하므로 인해 민원사무 처리에 관한 법률 제15조를 위반하게 된 관련자는 국민에게 책임지게 조치하고 그 내역도 통지해 주기 바람.	(동문서답)	미결
2013. 11. 25.	국가 보훈처	공상공무원으로 인정되지 못하고 비해당으로 결정된 사유는 "발병 20일전부터 증상 발현 및 퇴근 후 발병한 기록 이외에 공무수행과 관련하여 동 질병이 발병되었음을 확인할 수 있는 자연경과적인 진행속도 이상의 과로나 스트레스 등 구체적인 입증자료가 없어 비해당 의결"된 것임.		
	답변에 대한 의견	2009. 6. 22. 자 신청한 민원사무 처리결과를 통지하지 않고 공상 인정을 희망하는 내용으로 답한 관련자 책임을 요구하는 민원에, 발병 20일전부터 증상발현 및 퇴근 후 발병한 기록에 의해 판		

진정일 (답변일)	제출처 (답변처)	진정(답변)내용 및 의견	진행사항	
			해당민원	당초민원
		단한 것이라는 내용의 답임. 수차에 걸쳐 민원 시 주장한 사항이지만, 국가보훈처는 감기증상도 뇌출혈증상으로 판단하는지 또 입원시간을 발병시간으로 판단하는지 그리고 타인이 신청한 것을 본인이 신청한 것으로 처리하는지 의심됨. 퇴근 후 발병기록이 없었음에도 퇴근 후 발병기록이 있었던 것처럼 답변하는 것은 거짓임. 퇴근 후 입원기록을 퇴근 후 발병기록인 것처럼 거짓을 주장함.		
2013. 11. 16.	보건 복지부	2009. 11. 3. 자에 '국민건강보험공단에서는 장기요양인정서상 3등급으로 결정(65.2점)하고 결정 이유를 제시하지 않고 있으니 국민건강보험공단이 결정 이유를 제시할 것을 요구' 하는 민원에 2009. 11. 24. 자로 '인정조사표 기록은 공개할 수 없다'며 결정 이유를 제시하지 않았음. 　민원사무 처리에 관한 법률 제15조에 따라 2009. 11. 3. 자 신청한 민원에 대해 민원사무 처리결과를 통지해 주기 바람. 그리고 2009. 11. 24. 자에 신청한 민원사무 처리결과를 통지하지 않고 답하므로 인해 민원사무 처리에 관한 법률 제15조를 위반하게 된 관련자는 국민에게 책임지게 조치하고 그 내역도 통지해 주기 바람.	(동문서답)	미결
	보건 복지부	법원의 결정이 이루어진 사항임.		
2013. 11. 19.	답변에 대한 의견	증거에 의한 판결이 정당함에도 증거 없는 판결이 정당한 것처럼 판단하며, 보건복지부는 법을 위반한 관련자가 국민에게 책임지게 조치하지 않고 법을 제정한 국회를 무시함. 　보건복지부는 법원의 증거 없는 판결에 책임을 미루며, 국민에게 책임지지 않음.		
2013. 11. 16.	국민건강 보험공단	2009. 6. 16. 자에 '용인지사(당초 결정관서)에서' 본인에 대한 결정(3등급, 65.2점)이유를 제시하지 않는 이유와 불복할 기회를 박탈하는 이유' 문의에 대해 2009. 6. 19. 자에 귀 공단은 '정보공개에 관한 법률 규정에 따라 〈정보공개 청구서〉를 공단에 제출하여야 가능하다'며 결정 이유를 제시하지도 않았고 또 적법하게 답하지도 않았음.	(동문서답)	미결

진정일 (답변일)	제출처 (답변처)	진정(답변)내용 및 의견	진행사항	
			해당민원	당초민원
		결정 이유 제시는 행정절차법 제23조에 규정된 사항으로 공공기관 정보공개에 관한 법률 제4조에 의해 공공기관 정보공개에 관한 법률이 적용될 수 없음을 양지하기 바라며, 민원사무 처리에 관한 법률 제15조에 따라 2009. 6. 16. 자 신청한 민원에 대하여 그 결과를 통지해 주기 바람. 그리고 2009. 6. 19. 자에 신청한 민원사무 처리결과를 통지하지 않고 답하므로 인해 민원사무 처리에 관한 법률 제15조를 위반하게 된 관련자는 국민에게 책임지게 조치하고 그 내역도 통지해 주기 바람.		
2013. 11. 22.	국민건강 보험공단	고객님께서 요구하는 자료는 「공공기관의 정보공개에 관한 법률」 제9조 제1항 제5호에서 규정하고 있는 비공개자료에 해당한다고 누차 답변 드렸으며, 우리 공단은 적법한 절차에 따라 업무 수행 및 안내 하였음을 알림.		
	답변에 대한 의견	「행정절차법」 제23조에 규정된 결정 이유를 제시하지 않은 이유는 「공공기관의 정보공개에 관한 법률」에 의한 것이므로 적법한 절차에 따른 것이라며 2009. 6. 16. 자 신청한 민원사무 처리결과를 통지하지 않고 「민원사무 처리에 관한 법률」 제15조를 위반한 관련자가 국민에게 책임지게 조치하지 않음. 즉 국민건강보험공단은 행정절차법과 민원사무 처리에 관한 법률을 제정한 국회를 무시함.		
2013. 11. 16.	국민권익 위원회	2009. 11. 9. '국가보훈처(허위사실을 결정하고 정정하지 않음), 국민건강보험공단(결정 이유 미 제시), 감사원(이러한 잘못된 행정시정 요구)에 대해 동 기관들이 복지부동하지 않도록 조치할 것을 요구'하는 민원에 대해 귀 위원회는 민원사무 처리결과를 통지하지 않았음. 민원사무 처리에 관한 법률 제15조에 따라 2009. 11. 9. 자 신청한 민원에 대해 민원사무 처리결과를 통지해 주고, 신청한 민원사무 처리결과를 통지하지 않고 민원사무 처리에 관한 법률 제15조를 위반한 관련자는 국민에게 책임지게 조치한 내역을 통지해 주기 바람.	(동문서답)	미결

진정일 (답변일)	제출처 (답변처)	진정(답변)내용 및 의견	진행사항	
			해당민원	당초민원
2013. 12. 31.	국민권익 위원회	국익을 위해 제시하시는 귀하의 의견 및 제안, 문제점 지적에 대해 업무에 참고하도록 하겠음.		
	답변에 대한 의견	2009. 11. 9. 동 위원회에 신청한 민원사무 처리 결과는 통지하지 않고, 법률 위반으로 고소당한 공무원이 46일 만에 참고하겠다고 답함. 신청한 민원사무 처리결과는 통지하지 않는 것은 민원사무 처리에 관한 법률 제15조를 위반하는 위법행위로 엄단되어야 함.		
2013. 11. 18.	보건 복지부	국민건강보험공단이 가짜 환자를 진짜 환자처럼 평가(승인)하여 가짜 환자에게 보험금을 지급하는 현 환자평가방법을 개선하기 바라며, 대책 마련 후 그 대책을 알려 주기 바람. 즉 현 방법은 잘못되었으므로 새로운 방법을 요구하는 것임.	(동문서답)	미결
2013. 12. 3.	보건 복지부	입원이나 외래환자에 대한 요양급여는 정확한 진단을 실시하며, 사기를 공모하거나 방조하는 요양기관에 대하여는 수사기관에 수사의뢰하여 그 결과에 따라 처리하고 있음.		
	답변에 대한 의견	2010. 2. 21. 부터 수차례 환자 평가방법을 개선하여 가짜 환자를 진짜 환자처럼 평가(승인)하는 일이 없도록 할 것을 요구하였음에도 아직 새로운 대책 없이 가짜 환자를 진짜 환자처럼 승인하여 가짜 환자에게 보험금을 지급한 후 일부 요양기관을 제재하는 현 제도를 유지하겠다는 답임.		
2013. 11. 23.	국가 보훈처	2013. 11. 11. 자 진정에 대한 귀 처의 답(등록관리과-5268)을 보고 다시 진정함. 제 블로그(blog.daum.net/seojoung) 중 '신청한 민원에 부작위하면서 예산만 낭비하는 사례 2'에 첨부된 내용과 상반되는 사실이 있으면 제시할 것을 요구하였으나, 이견이 없는 것으로 보아 동 내용이 사실인 것으로 판단됨. 동문서답이 사실이면 민원에 회신하였다는 주장이 있을 수 없음에도, 회신하였다고 주장하는 것이 이해되지 않음. 2013. 11. 11. 자 진정 시에도 말했지만, 신청한 민원에는 회신하지 않고 신청하지 않은 것을 회신한 경우에는 신청한 민원에는 '미 회신'한 것임을 양지하기 바라며, 일자별(민원 발생일)로 신청	(동문서답)	미결

진정일 (답변일)	제출처 (답변처)	진정(답변)내용 및 의견	진행사항	
			해당민원	당초민원
		한 민원에 대한 처리결과를 통지한 것이 있으면 제시하고 신청한 민원에 1건이라도 미 회신한 관련자는 국민에게 책임지게 조치하기 바람.		
2013. 11. 29.	국가 보훈처	자연경과적인 진행속도이상으로 악화되었다고 인정할 구체적인 입증자료가 없어 관련 자료를 살펴 보훈심사위원회에서 국가유공자 여부를 판단한 것임.		
	답변에 대한 의견	계속된 민원을 보면, 제가 보훈심사위원회의 판단이나 의결에 불복하는 것이 아니고 재심의 및 퇴근 후 발병이라는 등 결정서에 잘못 표현(기재)된 사항의 정정을 요구하는 것임에도 수년간 이를 바르게 정정하지 않으면서 신청한 민원(법을 위반한 관련자 책임요구)에 대한 처리결과를 통지하지 않음.		
2013. 11. 23.	국가 보훈처	2013. 11. 20. 귀 처가 '일반적으로 민원에 대한 회신의 경우는 행정처분으로 보지 않는다.'는 답변내용이 이해되지 않아, 다시 요구함. 귀 처는 민원을 회신하는 것은 행정처분이 아니므로 행정청이 아닌 보훈심사위원회의 민원회신은 정당하다는 답변임. 　귀 처의 주장대로 보훈심사위원회가 행정기관이 아니라면 보훈심사위원회가 민원사무 처리결과를 통지할 이유가 법률 상 없게 되며, 따라서 저는 행정기관으로부터 2009. 8. 17. 신청한 민원에 대한 처리결과를 통지받지 못했음. 　2009. 8. 17. 신청한 민원에 대한 처리결과를 통지해 주기 바람.	(동문서답)	미결
2013. 11. 20.	국가 보훈처	귀하 민원의 요지는 보훈심사위원회의 민원회신이 행정처분에 속하는지에 대한 이의제기인 것으로 사료됨. 　귀하의 경우와 같이 일반적 질의에 대한 민원회신은 행정심판 또는 행정소송의 대상인 행정처분으로 보고 있지 않음을 다시 한번 알림.		
	답변에 대한 의견	알린 바와 같이 민원사무 처리에 관한 법률 제2조에 따라 보훈심사위원회는 민원을 처리할 수 없음에도, 보훈심사위원회가 2009. 8. 17. 신청한		

사실을 歪曲시키는 보도

진정일 (답변일)	제출처 (답변처)	진정(답변)내용 및 의견	진행사항	
			해당민원	당초민원
		민원을 처리하고 국가보훈처는 민원을 처리하지 않고 부작위하면서 책임지지 않음.		
2013. 11. 23.	대통령	2013. 10. 28. 진정내용과 관련하여 제가 경험한 잘못된 현 실정을 다음(1. 2. 3. 4. 5)과 같이 改善하여 주시기 바람. 　1. 헌법은 국민이 主人인 헌법으로 개정되어야 함. 　2. 헌법재판소를 사법부 내에 설치되게 해야 함. 　3. 감사원의 감사관련 업무는 국회소관 기관이 맡게 하고, 예산관련 업무는 국무총리가 맡게 해야 함. 　4. 감사부서의 출장은 제한되어야 하며, 상시 감사하는 업무체계로 전환되어야 함. 　5. 법정설치 및 법정유지와 관련하여 발생되는 제 예산은 지급하지 않아야 함. 　여당과 야당의 합의에 책임을 미루며 잘못을 바르게 고치겠다던 약속을 지키지 않고 부정선거 의혹 등으로 천주교 정의구현사제단 전주교구 등이 시국미사를 통해 국민이 대통령 하야를 주장하며 선친을 욕되게 하는 대통령이 아닌, 제 개헌안 제1조와 같이 현장 중심의 행정으로 국민이 주인이고 행복한 국가가 되도록 하는 대통령이 되어 주시기 바람.	(동문서답)	미결
2013. 12. 31.	국민권익 위원회	국익을 위해 제시하시는 귀하의 의견 및 제안, 문제점 지적에 대해 업무에 참고하도록 하겠음.		
	답변에 대한 의견	1. 2. 3. 4. 5를 실천하는 대통령이 될지 현재는 실천한 것이 없지만 답변한 국민권익위원회처럼 실천 없는 말만하면서 무책임한 대통령이 될지는 두고 보아야 할 일임.		
2013. 11. 28.	감사원장	2013. 9. 12. (조사1과-5622) '2009. 6. 26. 자 민원에 대해, 귀 원은 전화로 정보공개 청구할 것을 안내한 후 민원을 종결 처리하였음'을 알렸으며, 2013. 9. 30. (조사1과-5838) '2009. 6. 26. 자 민원에 대해, 귀 원은 감사원 민원사무 처리규정에 따라 국민건강보험공단으로 이송하였음'을 알렸음. 　먼저 2009. 6. 26. 자 민원은 행정절차법 제23조	(동문서답)	미결

진정일 (답변일)	제출처 (답변처)	진정(답변)내용 및 의견	진행사항	
			해당민원	당초민원
		에 규정된 결정 이유제시 요구임에도 결정 이유제시와 관련 없는 공공기관의 정보공개에 관한 법률에 규정된 정보공개 청구를 안내한 것은 민원사무 처리결과를 통지하지 않은 것으로 민원사무 처리에 관한 법률 제15조를 위반한 관련자가 국민에게 책임지게 하고 그 내역을 통지해 주기 바람. 　다음에 국민건강보험공단의 건강보험료 과소고지에 대해 감사원이 국민에게 책임지게 조치하지 못하는 것은 감사원의 존재이유(가치)를 부정하는 것과 같으므로, 국민건강보험공단에 이송한 민원사무 처리결과를 확인하여 잘못된 것은 시정하고 국민건강보험공단이 국민에게 책임진 내역을 통지해 주기 바람. 　국민이 겪는 어려움과 불편을 해결하지 않음으로 인해, 대통령 하야 주장을 정당화시키며 국론이 분열되게 하여 국력을 소모하는 감사원이 아니기 바람.		
2013. 12. 26.	감사원	회신 없이 종결		
	답변에 대한 의견	감사원이 법률 근거 없이 민원을 종결하면서 책임지지 않고, 대통령 하야 주장을 정당화시키며 국론이 분열되게 하여 국력을 소모함.		
2013. 12. 2.	국무총리	2013. 11. 11. 자 진정에 대한 국무총리비서실의 답(민정민원비서관-1854)을 보고 다시 진정함. 　제 블로그(blog.daum.net/seojoung) 중 '신청한 민원에 부작위하면서 예산만 낭비하는 사례 2'에 첨부된 내용과 상반되는 사실이 있으면 제시할 것을 요구하였으나, 異見없는 것으로 보아 동 내용이 사실인 것으로 판단됨. 　'묻는 말에 전혀 맞지 않는 엉뚱한 대답'을 '東問西答'이라고 하듯이 제 블로그 내용에 기재된 '東問西答'에 대해 異見없으면서, 東問西答하며 민원사무 처리결과를 미 회신한 관련자가 국민에게 책임지게 조치하지 않는 것은 이해되지 않으므로, 1. 국무총리는 민원사무 처리결과를 미 회신한 관련자가 국민에게 책임진 내역을 통지해 주기 바람. 　신청한 민원에는 회신하지 않고 신청하지 않은 것을 회신한 경우에는 신청한 민원에는 '미 회신(동	(동문서답)	미결

진정일 (답변일)	제출처 (답변처)	진정(답변)내용 및 의견	진행사항	
			해당민원	당초민원
		문서답)'한 것이며 법(민원사무 처리에 관한 법률 제15조)에 의한 처리가 적정한 처리이지 법에 규정된 사항을 법이하의 시행령 등으로 처리하는 것은 적정(적법)한 처리가 아님에도, 적정한 처리라면서 대통령 하야 주장을 정당화시키며 국론이 분열되게 하여 국력을 소모하는 국무총리가 아니기 바람. 2. 2013. 11. 11. 자 진정에 적법한 회신을 바람.		
2013. 12. 12.	국무 총리실	민원사무 처리에 관한 법률 제15조(처리결과의 통지) 관련 사항은 안전행정부로 문의하기 바람.		
	답변에 대한 의견	2013. 11. 11. 자 진정에 대한 국무총리비서실의 답(민원을 적정하게 처리하였음)을 보고 다시 진정한 것임에도, 거짓을 답변하더니 이제는 국무총리실 내에서 발생된 일을 책임지게 하지 못해 안전행정부에 떠넘김. 민원사무 처리결과를 미 회신한 것이 적정한 처리라면서, 대통령 하야 주장을 정당화시키며 국론이 분열되게 하여 국력이 소모되게 한 국무총리는 엄단되어야 하며, 민원내용과 같이 최민, 김효훈이 거짓을 주장한 것으로 판단됨.		
2013. 12. 2.	국가 보훈처	귀 처의 공문서(등록관리과-5369)를 보고 다시 진정함. 2013. 11. 23. 신청한 민원(2회중 1회)은 그동안 신청한 민원사무 처리결과를 통지한 것이 있으면 제시하고 그동안 신청한 민원에 1건이라도 미 회신한 관련자는 국민에게 책임지게 조치하기 바라는 것과 거짓 주장자에 대한 책임을 요구한 것임에도, 귀 처는 보훈심사위원회의 심의·의결 경위를 설명하였음. 즉, 본 회신내용은 심의·의결은 정당하므로 신청한 민원에 미 회신한 관련자가 책임질 이유가 없다는 내용의 회신인 것으로 판단됨. 귀 처가 당초(민원발생시)에 정당하게 민원을 처리하지 않음으로 인해 계속 발생된 민원에 그동안 귀 처가 답한 것은 신청한 민원에는 답하지 않고 東問西쫌만 계속하여 그 책임을 요구한 것이므로, 1. 신청한 민원에 東問西쫌하며 미 회신한 관련자는 국민에게 책임지게 조치하고 내역을 통지해 주기 바람.	(동문서답)	미결

진정일 (답변일)	제출처 (답변처)	진정(답변)내용 및 의견	진행사항	
			해당민원	당초민원
		민원의 본질은 증거로 사실이 확인됨에도 사실이 아닌 내용(재심의, 퇴근 후 발병)에 대한 것이지 증상판단 등 결정에 대한 것이 아니므로, 보훈심사위원회의 심의·의결 등 결정의 정당여부에 대한 논의는 제외되어야 함. 즉 결정에 대한 불복은 이의신청과정에서 논할 사항이지 민원으로 논하는 것은 부당함. 잘못을 책임지지 않기 위해 결정에 대한 것을 논하며 민원의 본질을 장기간 해결하지 않는 것은 대통령 하야 주장을 정당화시키며 국론이 분열되게 하여 국력을 소모하는 행위임. 2. 2013. 11. 11. 신청한 민원에 동문서답이 아닌 적법한 답변을 요구함.		
2013. 12. 9.	국가 보훈처	재심의 및 퇴근 후 발병이라는 등 결정서에 잘못 표현(기재)된 사항의 정정을 요구하고 있으나, 보훈심사위원회의 심의 의결서는 임의로 정정할 수 있는 내용이 아님.		
	답변에 대한 의견	결정서에 잘못 표현(기재)된 사항을 정정할 수 없다면서 잘못을 밀어붙이며 책임지지 않음.		
2013. 12. 2.	보건 복지부	2013. 11. 11. 자 진정에 대한 보건복지부의 답(요양보험제도과-2612)을 보고 다시 진정함. 제 블로그(blog.daum.net/seojoung) 중 '신청한 민원에 부작위하면서 예산만 낭비하는 사례 2'에 첨부된 내용과 상반되는 사실이 있으면 제시할 것을 요구하였으나, 법원이 결정(법원이 민원발생일 별로 결정한 사실이 없으며 또 법원이 증거에 의해 결정한 사실도 없음)하였다며 이견이 없는 것으로 보아 동 내용이 사실인 것으로 판단되지만, 이를 책임지게 하지 않는 것이 이해되지 않음. 엉뚱한 답은 東問西쑴임을 인지하고 보건복지부가 제 블로그 내용에 異見없는 것으로 판단되므로 1. 일자별(민원 발생일)로 신청한 민원에 대한 처리결과를 미 회신한 관련자가 국민에게 책임지게 조치하고 그 내역을 통지해 주기 바람. 신청한 민원에는 회신하지 않고 신청하지 않은 것을 회신한 경우에는 신청한 민원에는 '미 회신(동문서답)'한 것이며 법(민원사무 처리에 관한 법률 제15조)에 의한 처리가 적정한 처리이지 법에 규	(동문서답)	미결

진정일 (답변일)	제출처 (답변처)	진정(답변)내용 및 의견	진행사항	
			해당민원	당초민원
		정된 사항을 법 이하의 시행령 등으로 처리하는 것은 적정(적법)한 처리가 아님을 양지하기 바라며, 보건복지부가 법원결정에 의한다면서 대통령 하야 주장을 정당화시키며 국론이 분열되게 하여 국력을 소모하는 보건복지부가 아니기 바라며, 2. 2013. 11. 11. 자 진정에 대한 적법한 회신을 바람.		
2013. 12. 9.	보건 복지부	행정기관의 부작위에 관한 민원은 이미 법원이 기각 또는 각하한 바 있음을 알림.		
	답변에 대한 의견	보건복지부가 법원이 證據로 결정한 것처럼 법원결정에 의한다면서 신청한 민원사무 처리결과를 통지하지 않고 책임지지 않는 것으로 보아, 대통령 하야 주장을 정당화시키며 국론을 분열시켜 국력이 소모되게 하는 것으로 판단됨.		
2013. 12. 2.	국민건강 보험공단	2013. 11. 11. 자 진정에 대한 국민건강보험공단의 답(사이버고객부-3637)을 보고 다시 진정함. 　제 블로그(blog.daum.net/seojoung) 중 '신청한 민원에 부작위하면서 예산만 낭비하는 사례 2'에 첨부된 내용과 상반되는 사실이 있으면 제시할 것을 요구하였으나, 사안별로 답변하였다며 이견 없는 것으로 보아 동 내용이 사실인 것으로 판단되지만, 이를 책임지지 않는 것이 이해되지 않음. 계속 말하지만, 신청한 민원에 답변해야지 귀 공단처럼 신청하지 않은 것에 답변한 것(東問西答)은 민원에 답변한 것이 아님. 　엉뚱한 답은 東問西答임을 인지하고 귀 공단이 제 블로그 내용에 異見없는 것으로 판단되므로 1. 일자별(민원 발생일)로 신청한 민원에 대한 처리결과를 미 회신한 관련자가 국민에게 책임지게 조치하고 그 내역을 통지해 주기 바람. 　신청한 민원에는 회신하지 않고 신청하지 않은 것을 회신한 경우에는 신청한 민원에는 '미 회신(동문서답)'한 것이며 법(민원사무 처리에 관한 법률 제15조)에 의한 처리가 적정한 처리이지 법에 규정된 사항을 법이하의 시행령 등으로 처리하는 것은 적정(적법)한 처리가 아님을 양지하기 바라며, 공단이 신청한 민원에 답하지 않은 것이 확인됨에도 수차례 답한 민원이라며 신청한 민원에 답하지 않으므로 인해 대통령 하야 주장을 정당	(동문서답)	미결

진정일 (답변일)	제출처 (답변처)	진정(답변)내용 및 의견	진행사항	
			해당민원	당초민원
		화시키며 국론이 분열되게 하여 국력을 소모하는 공단이 아니기 바라며, 2. 2013.11.11. 자 진정에 대한 적법한 회신을 바람.		
2013. 12. 9.	국민건강 보험공단	그간 귀하께서는 국민신문고 민원코너를 통하여 1) 2010. 01. 18일 『투명하게 결정하여 투명한 설명을 할 수 있게 되기를 바랍니다.』라는 제목의 민원을 시작으로 장기요양 등급 판정 과정에 대한 자료의 요구 등 장기요양 등급판정 관련 민원 2) 2011.02.15 『민원사무 처리 관련(책자 첨부)』이라는 제목의 민원으로 건강보험료 부과체계 관련 민원, 3) 2011.03.29 『체납처분 가능여부에 대한 문의』라는 제목의 민원으로 징수업무와 관련된 민원, 4) 2011.04.07 『환자를 객관적으로 평가할 수 있는 구조로 개선』이라는 제목으로 급여 관리 업무와 관련 된 민원을 제기하시는 등 현재까지 125차(본인 취하 1건 포함)에 이르는 많은 민원을 제기하였으며, 현재 125차 민원에 이르기까지 모두 답변하였음. 저희 공단은 적법한 절차에 의하여 투명하고 공정히 업무를 수행하고 있으며, 민원인이 원하는 바를 전부 수용할 수 없는 것은 법과 규정에 의거하여 누구에게나 공평하게 처리함으로써 발생하는 부득이한 경우임.		
	답변에 대한 의견	그동안 신청한 민원에는 답변하지 않고 東問西答한 것을 신청한 민원에 답변한 것처럼 계속 주장하며 책임지지 않는 것으로 보아 최은수, 이석표, 이정옥이 거짓을 주장한 것으로 판단됨. 그리고 공단이 東問西答하며 신청한 민원사무 처리결과를 답한 것도 없지만, 신청한 민원에 답변하지 않는 것이 적법한 것처럼 계속 주장하면서 책임지지 않는 것으로 보아, 공단이 국론을 분열시켜 국력이 소모되게 하는 것은 부당함. 그리고 모든 민원을 민원사무 처리에 관한 법률 등에 의거하여 성실히 답변한 것처럼 또 제가 제 의견 수용을 요구하는 것처럼 답하여 말하지만, 민원사무 처리에 관한 법률 제15조는 신청한		

258

진정일 (답변일)	제출처 (답변처)	진정(답변)내용 및 의견	진행사항	
			해당민원	당초민원
		민원사무 처리결과를 통지하게 규정한 법률로 東問西쏠은 성실한 답변이 아니며 저는 적법한 처리를 바라는 것이지 제 의견 수용을 바라는 것이 아님을 수차례 말했으니 양지하기 바람. 　공단은 법(민원사무 처리에 관한 법률 제15조)을 지켜 누구나에게 공평하게 업무가 처리되도록 해야 함.		
2013. 12. 3.	국가 보훈처	귀 처의 민원사무 처리와 관련하여 다시 진정함. 　먼저 국민신문고에 첨부된 공문서(등록관리과-5369) 내용과 같이 '퇴근 후 발병' 등 사실 아닌 내용이 판단이나 의결근거가 된 것이 아니라면 '퇴근 후 발병' 등 사실 아닌 내용을 즉시 정정하기 바라며, 아니면 '퇴근 후 발병' 등 사실 아닌 내용이 판단이나 의결근거가 된 것이 아니라는 공문서 내용이 거짓이면 이를 책임지기 바람. 　제 민원은 국가유공자 비해당 결정에 대한 민원이 아니고 결정서의 잘못된 표현을 정정할 것을 요구하는 민원이므로, 저는 결정서의 잘못된 표현을 국가보훈처가 정정하였음에도 판단(증상 판단 등)에 오류가 있다면 그때에 국가유공자 비해당 결정에 불복할 예정임을 알리며, 제가 주장하는 사항(퇴근 후 발병 등)은 판단할 사항이 아니고 결정시 관련 서류로 확인되는 사항이므로 현재는 국가유공자 비해당 결정에 불복하지 않음을 참고하기 바람. 　다음에 보훈심사위원회의 행정처분에 대한 이의제기와 관련해서는 행정처분을 한 수원보훈지청으로 문의하여 줄 것을 요구하여 말하지만, 제가 요구한 내용은 보훈심사위원회가 행정처분을 하지 못했으므로 국가보훈처장의 행정처분을 요구하는 것이지 보훈심사위원회의 행정처분에 대한 이의제기가 아니므로, 수원보훈지청과 관련되지 않음. 1AA-1311-114016과 1AA-1311-114710 민원에 대해 다시 답변할 것을 요구함.	(동문서답)	미결
2013. 12. 9.	국가 보훈처	재심의 및 퇴근 후 발병이라는 등 결정서에 잘못 표현(기재)된 사항의 정정을 요구하고 있으나, 보훈심사위원회의 심의 의결서는 임의로 정정할 수 있는 내용이 아님.		

진정일 (답변일)	제출처 (답변처)	진정(답변)내용 및 의견	진행사항	
			해당민원	당초민원
	답변에 대한 의견	잘못을 책임지지 않기 위해 東問西答하면서 민원의 본질을 장기간 해결하지 않는 것은 대통령하야 주장을 정당화시키며 국론이 분열되게 하여 국력을 소모하는 행위임에도, 국가보훈처는 거짓 내용의 東問西答만 계속하며 결정서에 잘못 표현(기재)된 사항을 정정할 수 없다면서 잘못을 계속 밀어붙이며 책임지지 않음. 보훈심사위원회의 심의 의결서는 임의로 정정할 수 있는 내용이 아니라고 그전에 회신한 바 없으며, 그리고 사실이 아닌 사항을 근거로 보훈심사위원회가 심의한 관련자와 거짓을 답한 관련자가 이를 책임지게 하지 않는 것은 부당함.		
2013. 12. 4.	국민권익 위원회 (행심)	2009. 11. 9. '국가보훈처(허위사실을 결정하고 정정하지 않음), 국민건강보험공단(결정 이유 미 제시), 감사원(이러한 잘못된 행정시정 요구)에 대해 동 기관들이 복지부동하지 않도록 조치할 것을 요구'하는 민원에 대해 귀 위원회는 민원사무 처리결과를 통지하지 않았음. 민원사무 처리에 관한 법률 제15조에 따라 2009. 11. 9. 자 신청한 민원에 대해 민원사무 처리결과를 통지해 주기 바람. 그리고 2009. 11. 9. 자 신청한 민원사무 처리결과를 통지하지 않고 민원사무 처리에 관한 법률 제15조를 위반한 관련자는 국민에게 책임지게 조치하고 그 내역도 통지해 주기 바람.	(동문서답)	미결
2013. 12. 12.	국민권익 위원회	① 중앙행정심판위원회에서 각계각층의 전문가를 위원으로 위촉하여 양 당사자가 제출한 자료를 토대로 관계 법령에 따라 충분한 검토를 거쳐 판단하였으며, ② 우리 위원회에서는 귀하가 제기한 민원에 대해 모두 회신하였사오니 기 회신한 답변 내용을 참고하기 바람.		
	답변에 대한 의견	①항은 이송하지 않은데 대한 심리당당자의 책임요구임에도 중앙행정심판위원회의 재결에 떠넘기며 심리당당자가 책임지지 않는 것은 부당함. ②항은 민원내용과 같이 신청한 민원에 대한 결과를 통지하지 않았다는 것이지 회신하지 않		

사실을 歪曲시키는 보도

진정일 (답변일)	제출처 (답변처)	진정(답변)내용 및 의견	진행사항	
			해당민원	당초민원
		았다는 것이 아님에도, 모두 회신하였다며 책임지지 않는 것은 부당함.		
2013. 12. 7.	국가 보훈처	2013. 11. 11. 제 블로그에 첨부된 내용과 상반되는 사실이 있으면, 이를 제시하여 주기 바라는 내용의 진정에 대해, 잘못 기재된 구체적인 내용 없이 신청한 민원사무 처리결과를 회신한 것처럼 답하여 '미 회신(동문서답)'을 '회신(동문서답)'으로 정정하였으니 잘못 기재된 구체적인 내용이 있으면 알려 주기 바라며, 신청한 민원에 동문서답하며 민원사무 처리결과를 미 회신한 관련자는 국민에게 책임지게 조치하기 바람.	(동문서답)	미결
2013. 12. 9.	국가 보훈처	재심의 및 퇴근 후 발병이라는 등 결정서에 잘못 표현(기재)된 사항의 정정을 요구하고 있으나, 보훈심사위원회의 심의 의결서는 임의로 정정할 수 있는 내용이 아님.		
	답변에 대한 의견	본 건은 의결서에 잘못 표현된 부분을 정정할 것을 요구하는 민원임. 현재 의결에 불복하지 않음에도 불복을 권장하는 것은 부당함. 신청한 민원에 '동문서답'한 것에 대해 이견이 없으면서 이를 책임지지 않음.		
2013. 12. 7.	국무총리	2013. 11. 11. 제 블로그에 첨부된 내용과 상반되는 사실이 있으면, 이를 제시하여 주기 바라는 내용의 진정에 대해, 잘못 기재된 구체적인 내용 없이 신청한 민원사무 처리결과를 회신한 것처럼 답하여 '미 회신(동문서답)'을 '회신(동문서답)'으로 정정하였으니 잘못 기재된 구체적인 내용이 있으면 알려 주기 바라며, 신청한 민원에 동문서답하며 민원사무 처리결과를 미 회신한 관련자는 국민에게 책임지게 조치하기 바람.	(동문서답)	미결
2013. 12. 12.	국무총리 비서실	관련 업무에 참고하겠음.		
	답변에 대한 의견	참고하겠다면서 민원(책임요구)에 동문서답하며 신청한 민원사무 처리결과를 미 통지한 관련자가 국민에게 책임지게 조치하지 않음.		

진정일 (답변일)	제출처 (답변처)	진정(답변)내용 및 의견	진행사항	
			해당민원	당초민원
2013. 12. 7.	국민권 익위원회	2013. 11. 11. 제 블로그에 첨부된 내용과 상반되는 사실이 있으면, 이를 제시하여 주기 바라는 내용의 진정에 대해 민원사무 처리결과를 회신하지 않아, 동 민원사무 처리결과를 회신하여 주기 바라며 미 회신한 관련자는 국민에게 책임지게 조치하기 바람.	(동문서답)	미결
2013. 12. 31.	국민권익 위원회	국익을 위해 제시하시는 귀하의 의견 및 제안, 문제점 지적에 대해 업무에 참고하도록 하겠음.		
	답변에 대한 의견	법률 위반으로 고소당한 공무원이 업무에 참고하겠다고 답하면서, 그동안 국민권익위원회가 東問西答하며 신청한 민원에 답하지 않았다는 제 블로그 사례에는 異見없는 것으로 보아, 국민권익위원회가 신청한 민원에 답하지 않은 것이 확인됨. 즉 국민권익위원회가 민원사무 처리에 관한 법률 제15조를 위반하였음이 확인됨에도 국민에게 책임지지 않음. 위법행위는 엄단되어야 함.		
2013. 12. 7.	대검찰청	2013. 11. 11. 제 블로그(blog.daum.net/seojoung) 중 '신청한 민원에 부작위하면서 예산만 낭비하는 사례 2'에 첨부된 내용인 고소(항고)사건 명세 및 처분결과와 상반되는 사실이 있으면 이를 제시하여 주시 바라는 내용의 진정에 대해, 동 민원에 대한 처리결과를 통지받지 못했음. 첨부된 내용(사례)을 정확하게 검토하여 처리결과를 답하기 바람.	(동문서답)	미결
2013. 12. 10.	대검찰청	귀하의 민원은 우리 청 2013진정1336호로 접수되어 주임검사 ***가 처리할 예정임. 사건 종결 후 처리결과는 위 검사실에서 우편으로 통지하여 드림.		
	답변에 대한 의견	제가 2013.07.14. 신청한 민원(1AA-1307-069303)에 대해 귀 검찰청이, 동 민원은 수원지방검찰청 2013 진정 625호로 접수되어 처리할 예정임을 알린 후, 아직 처리결과를 통지받지 못한 것과 같은 내용의 답이라 유감임. 민원사무 처리에 관한 법률 제15조에 따라, 민원내용확인 후 동 민원에 대한 처리결과를 통지해 주기 바라며, 법에 규정된 사항을 법이하의 시		

사실을 歪曲시키는 보도

진정일 (답변일)	제출처 (답변처)	진정(답변)내용 및 의견	진행사항	
			해당민원	당초민원
		행령 등으로 처리하여 대통령 하야 주장을 정당 화시키며 국론이 분열되게 하여 국력을 소모하는 검찰청이 아니기 바람.		
2013. 12. 7.	안전 행정부	2010. 9. 2. 제가 신청한 민원(국민신문고)에 대 해 귀 부는 2010. 9. 10. 다 부처 민원으로 분류 하여 처리할 것임을 알렸으나, 다 부처인 국가 보훈처와 국민건강보험공단은 처리결과를 기답 한 것처럼 답하며 민원사무 처리결과를 알리지 않았음. 　민원사무 처리에 관한 법률 제15조에 따라, 동 민원에 대한 처리결과를 통지해 주기 바람.	(동문서답)	미결
2013. 12. 18.	국가 보훈처	귀하께서 국가보훈처에 제출하여 접수(13. 12. 11, 12. 12. 13)된 민원(2AA-1312-128894, 2AA- 1312-148821)에 대하여 수차례 답변해 드린 내용 이외에 추가로 답변해 드릴 사항 없음.		
	답변에 대한 의견	국가보훈처가 국가보훈처에 접수된 민원에 대해 답하고 2013. 7. 2. 안전행정부에 신청한 민원(2010. 9. 2. 안전행정부에 신청한 민원사무 처리 결과 통지요구) 처리결과를 안전행정부는 통지하 지 않음.		
2013. 12. 26.	국민건강 보험공단	2010. 09. 02일 국민신문고를 통하여 『정부의 잘못시정』이라는 제목으로 제기하신 장기요양 등급판정 관련 민원에 대하여 30회 이상 성실히 답변을 드린 바 있음.		
	답변에 대한 의견	신청한 민원에 답하지 않고 30회 이상 동문서 답하였음에도 성실히 답했다며, 2013. 7. 2. 안전 행정부에 신청한 민원(2010. 9. 2. 안전행정부에 신 청한 민원사무 처리결과 통지요구) 처리결과를 통지 하지 않음.		
2013. 12. 7.	국민건강 보험공단	2013. 11. 11. 제 블로그에 첨부된 내용과 상반되 는 사실이 있으면, 이를 제시하여 주기 바라는 내 용의 진정에 대해, 잘못 기재된 구체적인 내용 없 이 신청한 민원사무 처리결과를 회신한 것처럼 답 하여 '미 회신(동문서답)'을 '회신(동문서답)'으로 정정 하였으니 잘못 기재된 구체적인 내용이 있으면 알	(동문서답)	미결

진정일 (답변일)	제출처 (답변처)	진정(답변)내용 및 의견	진행사항	
			해당민원	당초민원
		려 주기 바라며, 신청한 민원에 동문서답하며 민원사무 처리결과를 미 회신한 관련자는 국민에게 책임지게 조치하기 바람.		
2013. 12. 13.	국민건강 보험공단	기 답변된 내용을 참고하기 바람.		
	답변에 대한 의견	첨부한 내용(국민건강보험공단이 東問西答하면서 申請한 민원사무 처리결과를 미 회신하는 사례)에 대해서 이견 없음. 민원은 의견제시요구가 아닌 책임요구임에도 민원사무 처리결과 미 회신에 대해 책임지지 않음. 잘못을 책임지지 않은 36회의 답변(동문서답) 등은 아무런 의미 없는 답변임.		
2013. 12. 7.	보건 복지부	2013. 11. 11. 제 블로그에 첨부된 내용과 상반되는 사실이 있으면, 이를 제시하여 주기 바라는 내용의 진정에 대해, 잘못 기재된 구체적인 내용 없이 신청한 민원사무 처리결과를 회신한 것처럼 답하여 '미 회신(동문서답)'을 '회신(동문서답)'으로 정정하였으니 잘못 기재된 구체적인 내용이 있으면 알려주기 바라며, 신청한 민원에 동문서답하며 민원사무 처리결과를 미 회신한 관련자는 국민에게 책임지게 조치하기 바람.	(동문서답)	미결
2013. 12. 10.	보건 복지부	민원사무 처리에 관한 법률 시행령 제21조에 의거 2회 이상 반복 및 중복 민원에 해당되어 내부종결 처리되었음.		
	답변에 대한 의견	시행령으로 법(민원사무 처리에 관한 법률 제15조)을 제한하는 답이나 하며, 블로그 내용(동문서답 등)에 이견이 없으면서, 법을 위반한 관련자가 책임지게 조치하지 않음.		
2013. 12. 7.	감사원장	2013. 11. 11. 제 블로그(blog.daum.net/seo-joung) 중 '신청한 민원에 부작위하면서 예산만 낭비하는 사례 2'에 첨부된 내용과 상반되는 사실이 있으면, 이를 제시하여 주기 바라는 내용의 진정에 대해 민원사무 처리결과를 회신하지 않아, 동 민원사무 처리결과를 회신하여 주기 바라며 미 회신한 관련자는 국민에게 책임지게 조치하기 바람.	(동문서답)	미결

264　　　　　　　　　　　　　　　　　　　　사실을 歪曲시키는 보도

진정일 (답변일)	제출처 (답변처)	진정(답변)내용 및 의견	진행사항	
			해당민원	당초민원
2013. 12. 26.	감사원	회신 없이 종결		
	답변에 대한 의견	블로그 내용(신청한 민원에는 미 회신)에 이견이 없음에도, 법률 근거 없이 임의로 민원을 종결하면서 책임지지 않음.		
2013. 12. 8.	대통령	사건의 본질(원인)은 해결하지 않고 타인에게 떠넘기며 밀어붙이기 식의 처리는 오히려 역효과를 유발시켜 대통령하야를 주장하는 현 상황을 악화시킬 우려가 있으므로, 제가 수차례 진정한 내용을 참고하여 잘못된 것을 바르게 고치고 해당 관련자는 국민에게 책임지게 조치하기 바람.	(동문서답)	미결
2013. 12. 31.	국민권익 위원회	국익을 위해 제시하시는 귀하의 의견 및 제안, 문제점 지적에 대해 업무에 참고하도록 하겠음.		
	답변에 대한 의견	대통령은 잘못된 것은 바르게 고치겠다던 국민과의 약속을 지키지 않음. 제 블로그 사례와 같이 불법(민원사무 처리에 관한 법률 제15조 위반)을 밀어붙이며 국론이 분열되게 한 국무총리 및 감사원과 보건복지부가 국민에게 책임지게 조치하지 않음.		
2013. 12. 10.	국민권익 위원회 (행심)	2013. 10. 31. 신청한 진정(2013. 11. 1. 접수)에 대한 처리결과를 회신 받지 못해 제출함. 2013. 10. 31. 신청한 진정내용은 행정심판법 제45조 위반자와 신청한 민원사무 처리결과 미회신자에 대한 책임요구 및 결정 이유제시 요구로 요약됨. 이러한 행위가 법에 위반되는 것이 아니라는 適法한 이유가 있으면 제시하기 바라며, 민원사무 처리에 관한 법률 제15조에 따라 결과를 통지하지 않으면 동 민원사무 처리자가 앞의 適法한 이유를 제시하지 않기 위해서 신청한 민원을 東問西答하며 결과 없는 회신으로 민원사무 처리에 관한 법률 제15조를 위반하는 것으로 판단하겠음.	(동문서답)	미결
2013. 12. 31.	국민권익 위원회	국익을 위해 제시하시는 귀하의 의견 및 제안, 문제점 지적에 대해 업무에 참고하도록 하겠음.		

진정일 (답변일)	제출처 (답변처)	진정(답변)내용 및 의견	진행사항	
			해당민원	당초민원
	답변에 대한 의견	법 위반이 아니라는 適法한 이유가 없는 것으로 보아, ***. ***. ***이 법을 위반(불법)한 것으로 판단됨.		
2013. 12. 12.	국가 보훈처	그동안 東問西答으로 잘못을 계속 밀어붙이다가 이제야 결정서에 잘못 표현(기재)된 사항은 정정할 수 없다면서, 이(밀어붙임. 의결)를 책임지지 않는 것은 대통령 하야 주장을 정당화시키며 국론이 분열되게 하여 국력을 소모하는 행위로 엄단되어야 함. 보훈심사위원회의 심의 의결서는 임의로 정정할 수 있는 내용이 아니라고 이전에 회신 받은 바 없으므로 보훈심사위원회의 심의 의결서는 정정할 수 있는 내용이 아니라고 이전(과거)에 회신한 사실이 있으면 통보해 주기 바라며, 또 사실이 아닌 사항을 근거로 보훈심사위원회가 심의하여 허위내용을 의결한 관련자와 그동안 신청한 민원에 東問西答하면서 잘못을 밀어붙인 관련자는 국민에게 책임지게 하기 바람. 그리고 '퇴근 후 발병' 등 사실 아닌 내용이 판단이나 의결 근거가 된 것이 아니라고 거짓을 주장(2013. 12. 3. 자 민원내용 참고)한 관련자도 책임지게 하기 바람. 결정서의 잘못된 표현을 즉시 정정하여 제 권익(불복 등)이 보호되도록 조치하여 주기 바람.	(동문서답)	미결
2013. 12. 18.	국가 보훈처	귀하께서 국가보훈처에 제출하여 접수(13. 12. 11, 12. 12. 13)된 민원(2AA-1312-128894, 2AA-1312-148821)에 대하여 수차례 답변해 드린 내용 이외에 추가로 답변해 드릴 사항 없음.		
	답변에 대한 의견	보훈심사위원회의 심의 의결서는 정정할 수 없다고 그전에 회신한 바 없음에도 그전에 회신한 것처럼 2013. 12. 9. 거짓을 답한 것은 유감이며, '퇴근 후 발병' 등 사실 아닌 내용이 판단이나 의결근거가 된 것이 아니라고 거짓을 주장(2013. 12. 3. 자 민원)한 것은 유감임. 이렇게 거짓을 답한 관련자는 국민에게 책임져야 함. 계속하여 거짓을 답변하며 해당자가 책임지게 하지 않고 국론이 분열되게 하여 국력을 소모하는 답변자의 행위는 부당하므로, 엄단되어야 함. 결정서의 잘못된 표현을 정정하여 권익이 보호되도록 조치하지 않음.		

사실을 歪曲시키는 보도

진정일 (답변일)	제출처 (답변처)	진정(답변)내용 및 의견	진행사항	
			해당민원	당초민원
2013. 12. 12.	국민건강 보험공단	2013. 12. 9. 국민신문고에 제기한 민원에 대해, 법에 의해 성실하게 답한 것처럼 주장하여 다시 제출함. 　　2013. 12. 2. 민원 제출 시 사례로 제시한 것(1. 2010. 1. 11. 제가 신청한 민원요지는 "결정 이유 제 시를 요구하는 민원"에 2010. 1. 18. 귀 공단의 답변 요지는 "수차례 답한 민원"임)에 대해 답변하지 않 고 법에 의해 성실하게 답했다고 밀어붙이는 식의 답변은 부당합니다. 추측컨대 귀 공단이 결정 이유 를 제시하지 않는 이유가 「공공기관의 정보공 개에 관한 법률」 제9조 제1항에 의한 것으로 판단 되지만 이는 「행정절차법」 제23조에 규정된 결 정 이유 제시와 관련되지 않으며 저는 결정 이유 제시를 요구한 것이지 정보공개를 요구한 것이 아 니므로, 앞의 답변은 결정 이유 제시와 전혀 관련 없는 엉뚱한 답변임. 　　귀 공단의 민원사무 처리 사례를 더 말하면, 2. 2009. 6. 16. 자 민원요지는 '용인지사(당초 조사처) 에서 본인에 대한 조사관련 서류사본제출을 요구 하는데도 거부하는 이유와 불복할 기회를 박탈하 는 이유 요구'에 대해 귀 공단의 답변요지는 '조사 관련 서류사본 제출은 정보공개에 관한 법률 규정 에 따라 〈정보공개 청구서〉를 공단에 제출하여야 가능하다'고 답변했으며 이는 진정사항인 [장기요 양인정서]상 결정내용(3등급)에 대한 판단기준과 전혀 관련 없는 엉뚱한 답변이며, 3. 2009. 9. 21. 자 민원요지는 '결정에 대한 설명 및 잘못수정 요 구하는 민원'에 대해 귀 공단은 민원(진정)을 처리 하지도 않았으며, 4. 2010. 7. 24. 자 민원요지는 '실지금액을 확인할 수 있음에도 실지 금액을 확 인하지 않은 채 사실이 아닌 금액의 제 건강보험 료를 사실내용(법)에 따라 부과하고 그 결정근거 를 요구하는 민원'에 대해 귀 공단의 답변요지는 '사실과 다를 경우 조정이 가능하니 궁금한 사항 은 지사로 문의' 할 것을 답변했으나 과소 고지된 건강보험료를 증액된 금액으로 조정받기 위해 민 원인이 지사에 문의할 이유가 없음을 알면서도 지 사에서 조정된다는 식의 현실에 맞지 않는 엉뚱한 답변으로 책임을 회피하였음. 　　위(1. 2. 3. 4)의 답이 東問西答이 아닌 법(민원사 무 처리에 관한 법률 제15조)에 의해 성실하게 답한	(동문서답)	미결

진정일 (답변일)	제출처 (답변처)	진정(답변)내용 및 의견	진행사항	
			해당민원	당초민원
		것이라면, 위 1. 2. 3. 4.의 답이 동문서답이 아닌 적법한 답이라는 내용의 이유를 요구함. 위 1. 2. 3. 4.가 적법한 답임을 설명하지 못하면, '법에 의한 성실한 답'이라는 내용의 귀 공단의 주장은 거짓인 것으로 판단하겠음.		
2013. 12. 16.	국민건강 보험공단	고객님께서 지속적으로 요구하시는 자료가 「공공기관의 정보공개에 관한 법률」 제9조 제1항 제5호에 의한 비공개자료이기 때문에 고객님께 공개하지 못하는 것이며, 이에 대해 민원답변, 행정심판, 행정소송 등의 과정에서 안내 드렸음.		
	답변에 대한 의견	「공공기관의 정보공개에 관한 법률」은 「행정절차법」에 적용되지 않으므로, 행정절차법 제23조에 의해 귀 공단은 결정 이유를 제시해야 함.		
2013. 12. 17.	국민건강 보험공단	2013. 12. 9.에는 '모든 민원(블로그에 첨부된 내용)에 성실히 답변하였음'을 답하고, 2013. 12. 13.에는 블로그 내용에 대해서 답하면서 신청한 '블로그에 첨부된 내용(국민건강보험공단이 東問西答하면서 申請한 민원사무 처리결과를 미 회신한 사례)'에 대해 답하지 않은 것으로 보아, 첨부된 내용(동문서답 등)에 대하여는 異見없는 것으로 판단됨. 다시 말하지만, 신청한 민원에 동문서답하면서 민원사무 처리결과를 미 회신한 관련자는 국민에게 책임지게 조치하기 바라며, 신청한 민원의 주된 내용인 잘못을 책임지지 않는 수십 번의 답변은 아무런 의미 없는 답변임을 양지하기 바람.	(동문서답)	미결
2013. 12. 24.	국민건강 보험공단	공단에 제기되는 민원내용에 대하여 관계법령과 규정에 따라 성실한 답변을 하였음		
	답변에 대한 의견	신청한 민원에 답하지 않고 동문서답한 답이 성실한 답변인 것처럼 주장함. 블로그에 첨부된 동문서답한 사례에 대해 이견이 없으면서, 법(민원사무 처리에 관한 법률 제15조) 위반자가 국민에게 책임지게 하지 않고 답했다며 법 위반을 밀어붙임.		

사실을 歪曲시키는 보도

진정일 (답변일)	제출처 (답변처)	진정(답변)내용 및 의견	진행사항	
			해당민원	당초민원
2013. 12. 17.	대검찰청	제 블로그(blog.daum.net/seojoung) 중 '신청한 민원에 부작위하면서 예산만 낭비하는 사례 2'에 첨부된 내용(검찰청)과 상반되는 사실이 있으면 제시하여 주시기 바람.	(동문서답)	미결
2013. 12. 23.	대검찰청	귀하의 민원은 우리 청 2013진정1336호로 접수되어 수사 중인 *** 검사실에 전달하였고, 동 검사실에서 귀하의 민원을 처리할 예정임. 사건 종결 후 처리결과는 위 검사실에서 알려드림.		
	답변에 대한 의견	블로그에 첨부된 사례(내용)에 대해 이견이 없음. 즉 검찰이 민원사무 처리결과를 알릴 것을 답하며 민원을 종결 처리한 후 그 결과를 알린 사실이 없다는 제 주장(블로그에 첨부된 사례)과 상반되는 사실이 없음이 확인됨. 이는 결과를 통지하게 규정한 민원사무 처리에 관한 법률 제15조를 검찰이 그동안 위반하여 왔다는 증거임.		
2013. 12. 19.	대검찰청	제가 2013. 10. 24. 자 진정(수원지방검찰청)을 통해, 2013. 07. 14. 신청한 민원에 대한 처리결과를 통지해 줄 것을 요청하였으나 결과를 통지받지 못해 다시 제출하니, 2013. 7. 14. 자의 민원사무 처리결과를 통지해 주기 바람. 　제 블로그(blog.daum.net/seojoung) 중 '신청한 민원에 부작위하면서 예산만 낭비하는 사례 2'에 첨부된 내용(검찰청) 중에 2013. 07. 14. 신청한 수원지방검찰청의 민원사무 처리내용을 참고하기 바라며, 민원사무 처리결과를 통지하여 민원사무 처리에 관한 법률 제15조를 위반하지 않기 바람.	(동문서답)	미결
2013. 12. 24.	대검찰청	귀하께서 고소하였던 우리 청 2013형제39975호 사건은 2013. 7. 26. 업무상 과실치상죄로 주임검사 ***가 각하 처분하였고, 2013. 7. 14.에 진정하였던 사건(2013진정625호)은 주임검사가 ***에서 ***(031-210-4535)로 재배당되어 동 검사가 2013. 10. 29. 공람종결 처분하였음.		
	답변에 대한 의견	고소 건이 아닌 민원임에도 고소를 처리하였다며 2013. 7. 14. 자 민원사무 처리결과를 답변한 것처럼 답함. 이해되지 않는 것 같아 다시 말하지만,		

진정일 (답변일)	제출처 (답변처)	진정(답변)내용 및 의견	진행사항	
			해당민원	당초민원
		민원에 적법한 답변이기 위해서는 민원사무 처리 기한 내에 처리결과를 답변해야 함. 2013. 7. 14. 신청한 민원사무 처리기한은 2013. 11. 1.임으로 7. 14. 민원사무 처리결과를 11. 1. 이전에 통지한 사실이 있는지 확인하기를 바라며, 2차 답변대로라면 2013. 7. 14. 자 민원사무 처리결과를 통지한 사실이 없으므로 이는 검찰이 민원사무 처리에 관한 법률 제15조를 위반한 것임.		
2013. 12. 22.	국가 보훈처	귀 처의 결정서를 보면 보훈심사위원회가 사실을 의결하지 않았으므로 다시 심의·의결하여 결정서의 잘못된 표현을 보훈심사위원회가 정정하여 제 권익(불복 등)이 보호되도록 조치하기 바라며, 잘못한 관련자는 잘못을 책임지게 하기 바람. 잘못을 책임지지 않는 것은 국론이 분열되게 하여 국력을 소모하는 행위임을 양지하기 바람.	(동문서답)	미결
2013. 12. 31.	국가 보훈처	귀하께서 제출하신 민원에 대하여는 이미 회신해 드린 내용 이외에 추가로 답변할 사항이 없어 내부 종결 처리하였음을 알림.		
	답변에 대한 의견	신청한 민원은 1. 2. 3. 4.에 대한 책임요구임에도 그동안 동문서답한 것이 정당한 회신인 것처럼 법률적 근거 없이 임의로 민원을 종결하며, 책임지지 않고 국론이 분열되게 함. 계속 말했지만, 신청한 민원에 회신해야 적법한 회신이지 동문서답(엉뚱한 답)한 회신은 신청한 민원에는 회신하지 않은 것으로 위법한 회신이며, 법률 하위의 시행령은 법률적 근거가 되지 못함에도 근거 없이 무식하게 민원을 종결 처리하는 것은 불법임.		
2013. 12. 25.	대검찰청	1AA-1312-102399 민원사건처리에 대해 귀 청이 2013. 7. 14. 자의 민원사무 처리결과를 답한 것처럼 답하여 제출함. 2013. 7. 14. 자 민원은 고소가 아닌 민원이므로 고소처리와 무관하며 민원에 적법한 답변이기 위해서는 민원사무 처리기한 내에 민원사무 처리결과를 통지해야 함을 양지하기 바람. 따라서 2013. 7. 14. 신청한 민원사무 처리기한은 2013. 11. 1.임으로 2013. 7. 14. 신청한 민원사	(동문서답)	미결

진정일 (답변일)	제출처 (답변처)	진정(답변)내용 및 의견	진행사항	
			해당민원	당초민원
		무 처리결과를 2013. 11. 1. 이전에 통지한 사실이 있는지 확인하여 답해 주기 바라며, 귀 청의 답변 내용대로라면 검찰이 민원사무 처리결과를 통지한 사실이 없으므로 이는 검찰이 민원사무 처리에 관한 법률 제15조를 위반한 것으로 판단됨. 　그리고 2013. 7. 14. 자 민원에 대해 검찰이 처리결과(공람종결)를 답한 사실이 없음이 1, 2차 답변으로 확인되지만, 민원을 공람하여 종결한 이유가 무엇인지 알 수 없음. 민원사무 처리에 관한 법률 제15조에 의해 민원사무 처리결과를 통지하지 않고 민원을 종결 처리한 법률적 근거(시행령 등 법률하위의 규정은 법률적 근거가 아님)와 이유를 알려 주기 바람.		
2014. 1. 3.	대검찰청	귀하의 민원은 그동안 수차에 걸쳐 답변 드렸음. 　범죄에 대해 수사를 하는 검사는 각종 사건을 처리하기 때문에 그 사건의 처리 진행 상황 등은 해당 주임검사실로 직접 문의하면 자상하게 알려 줌. 국민신문고 담당자로서는 해당 사건을 직접 처리한 것이 아니라, 사건이 어디로 배당되었고 사건번호는 무엇이며, 해당 검사실의 연락처를 알려드리는 것으로 종결함.		
	답변에 대한 의견	민원요지는 1. 2013. 7. 14. 자의 민원사무 처리결과 미 통지(민원사무 처리에 관한 법률 제15조 위반)자에 대한 책임요구 2. 2013. 7. 14. 자 민원을 종결 처리한 법률적 근거 요구임. 즉 수사를 요구하는 민원이 아니므로 검사실로 문의할 필요가 없으며, 또 제 민원은 검찰청에 제출한 것이지 수원지검 국민신문고 담당자에게 제출한 민원이 아니므로 검사실 수사여부와는 관련 없음. 　수차에 걸쳐 답한 것처럼 주장하여 다시 또 말하지만, 수백 번의 통지일지라도 신청한 민원에 대해 결과 없는 통지는 불법임. 그동안 통지한 내용(제 블로그에 첨부된 내용 참고)을 다시 확인해 보기 바람.		
2013. 12. 28.	안전 행정부	2013. 12. 7. 신청한 민원(2010. 9. 10. 신청한 민원사무 처리결과 통지요구)을 답하지 않고 국가보훈처와 국민건강보험공단이 동문서답으로 민원을 종결하여 다시 제출함.	(동문서답)	미결

진정일 (답변일)	제출처 (답변처)	진정(답변)내용 및 의견	진행사항	
			해당민원	당초민원
		2010. 9. 10. 신청한 민원사무 처리결과를 귀 부가 직접 통지해 주기 바라며, 제 블로그 중 '신청한 민원에 부작위하면서 예산만 낭비하는 사례 2'에 첨부된 사례('국민신문고 화면' 등)와 같이 행정부가 거짓이나 東問西答(엉뚱한 답변) 등으로 불법행정을 밀어붙이면서 국론이 분열되게 하지 않도록 조치하기 바람.		
2014. 1. 7.	국가 보훈처	귀하께서 제출하신 민원에 대하여는 이미 회신해 드린 내용 이외에 추가로 답변할 사항이 없어 내부 종결 처리하였음을 알림.		
	답변에 대한 의견	법 위반(불법)을 책임지지 않고, 안전행정부는 국가보훈처에 미루고 국가보훈처는 신청한 민원에 동문서답하면서 민원을 종결함. 행정부가 국론분열을 조장함.		
2014. 1. 9.	국민건강 보험공단	불법행정 시정 및 책임이라는 민원은 그 사항이 명확히 지적되어 있지 아니하고 포괄적으로 표현되어 있으므로 답변 또는 처리가 어려우며, 내용상으로는 국가보훈처와 건강보험공단에서 답변할 민원으로 판단되며, 공단은 귀하의 장기요양등급판정에 대한 성실한 답변을 드린 바 있으므로 이 민원에 대하여 더 이상 언급할 내용이 없는 것으로 사료됨. 추운 날씨에 건강에 유의하시어 질병 없이 건강한 생활을 영위하기를 진심으로 염원함.		
	답변에 대한 의견	제 블로그에 게시된 '국민신문고 화면' 및 본 민원 등으로 2010. 9. 10. 안전행정부에 신청한 민원에 대한 처리결과통지를 요구하는 민원인줄 알면서도 민원내용이 명확하지 않다는 말은 거짓말임. 재차 말하지만, 민원은 국민건강보험공단의 잘못 시정요구가 아니고 안전행정부의 적법한 답변요구이므로 안전행정부가 국가보훈처와 건강보험공단에 민원을 떠넘기면서 국론이 분열되게 하는 것은 부당함. 행정청은 신청한 민원에 답할 의무가 있음에도 안전행정부장관이 신청한 민원에 답하지 않는 것은 불법이며, 누차 말했지만 불법적인 답변은 성실한 답변이 아님. 국민건강보험공단은 쾌차되기를 진심으로 바란다면, 성실하게 답변했		

272

사실을 歪曲시키는 보도

진정일 (답변일)	제출처 (답변처)	진정(답변)내용 및 의견	진행사항	
			해당민원	당초민원
		다며 엉뚱한 답변으로 세월만 흐르게 하지 말고 적법한 답변으로 適法한 답으로 민원이 종결되게 해야 함. 수년간 세월만 흐르게 하면서 성실하다는 것은 거짓임. 거짓을 답하지 말아야 함. 신청한 민원사무 처리결과를 통지할 의무가 있음에도, 이를 통지하지 않는 것은 불법임.		
2013. 12. 29.	국가 보훈처	제 블로그(blog.daum.net/seojoung)에 첨부된 사례인 '국민신문고' 및 '일자별 진정(답변)내용 요약 및 의견'에 대해 異見이 있으면, 일자별로 신청된 것에 한해서 증거를 제시하기 바람. 　지금도 공개하고 있지만 異見이 확인되면 동 내용(사례)을 수정한 후 더 확산되게 할 예정이므로, 동 내용을 세밀히 검토하여 잘못된 것(표현 등)이 있으면 말이 아닌 증거로 주장하여 수정되도록 하여 주시기 바라며, 憲法〉法律〉施行令〉規則 등의 순서에 따라 하위규정이 상위규정을 제한할 수 없음을 양지하고 시행령 이하의 규정(판례 · 학계의 일반적 견해 · 시행령 등)으로 헌법과 법률을 제한해도 된다는 식의 무식한 답으로 國論이 분열되게 하지 않기 바람.		
2014. 1. 7.	국가 보훈처	귀하께서 제출하신 민원에 대하여는 이미 회신해 드린 내용 이외에 추가로 답변할 사항이 없어 내부 종결 처리하였음을 알림.		
	답변에 대한 의견	제 블로그에 첨부된 사례에 異見없음에도 이를 책임지지 않는 것으로 보아, 국가보훈처가 법 위반(불법)을 책임지지 않으면서 국론분열을 조장하는 것으로 판단됨.		
2013. 12. 29.	국무총리	제 블로그(blog.daum.net/seojoung)에 첨부된 사례인 '국민신문고' 및 '일자별 진정(답변)내용 요약 및 의견'에 대해 異見이 있으면, 일자별로 신청된 것에 한해서 증거를 제시하기 바람. 　지금도 공개하고 있지만 異見이 확인되면 동 내용(사례)을 수정한 후 더 확산되게 할 예정이므로, 동 내용을 세밀히 검토하여 잘못된 것(표현 등)이 있으면 말이 아닌 증거로 주장하여 수정되도록 하여 주시기 바라며, 憲法〉法律〉施行令〉規則 등의 순서에 따라 하위규정이 상위규정을 제한할 수 없	(동문서답)	미결

진정일 (답변일)	제출처 (답변처)	진정(답변)내용 및 의견	진행사항	
			해당민원	당초민원
		음을 숙지하고 시행령 이하의 규정(판례·학계의 일반적 견해·시행령 등)으로 헌법과 법률을 제한해도 된다는 식의 무식한 답으로 國論이 분열되게 하지 않기 바람.		
2013. 12. 31.	국무총리 비서실	귀하의 민원은 민원사무 처리에 관한 법률 제12조(민원 사무의 이송)에 따라 처리하였음.		
	답변에 대한 의견	블로그에 첨부된 사례에 국무총리실이 '동문서답'한 사례가 수없이 많음에도 이송(?)하였다면서 國論이 분열되게 하며, 신청한 민원(블로그에 첨부된 사례에 대한 이견제시 요구)에 대해서는 국무총리실이 異見없는 것으로 보아 제 블로그에 첨부된 내용인 국무총리실이 동문서답한 사례는 정당하게 기재된 것으로 판단됨. 국무총리는 불법(민원사무 처리에 관한 법률 제15조 위반)행정에 대해 책임져야 함.		
2013. 12. 29.	국민권익 위원회	제 블로그(blog.daum.net/seojoung)에 첨부된 사례('국민신문고' 및 '일자별 진정(답변)내용 요약 및 의견')에 대해 異見이 있으면, 일자별로 신청된 것에 한해서 증거를 제시하기 바람. 지금도 공개하고 있지만 異見이 확인되면 동 내용(사례)을 수정한 후 더 확산되게 할 예정이므로, 동 내용을 세밀히 검토하여 잘못된 것(표현 등)이 있으면 말이 아닌 증거로 주장하여 수정되도록 하여 주시기 바라며, 憲法〉法律〉施行令〉규칙 등의 순서에 따라 하위규정이 상위규정을 제한할 수 없음을 양지하고 시행령 이하의 규정(판례·학계의 일반적 견해·시행령 등)으로 헌법과 법률을 제한해도 된다는 식의 무식한 답으로 國論이 분열되게 하지 않기 바람.		
2013. 12. 31.	국민권익 위원회	국익을 위해 제시하시는 귀하의 의견 및 제안, 문제점 지적에 대해 업무에 참고하도록 하겠음.		
	답변에 대한 의견	제 블로그에 첨부된 국민권익위원회의 민원사무 처리 사례(동문서답)에 대해 이견이 없으면서도 책임지지 않는 것이 이해되지 않음. 국민권익위원회의 민원사무 처리는 불법이며, 불법은 엄단되어야 함.		

274

진정일 (답변일)	제출처 (답변처)	진정(답변)내용 및 의견	진행사항	
			해당민원	당초민원
2013. 12. 29.	대검찰청	제 블로그(blog.daum.net/seojoung)에 첨부된 사례인 '국민신문고' 및 '일자별 진정(답변)내용 요약 및 의견'에 대해 異見이 있으면, 일자별로 신청된 것에 한해서 증거를 제시하기 바람. 　지금도 공개하고 있지만 異見이 확인되면 동 내용(사례)을 수정한 후 더 확산되게 할 예정이므로, 동 내용을 세밀히 검토하여 잘못된 것(표현 등)이 있으면 말이 아닌 증거로 주장하여 수정되도록 하여 주시기 바라며, 憲法〉法律〉施行令〉規則 등의 순서에 따라 하위규정이 상위규정을 제한할 수 없음을 양지하고 시행령 이하의 규정(판례·학계의 일반적 견해·시행령 등)으로 헌법과 법률을 제한해도 된다는 식의 무식한 답으로 國論이 분열되게 하지 않기 바람.	(동문서답)	미결
2014. 1. 7.	대검찰청	귀하의 민원은 우리 청 2014진정20호로 접수(주임검사 …)되었고, 동 검사실에서 처리할 예정이며, 궁금하신 사항은 위 검사실에 직접 문의하시기 바람.		
	답변에 대한 의견	제 블로그에 첨부된 '검찰청'의 민원사무 처리 내용과 같이, 거짓 답으로 법적 근거 없이 민원을 종결함. 검찰은 제 블로그에 첨부된 내용(결과 미통지는 불법임)에 대해 異見 없으면서 책임지지 않고 國論분열을 조장함.		
2013. 12. 29.	감사원장	제 블로그(blog.daum.net/seojoung)에 첨부된 사례('국민신문고' 및 '일자별 진정(답변)내용 요약 및 의견')에 대해 異見이 있으면, 일자별로 신청된 것에 한해서 증거를 제시하기 바람. 　지금도 공개하고 있지만 異見이 확인되면 동 내용(사례)을 수정한 후 더 확산되게 할 예정이므로, 동 내용을 세밀히 검토하여 잘못된 것(표현 등)이 있으면 말이 아닌 증거로 주장하여 수정되도록 하여 주시기 바라며, 憲法〉法律〉施行令〉規則 등의 순서에 따라 하위규정이 상위규정을 제한할 수 없음을 양지하고 시행령 이하의 규정(판례·학계의 일반적 견해·시행령 등)으로 헌법과 법률을 제한해도 된다는 식의 무식한 답으로 國論이 분열되게 하지 않기 바람.		

진정일 (답변일)	제출처 (답변처)	진정(답변)내용 및 의견	진행사항	
			해당민원	당초민원
2014. 1. 14.	감사원	회신 없이 종결		
	답변에 대한 의견	제 블로그에 첨부된 사례에 異見없음에도 불법을 책임지지 않고 國論이 분열되게 함.		
2013. 12. 29.	국민건강 보험공단	제 블로그(blog.daum.net/seojoung)에 첨부된 사례인 '국민신문고' 및 '일자별 진정(답변)내용 요약 및 의견'에 대해 異見이 있으면, 일자별로 신청된 것에 한해서 증거를 제시하기 바람. 지금도 공개하고 있지만 異見이 확인되면 동 내용(사례)을 수정한 후 더 확산되게 할 예정이므로, 동 내용을 세밀히 검토하여 잘못된 것(표현 등)이 있으면 말이 아닌 증거로 주장하여 수정되도록 하여 주시기 바라며, 憲法〉〈法律〉施行令〉規則 등의 순서에 따라 하위규정이 상위규정을 제한할 수 없음을 양지하고 시행령 이하의 규정(판례·학계의 일반적 견해·시행령 등)으로 헌법과 법률을 제한해도 된다는 식의 무식한 답으로 國論이 분열되게 하지 않기 바람.	(동문서답)	미결
2014. 1. 6.	국민건강 보험공단	이미 답변한 내용과 같이 법과 규정에 따라 민원내용을 수용할 수 없음. 공단은 귀하의 민원에 성실히 답하였으므로 이견을 제시할 이유 없음.		
	답변에 대한 의견	민원은 민원내용수용을 원하는 민원이 아니고 신청한 민원사무 처리결과통지를 요구하는 민원임에도, 동문서답하며 신청한 민원사무 처리결과를 통지하지 않음. 2013. 11. 11. 신청한 민원인 제 블로그 내용에 대해 異見없었음을 참고하기 바라며, 계속 말하지만 신청한 민원에 답하지 않은 기 답변내용은 민원사무 처리에 관한 법률 제15조를 위반한 것이므로, 신청일자별로 기 답변 내용을 확인하여 신청한 민원에 대해 답한 것이 있으면 추가답변하기 바라며, 법 효력의 우선순위를 안다면 민원사무 처리에 관한 법률 제15조이하의 법과 규정에 따라 적법하게 업무를 처리하였다는 답은 무식한 행동. 민원사무 처리에 관한 법률 제15조에 의해 민원을 처리해야 함에도 시행령이나 규정에 의해 민원을 처리하는 것은 불법이며 따라서 성		

사실을 歪曲시키는 보도

진정일 (답변일)	제출처 (답변처)	진정(답변)내용 및 의견	진행사항	
			해당민원	당초민원
		실한 태도가 아님. 言行이 일치되기 바라며 거짓 내용의 답변을 하지 않기 바람.		
2014. 1. 8.	보건 복지부	제 블로그(blog.daum.net/seojoung)에 첨부된 사 례인 '국민신문고' 및 '일자별 진정(답변)내용 요 약 및 의견'에 대해 異見이 있으면, 일자별로 신 청된 것에 한해서 증거를 제시하기 바람. 　지금도 공개하고 있지만 異見이 확인되면 동 내용(사례)을 수정한 후 더 확산되게 할 예정이 므로, 동 내용을 세밀히 검토하여 잘못된 것(표 현 등)이 있으면 말이 아닌 증거로 주장하여 수 정되도록 하여 주시기 바라며, 憲法〉法律〉施行 슈〉規則 등의 순서에 따라 하위규정이 상위규 정을 제한할 수 없음을 양지하고 시행령 이하의 규정(판례·학계의 일반적 견해·시행령 등)으로 헌 법과 법률을 제한해도 된다는 식의 무식한 답으 로 國論이 분열되게 하지 않기 바람.	(동문서답)	미결
2014. 1. 15.	보건 복지부	귀하께서 제시하신 민원 건은 보험정책과-2863 호, 민원사무 처리에 관한 법률 시행령 제21조에 의거 2회 이상 반복 및 중복 민원에 해당되어 내 부종결 처리되었음.		
	답변에 대한 의견	블로그에 첨부된 사례에 대하여는 이견 없이 시행령에 의해 종결하였다는 무식한 답으로 위법 을 책임지지 않고 국론 분열을 조장함.		
2014. 1. 9.	대검찰청	제 블로그(blog.daum.net/seojoung)에 첨부된 사 례인 '국민신문고' 및 '일자별 진정(답변)내용 요약 및 의견'에서 보듯이, 사법부는 법(증거재판)에 의 해 재판하지 않아 결국 헌법 제103조를 위반하고, 행정부(검찰 포함)는 법에 의하지 않고 관례에 따 라 민원을 처리하여, 이러한 사법부와 행정부의 불법(헌법 103조 및 민원사무 처리에 관한 법률 제15 조 위반)적인 업무처리로 국론이 분열되게 하고 국력이 소모되게 하는 것은 부당함. 　제 블로그에 첨부된 '고소(항고)사건 명세 및 처 분결과'내용과 같이 법 위반이 죄가 아니라는 식 으로 검찰이 판단한다면, 설사 제(국민)가 법을 위 반하였다 할지라도 죄가 아니라고 판단하는 것과 같은 것임.	(동문서답)	미결

진정일 (답변일)	제출처 (답변처)	진정(답변)내용 및 의견	진행사항	
			해당민원	당초민원
		1. 제 블로그에 첨부된 '고소(항고)사건 명세 및 처분결과' 내용이 검찰(검사)의 적정한 판단인지 확인하여 주시기 바라며, 그리고 제가 2013. 11. 11. 자 신청한 민원(진정)에 대한 처리결과를 통지하지 않은 것은 민원사무 처리에 관한 법률 제15조에 위반되는 것이므로. 2. 처리결과를 통지하지 않은 適法한 이유(법률이하의 규정이나 관례 등은 違法한 이유가 아님)가 있으면 그 이유를 제시하여 주시기 바람. 2013. 11. 11. 자로 신청한 민원에 대한 것임을 양지하시기 바라며, 위 1과 2를 증빙으로 제시(반론)하지 않으면, 검찰총장이 불법을 조장하는 것으로 판단하겠음. 지위고하를 막론하여 헌법과 법을 위반한 모든 관련자(판·검사·고위공무원, 책임자 등)와 법 위반이 증거로 확인되면 저도 조사하여 국가기강을 바르게 세우기 바라며, 짜 맞추기식의 주관적 판단이 아닌 증거에 의한 객관적 판단으로 공정하고 엄정하게 처리되기 바람.		
2014. 1. 15.	대검찰청	귀하의 민원은 우리 청 2014진정61호로 접수(주임검사 ***, 031-210-4535)되었고, 동 검사실에서 귀하의 민원을 처리할 예정임.		
	답변에 대한 의견	민원사무 처리결과를 통지하지 않고 민원을 종결함. 신청한 민원사무 처리결과를 법정기한 내 처리하면 검사실에 문의할 사항은 없으며, 불법적 처리이면 불법이 성립된 이후이므로 불법을 문의할 필요도 없음.		
2014. 1. 9.	안전행정부	2013. 12. 28. 신청한 민원에 대해 동문서답한 답을 보고 다시 제출함. 2013. 12. 28. 제가 신청한 민원은 2010. 9. 10. 안전행정부에 신청한 민원에 대한 처리결과 통지를 요구하는 민원이지 국가보훈처나 국민건강보험공단의 잘못 시정을 요구하는 민원이 아님. 제 블로그에 게시된 안전행정부에 대한 '국민신문고 화면을 참고하여 명확한 민원내용을 인지하기 바라며, 적법하게 업무를 처리하는 안전행정부이기 바람.	회신	미결

　　　　　　　　　　　　　　　　　　사실을 歪曲시키는 보도

진정일 (답변일)	제출처 (답변처)	진정(답변)내용 및 의견	진행사항	
			해당민원	당초민원
2014. 1. 13.	안전 행정부	귀하께서 제기하신 민원과 관련된 이전 민원은 우리 부에 제기된 사항이 아니기 때문에 우리 부에서는 이전 민원을 확인할 수 없으며, 귀하의 블로그의 내용을 확인하는 부분은 참고사항에 해당한다고 할 수 있음. 이와 같은 이유로 귀하께서 우리 부에 제기하신 민원에 대해 구체적인 상황 설명 및 관련 자료를 첨부하여 주시기를 요청하오니, 이 점을 널리 양해하여 주시기 바라며, 향후 귀하께서 관련 내용을 보완 추가하여 다시 민원을 신청하여 주시면 해당 부서로 배부하여 처리토록 하겠음		
	답변에 대한 의견	이전 민원을 확인할 수 없고 블로그 내용은 참고사항임을 답함. 이러한 내용의 직설적 답변이 신청한 민원에 답변한 것이므로 본 민원은 종결됨. 그러나 과거에 신청한 민원은 해결되지 않아 민원을 다시 제출해야 되며, 블로그는 행정부의 불법행정사례를 열거한 것임으로 본 사례를 참고하여 행정부가 불법행정을 시행하지 않도록 조치하고 불법행정을 시행한 공무원은 국민에게 책임지게 조치하기 바람.		
2014. 1. 20.	국가 보훈처	귀하의 민원에 대하여는 이미 회신해 드린 내용 이외에 추가로 답변할 내용이 없어 내부종결 처리하였음.		
	답변에 대한 의견	불법행정을 책임지지 않음.		
2014. 1. 12.	보건 복지부	제 블로그에 첨부된 사례에 異見없으면서 의사협회 파업을 불법이라고 주장하는 것은 부당하므로, 의사협회 파업을 불법이라고 주장하지 않기 바람. 제 블로그에 첨부된 사례를 보면, 제가 신청한 민원에 '동문서답'하며 민원을 종결한 것은 민원사무 처리에 관한 법률 제15조를 위반한 것이며, 이는 불법임. 즉 민원사무 처리에 관한 법률 제15조에 의해 귀 부는 신청한 민원사무 처리결과를 통지할 의무가 있음에도, 엉뚱한 답(동문서답)으로 신청한 민원사무 처리결과를 통지하지 않은 것은 불법임. 신청한 민원에 미 회신한 자가 불법행정을 국	(동문서답)	미결

진정일 (답변일)	제출처 (답변처)	진정(답변)내용 및 의견	진행사항	
			해당민원	당초민원
		민에게 책임지게 한 후에 의사협회의 파업이 불법임을 주장할 자격을 갖추고 대처하기 바라며, 본 민원에 회신(동문서답 제외)이 없으면서 의사들의 파업을 불법이라고 주장한다면 보건복지부가 불법을 은폐하기 위해 보건복지부의 불법을 의사들에게 전가하는 것으로 판단하겠음.		
2014. 1. 27.	보건 복지부	말씀하신 내용의 취지가 명확하지 않아 충분한 답변을 드리지 못함을 양해해 주시기 바라며, 추가 질의사항은 보건복지부 보건복지콜센터로 문의하여 주시기 바람.		
	답변에 대한 의견	15일 만에 신청한 민원취지(불법에 대한 책임요구)가 명확하지 않다며 불법을 책임지지 않고 거짓을 답을 하는 것으로 보아, 보건복지부가 자신의 불법을 은폐하기 위해 보건복지부의 불법을 의사들에게 전가할 것으로 판단됨.		
2014. 1. 14.	안전 행정부	제가 2010. 8. 30. 신청한 민원에 대해 국가보훈처(2010. 9. 10. 답변)와 국민건강보험공단(2010. 9. 9. 답변)이 신청한 민원사무 처리결과를 통지하지 않고 동문서답으로 민원을 종결하여 제출함. 2010. 8. 30. 신청한 민원사무 처리결과를 통지해 주기 바라며, 言行이 不一致되는 답 등으로 행정부가 거짓이나 東問西答(엉뚱한 답변) 등으로 불법행정을 밀어붙이면서 국론이 분열되게 하지 않도록 조치하기 바람.	(동문서답)	미결
2014. 1. 14.	안전 행정부	이전 민원자료에 기재되어 있는 '구체적인 사유'를 포함하여 민원 내용을 보다 상세히 적어서 신청하여 주시면 귀하께서 원하시는 「민원사무 처리에 관한 법률」과 관련된 답변을 담당부서에서 회신해 드릴 것으로 사료되며, 귀하의 블로그의 내용을 확인하는 부분은 참고사항에 해당한다고 할 수 있음.		
	답변에 대한 의견	안전행정부에 접수된 민원을 담당부서 전달할 것을 말하고 또 요청에 의해 2010 8. 19. 구체적인 사유를 제출하였음에도 또다시 요청하고 블로그 사례로 각 부처의 불법을 알 수 있음에도 민원내		

사실을 歪曲시키는 보도

진정일 (답변일)	제출처 (답변처)	진정(답변)내용 및 의견	진행사항	
			해당민원	당초민원
		용을 모르는 것처럼 답하여, 민원인(국민)이 다시 불법사항을 통보함.		
2014. 1. 14.	안전 행정부	당시 귀 부의 요청에 의해 구체적 사항을 2010. 8. 19. 보냈으나, 다시 보냄. 또 다시 2014. 1. 14. 답이 거짓 답이 아니기 바라며, 言行이 不一致되는 답 등으로 행정부가 거짓이나 東問西答(엉뚱한 답변) 등으로 불법행정을 밀어붙이면서 국론이 분열되게 하지 않도록 조치하기 바람.	(동문서답)	미결
2014. 1. 22.	안전 행정부	구체적인 설명과 함께 요구하시는 내용을 적시해 주기바람.		
	답변에 대한 의견	구체적인 민원사항 보완을 요청하는 내용의 답을 8일 만에 답함. 궁극적으로 구체적인 민원 내용은 불법(국가보훈처가 국가유공자 등 예우 및 지원에 관한 법률 제6조와 민원사무 처리에 관한 법률 제15조를 위반하고 국민건강보험공단이 행정절차법 제23조와 민원사무 처리에 관한 법률 제15조를 위반)하여도 안전행정부가 불법을 방치하고 있다는 것이 민원이며, 이러한 불법행정에 대한 책임요구이지 2009년 발생된 민원해결을 요구하는 민원이 아님. 불법행정을 밀어붙이면서 방치하는 것으로 보아, 국민의 불법을 말할 자격도 없는 안전행정부가 불법이라며 국론이 분열되게 하는 것은 부당함. 제 블로그의 「신청한 민원에 부작위하면서 예산만 낭비하는 사례 2」에 첨부된 사례(고소, 항고사건 명세 및 처분결과. 검찰청)에서 보듯이, 검찰이 증거 없이 주관적으로 업무를 처리하며 신청한 민원사무 처리결과를 통지하지 않는 것은 부당함.		
2014. 1. 20.	대검찰청	첨부된 사례 중 대전지방검찰청2013형제33454은 고소 시 허위내용의 공문서를 첨부하였음에도 증거가 불충분한 것처럼 '혐의 없음' 처분하고 동 사건 항고에 대해 대전고등검찰청 2013고불항제1353은 대전지검의 당초 판단과 같다는 내용으로 증거 없이 거짓내용의 공문서가 사실인 것처럼 기각하였음.	(동문서답)	미결

진정일 (답변일)	제출처 (답변처)	진정(답변)내용 및 의견	진행사항	
			해당민원	당초민원
		행정절차법 제23조에 따라 동 사건(대전지방검찰청 2013형제33454, 대전고등검찰청 2013고불항제1353)을 판단한 適法한 이유를 제시하여 주시기 바라며, 동 건은 고소가 아닌 민원이므로 민원사무 처리에 관한 법률 제20조 및 동 법 제15조에 따라 민원을 처리하여 결과 없는 안내 등으로 민원을 종결 처리하는 등의 방법으로 동 법률을 위반하지 않기 바람.		
2014. 1. 28.	대검찰청	귀하께서 국민신문고에 제기하신 민원은 대전지검 2014진정97호(진정사건)로 수리되었으며, 위 사건은 대전지검 422호 ••• 검사실에 배당되었음. 담당검사는 필요한 수사를 거쳐 공정하게 처리할 예정이며, 사건 종결 시까지 문의사항이 있거나 제출할 서류가 있으시면 위 검사실에 연락하시거나, 대전지검 종합민원실에(042-470-4547) 접수하여 주시기 바람. 위 사건 종결 후 그 처리결과는 위 담당검사실에서 우편(서면)으로 알려드릴 것임.		
	답변에 대한 의견	블로그(blog.daum.net/seojoung)에 첨부된 '검찰청' 사례와 같이, 신청한 민원(대전지방검찰청 2013형제33454, 대전고등검찰청 2013고불항제1353의 適法한 판단이유 제시요구) 처리결과를 통지하지 않고 결과 없는 안내로 민원을 종결하며 민원사무 처리에 관한 법률 제15조를 위반함.		
2014. 1. 25.	국민건강 보험공단	제 블로그에 첨부된 사례에 異見없으면서 건보 재정에 충당하기 위해 담배협회에 손해배상의 소를 제기하는 것은 부당함. 제 블로그에 첨부된 사례를 보면, 귀 공단은 제가 신청한 민원에 '동문서답'으로 민원을 종결한 것은 민원사무 처리에 관한 법률 제15조를 위반한 것이며, 이는 불법임. 즉 민원사무 처리에 관한 법률 제15조에 의해 귀 공단은 신청한 민원사무 처리결과를 통지할 의무가 있음에도, 엉뚱한 답(동문서답)으로 신청한 민원사무 처리결과를 통지하지 않는 것은 불법임. 　신청한 민원에 미 회신한 자가 불법행정을 국민에게 책임지게 하여 담배 판매가 부당함을 주장할 자격을 갖추기 바라며, 자격 없이 담배 판매의 부당함을 주장한다면 귀 공단의 불법을 은폐	(동문서답)	미결

사실을 歪曲시키는 보도

진정일 (답변일)	제출처 (답변처)	진정(답변)내용 및 의견	진행사항	
			해당민원	당초민원
		하기 위해 귀 공단이 담배 판매 및 제조회사에 책임을 전가하는 것으로 판단하겠음.		
2014. 2. 4.	국민건강 보험공단	국민의 건강과 흡연피해에 대하여 관심을 가져 주신데 감사드리며, 국민을 보호하는 것은 국민의 건강과 건강보험재정을 책임지고 있는 보험자로서 당연히 취해야 할 책무임. 　소송제기를 결정한 것은 말씀하신 바와 같이 저희 공단이 불법행정을 은폐하기 위하여 담배 제조회사에 책임을 전가하려는 의도가 아님을 천명함.		
	답변에 대한 의견	흡연피해를 주장하면서 신청한 민원인 불법행정에 책임지지 않는 것으로 보아, 불법을 은폐하기 위해 공단이 담배 판매 및 제조회사에 책임을 전가할 것으로 판단됨.		
2014. 1. 27.	대검찰청	대검찰청(감찰1과-1119)를 수취하고 2014. 1. 20. 국민신문고를 통하여 대검찰청에 제출한 민원내용을 오관하여 답한 것 같아 다시 진정함. 　제 블로그에 첨부된 '고소(항고)사건 명세 및 처분결과'가 적정하다고 판단하는지를 제가 대전지검 및 대전고검의 처분결과를 예로 들어 대검찰청에 문의한 것이지 대전지검 및 대전고검의 처분이 부당하다는 것이 아님. 물론 부당한 처분은 고쳐야겠지만, 2014. 1. 20. 자 민원은 대검찰청에 문의한 것임을 양지하시기 바라며, 대검찰청의 민원서류 처리결과(감찰1과-1119) 내용은 대전지방검찰청에 송부하였음을 안내한 것이지 신청한 민원사무 처리결과를 통지한 것이 아님. 　서울서부지방검찰청은 항고하지 못하게 고소를 진정으로 처리하여 제가 권익을 보호받지 못하게 하고, 또 이유 여하를 막론하고 공무원의 업무처리 소홀로 인한 불법(민원사무 처리에 관한 법률 제15조 위반)은 있을 수 없는 일임에도 2014. 1. 20. 민원을 대전지방검찰청에 송부하였다는 결과 없는 안내로 민원을 종결한 것은 불법이므로 법에 따라 민원사무 처리결과를 통지하기 바람.	미 회신	미결
	의견	지방검찰청이 권익을 보호받지 못하게 업무를 처리하여도 민원사무 처리결과를 통지하지 않고 이를 방관함.		

진정일 (답변일)	제출처 (답변처)	진정(답변)내용 및 의견	진행사항	
			해당민원	당초민원
2014. 1. 30.	대검찰청	제 블로그에 첨부된 '고소(항고)사건 명세 및 처분결과'에 기재된 사례에서 보듯이, 서울서부지방검찰청은 제가 항고하지 못하게 고소사건을 진정으로 처리하여 제가 헌법 제10조에 위한 권익을 보호하지 못하게 하였음. 　서울서부지방검찰청이 고소(대검 접수번호: 827, 828 및 1087, 1088)사건을 진정이라고 결정한 이유를 행정절차법 제23조에 위해 제시해 주시기 바람.	(동문서답)	미결
2014. 2. 11.	대검찰청	귀하의 민원은 2014. 2. 10. 서울서부지방검찰청 2014진정 139호로 수리되어 형사1부 ••• 검사실로 배당되었으며, 사건이 처분되는 대로 귀하께 우편으로 그 결과를 통지해 드릴 것임. 검찰에 대한 관심에 깊이 감사드리며, 언제나 국민을 위해 최선을 다하는 검찰이 되겠음.		
	답변에 대한 의견	신청한 민원인 '고소사건을 진정이라고 결정한 이유'는 제시하지 않고, 결과 없는 배정 사항을 알리면서 국민신문고 민원을 종결하는 것은 불법행정임.		
2014. 1. 30.	법무부	제 블로그(blog.daum.net/seojoung)에 첨부된 사례를 보면, 국무총리실 국민권익위원회 감사원 검찰청 국가보훈처 국민건강보험공단은 동문서답으로 민원을 종결(신청한 민원사무 처리결과 미 통지)하여 민원사무 처리에 관한 법률 제15조를 위반하고 있음에도 정부 대표인 법무부 장관이 통합진보당의 불법을 주장하는 것은 부당함. 민원사무 처리에 관한 법률 제15조에 의해 행정청은 신청한 민원사무 처리결과를 통지할 의무가 있음에도, 신청한 민원사무 처리결과를 통지하지 않는 것은 불법임. 　신청한 민원에 미 회신한 자가 불법행정을 국민에게 책임지게 하여 불법을 주장할 자격을 갖추기 바라며, 자격 없이 불법을 주장한다면 정부가 불법을 은폐하기 위해 통합진보당에게 책임을 전가하는 것으로 판단하겠음. 즉 불법에 책임지지 않는 정부가 통합진보당의 불법을 주장할 자격이 없으므로, 정부부터 불법을 책임진 후 통합진보당의 불법을 주장하기 바람.	(동문서답)	미결

사실을 歪曲시키는 보도

진정일 (답변일)	제출처 (답변처)	진정(답변)내용 및 의견	진행사항	
			해당민원	당초민원
2014. 3. 12.	국민권익 위원회	귀하께서 제기하시는 다양한 분야의 다양한 의견은 국가발전과 국민안정을 위해 검토하여야 할 과제임이 분명하고 정부에서도 귀하께서 제언하신 분야에 대하여 적극의 발전 노력을 기울이고 있습니다만 정부의 정책은 국가와 국민의 백년대계를 결정지을 수 있는 중요한 사안임에 따라 주변의 여건과 환경 등을 충분히 고려하고 국민의 다양한 의견을 검토하여 반영하여야 하겠음. 　정부에서는 앞으로도 귀하는 물론 귀하와 의견을 달리하는 다양한 의견을 적극 수렴하여 최적의 방안을 강구하여 국가의 발전과 국민의 안정에 기여할 수 있도록 노력을 기울일 것임. 　다만, 국민권익위원회는 '행정기관의 위법하거나 부당한 행정처분으로 인하여 침해 받은 국민의 권익을 보호하고 구제하는 한정된 기능을 수행' 하고 있어 귀하께서 제언하신 각종 정책제안 등은 국민권익위원회가 아닌 해당 정부부처 또는 해당 자치단체를 지정하시여 의견을 제출하시는 것이 효율적일 것임을 안내드리며, 정책제안을 하실 경우 단순한 개인의 막연한 의견이 아닌 현재의 운영실태, 문제점, 개선방안, 기대효과 등을 구체적으로 기재하시어 제출하시는 것이 효과적일 것임을 안내함.		
	답변에 대한 의견	제 블로그에 첨부된 정부의 불법사례를 정부가 책임지지 않고 있다는 민원에 대해, 국민권익위원회가 다양한 분야의 의견은 주변 여건과 환경 등을 고려하여 국가발전을 위해 검토할 것이며 국민권익위원회는 위법하거나 부당한 행정처분으로 침해받은 국민의 권익을 보호하고 구제하는 기능을 수행하고 있다며, 행정부의 불법(위법)을 책임지지 않음. 　동 민원은 국가발전을 위한 의견이나 정책제안 등을 제시한 민원이 아니고 정부가 불법(위법) 행정에 책임지라는 민원이며, 국민권익위원회는 위법한 행정처분으로 침해받은 국민의 권익을 보호한다면서도 불법(위법)한 행정처분으로 침해된 국민의 권익을 보호하지 못하는 것이 이해되지 않음.		

진정일 (답변일)	제출처 (답변처)	진정(답변)내용 및 의견	진행사항	
			해당민원	당초민원
2014. 2. 7.	법무부	저는 서맹종이며 2014. 1. 30. 정부부터 불법을 책임진 후 통합진보당의 불법을 주장하기 바란다는 내용으로 국민신문고에 민원을 제기한 자임. 　제가 무죄임에도 유죄가 되게 기소한 것은 불법이며 이를 책임지지 않고 저에게 책임을 轉嫁한 것은, 마치 정부의 불법을 통합진보당에게 轉嫁하는 것과 같은 類型임. 　다시 말하지만 동일한 유형으로 통합진보당에게 책임을 전가하지 않기 바람.	(동문서답)	미결
2014. 3. 7.	화성서부 경찰서	서맹종님께서 말씀하신 교통사고는 11개 중과실에 해당한 신호위반에 해당되는 형사사건으로 이미 종결 처리 되었으며, 서맹종님께서 위 건과 관련하여 국가를 당사자로 하는 민사소송을 제기하여 이에 관련된 진술을 충분히 하였음. 해당 소송 건(대법원2013다79382)은 서맹종님의 의견이 받아들여지지 않고, 2014. 10. 16. 종결 되었으며, 소송 과정에서 서맹종님께서 주장하시는 내용에 대해 충분히 답변하였음. 　본 건 교통사고는 정상적으로 처리되었음을 알림.		
	답변에 대한 의견	법무부장관에게 정부의 불법부터 책임질 것을 요구하는 민원에 화성서부경찰서가 정상적으로 처리된 것이며 소에도 충분히 답변하였다며 불법에 책임지지 않음. 다시 말하지만, 판결은 법에 우선될 수 없음을 양지하기 바라며 또 동 민사소송은 헌법 제103조를 위반하여 법관이 자신의 기분에 따라 증거 없이 판결한 것임. 　화성서부경찰서는 정상처리라면서 불법적 처리를 계속 밀어붙이지 말고 정상적으로 처리한 것이 사실이라면 허위증거가 아닌 사실에 맞는 증거를 제시하기 바라며, 화성서부경찰서가 사실에 맞는 증거를 제시하지 못하면 법무부는 불법에 책임지기 바람.		
2014. 2. 13.	감사원장	제 블로그에 첨부된 감사원의 불법사례에 대해 감사원은 이견이 없으면서 감사원이 타 부의 불법을 지적하여 조치하는 것은 부당하므로 감사원부터 불법을 책임지기 바라며, 감사원은 자신의 불법을 책임지지 않으면서 타 부의 불법을 지적하는 감	(동문서답)	미결

진정일 (답변일)	제출처 (답변처)	진정(답변)내용 및 의견	진행사항	
			해당민원	당초민원
		사원이 아니기 바람. 　수차례 말했지만 또 말하면, 신청한 민원사무 처리결과가 아닌 처리과정 등 타 내용을 회신한 것은 신청한 민원사무 처리결과를 미 회신한 것이므로 이는 민원사무 처리에 관한 법률 제15조에 위반되는 것임을 양지하기 바라며, 행정청은 민원사무 처리에 관한 법률 제15조에 의해 신청한 민원사무 처리결과를 통지할 의무가 있음에도 신청한 민원사무 처리결과를 통지하지 않는 것은 불법임. 감사원은 현재 타 부의 불법을 주장할 자격이 없으므로, 감사원부터 불법을 책임진 후 타 부의 불법을 주장하기 바람.		
2014. 3. 31.	감사원	향후 민원사무 처리에 참고하겠음. 　그리고 2013. 3. 9. 제출한 민원은 같은 달 15일 국민신문고를 통하여 종결 처리하였음을 회신하였음.		
	답변에 대한 의견	감사원 자신의 불법을 책임지라는 내용의 민원에 46일 만에 향후 참고하겠다고 답하며 자신의 불법을 책임지지 않음. 2013. 3. 9. 제출한 민원은 위 민원이 아니지만, 민원사무 처리에 관한 법률 제15조를 감사원 민원사무 처리규정(?) 등으로 규제하는 것은 불가함. 감사원은 불법규제를 해제해야 함.		
2014. 2. 17.	국민권익 위원회 (행심)	2013-13251사건에 아래 내용(1, 2, 3, 4)의 위반사항이 확인되므로 이를 위반한 관련자가 책임질 것을 요구함. 　1. 동 사건은 2013. 7. 8. 청구한 행정심판 사건임에도 2014. 1. 21. 재결한 것은 귀 위원회가 행정심판법 제45조(재결기간)를 위반한 것이므로, '행정심판법 제45조(재결기간)'를 위반한 관련자가 책임진 내역을 통지하기 바람. 　2. 피청구인이 결정 이유를 작위할 의무가 없는 것처럼 귀 위원회가 사실이 아닌 내용으로 재결한 것은 부당하므로, 관련자가 책임진 내역을 통지해 주기 바라며, 또 행정심판대상임에도 심판청구요건이 미비하다며 '각하'한 이유를 제시하기 바람. 　3. 청구인이 청구한 것은 장기요양점수(65.2	(동문서답)	미결

진정일 (답변일)	제출처 (답변처)	진정(답변)내용 및 의견	진행사항	
			해당민원	당초민원
		점) 산정이유를 제시할 것을 요구한 것이지 법상 산정근거를 요구한 것이 아님에도, 피청구인이 2010. 5. 7. 결정 이유를 회신하였다고 판단한 것은 잘못이므로, 행정심판법 제47조를 위반한 관련자가 책임지게 하고 내역을 통지해 주기 바람. 　4. 귀 위원회가 서면심리 가능하다면서 사실과 다르게 재결한 것을 보면 서면심리가 불가하였던 것으로 판단됨. 따라서 서면심리 가능하다고 판단(결정)하여 사실과 다르게 재결하고 ○○○·○○○가 객관적 이유 없이 행정절차법 제23조를 위반하여 결정한 것으로 판단되므로 이러한 제반 잘못을 책임지기 바람.		
2014. 3. 5.	국민권익 위원회	통상적으로 재결기간을 지나 재결이 이루어지고 있음을 이해하기 바라며, 행정심판법 제45조는 훈시규정으로 재결기간이 지났다는 이유로 책임을 묻지 않음. 　'각하' 재결한 이유는 위 사건의 재결서를 참고하기 바람. 　「행정심판법」 제39조(직권심리)에 따라 필요하면 당사자가 주장하지 아니한 사실에 대하여도 심리함. 　귀하의 사건에 대하여는 서면심리만으로 결정할 수 있다고 위원회에서 판단하였음을 알림.		
	답변에 대한 의견	신청한 민원 1, 2, 3, 4에 대해, ① 행정심판법 제45조를 지키지 않아도 된다는 법률규정이 있으면 제시하기 바람. 훈시규정(?)이라며 법을 지키지 않는 것은 불법이며, 법은 규정이나 시행령 등에 우선됨. ② '각하'한 이유를 심판청구의 적법 여부와 판단에서 참고하기 바란다면서 법은 결정 이유제시를 의무화하고 있음에도 피청구인이 결정 이유를 제시할 의무가 없는 것처럼 법과 다르게 재결한 이유를 알리지 않고 이를 책임지지 않음. ③ 심리에 대해 답하며 재결에 대해서는 답하지 않음. 민원은 행정심판법 제47조(재결의 범위)에 대한 것이므로, 심리가 아닌 동 재결이 행정심판법 제47조를 위반하지 않은 재결임을 입증해야 함. ④ 서면심리만으로 결정할 수 있다고 판단한 것이라며 서면심리가 가능하다고 결정한 이유를 제시하지 않는 것으로 보아, ○○○·○○○가 행정절차법 제23조를 위반한 것으로 판단됨.		

진정일 (답변일)	제출처 (답변처)	진정(답변)내용 및 의견	진행사항	
			해당민원	당초민원
2014. 2. 20.	대통령	제가 수차례 말씀드렸지만, 정부가 言行이 不一致되는 美辭麗句로 잘못(違法)을 바르게 하지 않고 책임지지 않아, 제가 직접 첨부한 내용의 전단지를 제작하여 국민에게 호소하게 되었음. 　앎(知識)을 실천하는 사람이 지식인이지 알면서도 실천하지 않는 사람은 모르는 사람보다 더 無知한 사람임을 참고하셔서, 어려운 상황의 사람과도 소통하고 탕평하는 대통령이시기 바람. 　공공기관만 불법을 단속한다는 것은 타 행정기관의 불법을 묵인한다는 것과 같은 것이므로 타 행정기관의 불법도 공공기관과 같이 단속하시고, 제반 불법을 엄단하여 국가기강을 바르게 하고 투명하고 국민의 어려움을 책임지는 정치를 실천하기 바람.	미 회신	미결
	의견	전단지(블로그) 내용에 이견이 없으면서 행정기관의 불법을 묵인함. 불법을 엄단하지 않고 국민의 어려움을 책임지는 정치를 실천하지 않음.		
2014. 3. 3.	법무부	서맹종(본인) 블로그에 첨부된 사례와 같이 행정 각 부처가 불법행정으로 업무를 처리하고 있으므로 불법행정을 적법한 행정이 되게 조치하시고 불법행정을 시행한 관련자는 국민에게 책임지게 조치하시기 바람. 　수년간 각 부처가 적법한 행정으로 판단하여 불법행정을 시정하지 않고 밀어붙여 제가 전단지를 제작하여 국민에게 직접 호소하게 되었음을 이해하시기 바라며, 신청한 민원사무 처리결과가 아닌 민원사무 처리과정 등을 통지하는 것은 민원사무 처리에 관한 법률 제15조를 위반하는 것이므로 신청한 민원에 대한 결과를 통지하여 주시기 바람.	미 회신	미결
	의견	전단지(블로그) 내용에 이견이 없으면서 관련자가 책임지게 조치하지 않고 불법을 묵인함.		
2014. 3. 3.	국무총리	2013. 12. 29. 제 블로그 사례에 대해 異見이 있으면 그 증거 제시를 요구하는 민원에 2013. 12. 31. 민원사무 처리에 관한 법률 제12조(민원 사무의 이송)에 따라 처리되었다며 제 블로그 사례에 대해서는 이견 없는 것으로 판단되어 제가 직접 전단	(동문서답)	미결

진정일 (답변일)	제출처 (답변처)	진정(답변)내용 및 의견	진행사항	
			해당민원	당초민원
		지를 제작하여 국민에게 호소하고 있음을 이해하여 주시기 바람. 　제 블로그에 첨부된 사례는 각 부처(국무총리실 포함)의 불법(민원사무 처리에 관한 법률 제15조 위반 등)행정 사례임으로, 불법행정을 적법한 행정이 되게 조치하시고 불법행정을 시행한 관련자는 국민에게 책임지게 엄정히 조치하시기 바라며, 정부의 불법부터 국민에게 책임진 후 국민(의협 등)의 불법에 엄정히 대처토록 하시기 바람.		
2014. 3. 7	국무총리 비서실	민원사항이 불명확하여 민원사무 처리에 관한 법률 제13조(민원서류의 보완·취하 등)에 따라 구체적이고 자세한 내용을 제출하여 주시기 바람.		
	답변에 대한 의견	구체적 사례가 블로그에 열거되어 전단지로 동 내용을 호소하여도 동 내용에 대해 제반 국민은 불명확한 내용이 없다는 데 국민의 어려움을 적극적으로 보살펴야 할 국무총리만 불명확하다고 거짓을 답하니 안타까운 일임. 정부는 자신의 불법에는 책임지지 않고 국민(의협 등)의 불법에는 엄정히 대처할 것으로 판단됨. 　답변자는 허위(거짓)공문서행사 및 민원사무 처리에 관한 법률 제15조 위반 등으로 기 고소된 자로 불법행정을 시행하면서도 국민에게 책임지지 않은 자임.		
2014. 3. 4.	보건 복지부	2014. 1. 8. 제 블로그 사례 대해 異見이 있으면 그 증거제시를 요구하는 민원에 2014. 1. 15. 2회 이상 반복 및 중복 민원에 해당되어 내부종결 처리되었다며 제 블로그 사례에 대해서는 이견 없는 것으로 판단되어 제가 직접 전단지를 제작하여 국민에게 호소하고 있음을 이해하여 주기 바람. 　제 블로그에 첨부된 사례는 각 부처(보건복지부 포함)의 불법(민원사무 처리에 관한 법률 제15조 위반)행정 사례임으로, 불법행정을 적법한 행정이 되게 조치하고 불법행정을 시행한 관련자는 국민에게 책임지게 조치하기 바라며, 귀 부의 불법부터 국민에게 책임진 후 국민(의협 등)의 불법(?)에 엄정히 대처토록 하기 바람.	(동문서답)	미결

사실을 歪曲시키는 보도

진정일 (답변일)	제출처 (답변처)	진정(답변)내용 및 의견	진행사항	
			해당민원	당초민원
2014. 3. 6.	보건 복지부	내용이 명확하지 않아 별도로 답변 드리기 어려움을 양해해 주시기 바람.		
	답변에 대한 의견	구체적 사례가 블로그에 열거되어 전단지로 동 내용을 호소하여도 동 내용에 대해 제반 국민은 불명확한 내용이 없다는 데 국민을 적극적으로 보살펴야 할 보건복지부는 불명확하다고 답하니 안타까운 일임. 보건복지부는 자신의 불법에는 책임지지 않고 국민(의협 등)의 불법(?)에는 엄정히 대처할 것으로 판단됨.		
2014. 3. 4.	감사원장	2013. 12. 29. 제 블로그 사례 대해 異見이 있으면 그 증거제시를 요구하는 민원에 2014. 1. 14. 회신 없이 종결되었다며 제 블로그 사례에 대해 이견 없는 것으로 판단되어 제가 직접 전단지를 제작하여 국민에게 호소하고 있음을 이해하여 주기 바람. 　제 블로그에 첨부된 사례는 각 부처(감사원 포함)의 불법(민원사무 처리에 관한 법률 제15조 위반)행정 사례임으로, 불법행정을 적법한 행정이 되게 조치하고 불법행정을 시행한 관련자는 국민에게 책임지게 조치하기 바라며, 감사원의 불법부터 국민에게 책임진 후 국민(의협 등)의 불법(?)에 엄정히 대처토록 하기 바람.	미 회신	미결
	의견	불법행정을 적법한 행정이 되게 하지 않고 국민에게 책임지게 조치하지 않으면서, 국민의 불법에는 엄정함.		
2014. 3. 11.	국가 보훈처	국가보훈처가 2009년 1월경 저(서맹종)에 대한 국가유공자 비해당 결정시 결정서에 '근무시간외 뇌출혈' '재등록'으로 기재하여 결정하였음. 　근무시간 중 발병한 기록이 있음에도 '퇴근 후 발병한 기록'있는 것처럼 기재하여 결정하고 처음 신청한 것을 '재등록' 신청한 것처럼 기재하여 결정한 것은 결정서를 조작한 행위임. 　2009년 1월 결정시 동 결정서를 조작한 관련자는 국민에게 책임지게 한 후, 그 처리결과를 통지해 주기 바람.		

진정일 (답변일)	제출처 (답변처)	진정(답변)내용 및 의견	진행사항	
			해당민원	당초민원
2014. 3. 17.	국가 보훈처	귀하께서 국가보훈처에 제출하신 민원에 대하여 이미 회신해 드린 내용 이외에 추가로 답변할 내용이 없어 내부종결 처리 되었음을 알림.		
	답변에 대한 의견	추가로 답할 내용이 없다며 결정서 조작을 책임지지 않고 밀어붙임.		
2014. 3. 12.	대통령 국민권익	수차례 말씀드렸지만, 정부가 법을 준수하여 주시기 바람. 제 블로그에 첨부된 '고소(항고)사건 명세 및 처분결과'와 '재정신청사건 명세 및 관결결과'에서 보듯이 검찰은 '법 위반은 죄가 아니라는 식'으로 결정하고 법원은 검찰의 당초 결정에 짜 맞추기 위해 '증거 없이 주관적(자의적, 임의적)으로 판결' 하는 등 증거에 의해 처리하지 않고 있음. 이러한 주관적 판단은 청탁의 원인이 되게 되므로 모든 판단(결정)은 객관적이어야 함. 그리고 민주당과 안철수 의원과의 통합논의에 대해 새누리당이 야합(?)이라고 비판하는 것은 부당함. 왜냐하면 야합(?)의 원인을 제공한 새누리당이 비판의 대상이 되기 때문임. 저번에도 말씀드렸지만, 제가 전단지를 제작하여 호소하게 된 이유는 정부가 表裏不同하면서 불법을 책임지지 않고 수년간 불법을 밀어붙이기 때문임. 국무총리실과 중앙행정심판위원회의 민원사무 처리 사례를 첨부하오니 참고하시기 바라며 제 블로그에서 정부가 불법을 밀어붙이며 책임지지 않는 사례를 참고하셔서, 정부가 불법을 책임지고 시정하여 주시기 바람. 또 증거조작 사건에 대해 잘못이 있으면 책임지게 할 것이라는 말은, 잘못이 있어도 책임지게 하지 않을 수도 있고 또 본인의 잘못은 없으므로 타인이 책임지게 할 것이라는 의미의 말이므로, 이렇게 무책임한 말은 시정되도록 조치하여 주시기 바람.	(동문서답)	미결
2014. 3. 27.	위원회	다양한 의견은 국가발전과 국민안정을 위해 검토하여야 할 과제임이 분명하고 정부에서도 귀하께서 제언하신 분야에 대하여 적극의 발전 노력을 기울이고 있습니다만, 정부의 정책은 국가와 국민의 백년대계를 결정지을 수 있는 중요한 사안임에 따라 주변의 여건과 환경 등을 충분히 고려하고 국민의 다양한 의견을 검토하여 반영하여		

사실을 歪曲시키는 보도

진정일 (답변일)	제출처 (답변처)	진정(답변)내용 및 의견	진행사항	
			해당민원	당초민원
		야 함. 정부에서는 앞으로도 귀하는 물론 귀하와 의견을 달리하는 다양한 의견을 적극 수렴하여 최적의 방안을 강구하여 국가의 발전과 국민의 안정에 기여할 수 있도록 노력을 기울일 것임. 국민권익위원회는 '행정기관의 위법하거나 부당한 행정처분으로 인하여 침해 받은 국민의 권익을 보호하고 구제하는 한정된 기능을 수행'하고 있어 귀하께서 제언하신 각종 정책제안 등은 국민권익위원회가 아닌 해당 정부부처 또는 해당 자치단체를 지정하시여 의견을 제출하시는 것이 효율적일 것임을 안내드리며, 정책제안을 하실 경우 단순한 개인의 막연한 의견이 아닌 현재의 운영실태, 문제점, 개선방안, 기대효과 등을 구체적으로 기재하시어 제출하시는 것이 효과적일 것임을 안내함.		
	답변에 대한 의견	결론에 짜 맞추기 위해 객관적이지 않은 주관적 판단으로 청탁이 발생되게 하고 있음에도, 대통령은 앞으로 다양한 의견을 수렴하겠다고 답하면서 현 실정을 참고하지않고 불법을 밀어붙임. 그리고 본 민원은 국민권익위원회에 제출된 민원이 아니고 대통령에게 제출된 민원임에도, 대통령이 국민권익위원회의 업무를 '설명 및 안내'하며 민원을 종결함. 대통령은 '전단지'에 대해서는 이견이 없음.		
2014. 3. 13.	국가 보훈처	행정청이 아닌 보훈심사위원회는 행정처분이 불가함에도 2009. 8.17. 자 신청한 민원에 보훈심사위원회가 답(동문서답)하고 행정청인 귀 처는 답하지 않았음. 법은 국민의 권리보호를 위해 제정된 것이므로 법을 지키지 않는 것은 권리를 침해하는 것임을 양지하기 바라며, 민원사무 처리에 관한 법률 제15조에 따라 2009. 8. 17. 자 신청한 민원에 대한 처리결과를 행정청인 귀 처가 통지해 주기 바람.	(동문서답)	미결
2014. 3. 19.	국가 보훈처	이미 회신한 내용 이외에 추가로 답변할 사항이 없어 내부종결 처리하였음을 알림.		
	답변에 대한 의견	민원사무 처리에 관한 법률 제15조는 신청한 민원사무 처리결과를 통지할 것이 규정된 법률		

진정일 (답변일)	제출처 (답변처)	진정(답변)내용 및 의견	진행사항	
			해당민원	당초민원
		임에도, 기 회신(동문서답)하였다며 신청한 민원 (행정청의 처리결과 통지요구)처리결과를 통지하지 않음.		
2014. 3. 14.	국민권익 위원회 (행심)	2014-00584 사건 재결내용(1, 2, 3, 4, 5)에 대한 문의임. 　2014-00584 사건은, 신청한 민원사무 처리결과를 통지할 법률상 의무(작위의무)가 민원사무 처리에 관한 법률 제15조에 규정되어 있으나 2009. 8.17. 피청구인(국가보훈처장)에게 신청한 민원을 피청구인은 민원사무 처리결과를 통지하지 않고 피청구인의 소속기관인 보훈심사위원회 위원장이 통지하여 행정심판법 제2조 및 3조에 의해 피청구인이 민원에 부작위하여 행정심판을 청구한 것임에도, 피청구인 소속기관인 보훈심사위원회 위원장이 회신하였다는 내용으로 재결함. 　즉 2014-00584 사건은, 행정청인 피청구인의 민원회신을 요구하는 행정심판이었으며 국가유공자등록 등에 대한 행정심판이 아니었음을 양지하기 바라며, 1, 2, 3, 4, 5.에 대해 적법한 설명과 잘못된 것은 책임지기 바람.	(동문서답)	미결
2014. 3. 20.	국민권익 위원회	보훈심사위원회 위원장이 국가보훈처장의 행정처분을 대신할 수 있는 기관인지 여부 및 그 근거는 국가보훈처에 문의하시기 바람. 　귀하의 민원회신 이행청구에 대한 청구가 심판제기요건을 결한 부적법한 청구라는 이유로 각하 재결되었으며, 재결서에 기재된 '6. 이 사건 심판청구의 적법 여부' 중 '나. 판단' 부분을 참고하시고, 귀하의 사건에 대하여는 서면심리만으로 결정할 수 있다고 위원회에서 판단한 것임.		
	답변에 대한 의견	신청한 민원인 1. 보훈심사위원회 위원장이 국가보훈처장의 행정처분을 대신할 수 있는 기관인지 여부를 국가보훈처에 문의하라고 답함. 즉 중앙행정심판위원회도 보훈심사위원장이 행정청에 해당되는지도 모르면서 재결한 후 이러한 재결에 책임지지 않음. 2. 민원회신 이행청구가 심판제기요건을 결한 부적법한 청구라는 이유로 각하 재결하였다며 부적법한 청구라는 객관적 이유를 설명하지 않음. 3. 효과를 발생하는 것이 아니		

진정일 (답변일)	제출처 (답변처)	진정(답변)내용 및 의견	진행사항	
			해당민원	당초민원
		라고 판단(裁決)한 객관적 이유를 설명하지 않음. 4. 심판과 직접 관련된 사항은 별론으로 처리하면 서 심판청구내용이 아닌 국가유공자등록 등을 논 (論)하여 재결한 이유를 설명하지 않음. 5. 서면심 리만으로 결정할 수 있다고 결정한 객관적 이유 를 제시하지 않는 것으로 보아, ○○○·○○○ 가 행정절차법 제23조를 위반하여 결정한 것으로 판단됨.		
2014. 3. 17.	감사원장	제 블로그의 '신청한 민원에 부작위하면서 예산 만 낭비하는 사례 2'에 첨부된 행정 각 부처와 「감사원」 사례와 같이 각 부처 및 감사원이 민 원사무 처리에 관한 법률 제15조(처리 결과의 통지) 에 위반되는 행정을 함으로 인해 제가 수년간 민 원을 계속 제기하고 행정심판 및 소송과 고소 등 을 진행하고 또 별첨 내용의 전단지를 제작하여 국민에게 호소하는 것은 부당함. 　表裏不同한 말(행복, 어려움 해결 등)만 하면서 제 어려움을 해결하지 않는 것은 부당하므로, 제 어려움을 해결할 방안(대책)이 있으면 이를 제시해 주기 바람. 　참고로 시행령 등으로는 법이 제한될 수 없으 며 또 헌법과 법에 위반되는 규정의 법률이나 시 행령을 시행하는 것은 불법적 시행임을 양지하기 바람.	(동문서답)	미결
	의견	어려움을 해결하지 못하면서 어려움을 해결하 는 것처럼 表裏不同한 행동을 계속함.		
2014. 3. 17.	국무총리	제 블로그의 '신청한 민원에 부작위하면서 예산 만 낭비하는 사례 2'에 첨부된 행정 각 부처와 「국무총리실」 사례와 같이 각 부처 및 국무총리 가 민원사무 처리에 관한 법률 제15조(처리 결과의 통지)에 위반되는 행정을 함으로 인해 제가 수년 간 민원을 계속 제기하고 행정심판 및 소송과 고 소 등을 진행하고 또 별첨 내용의 전단지를 제작 하여 국민에게 호소하는 것은 부당함. 　表裏不同한 말(행복, 생명, 책임 등)만 하면서 제 생명에 책임지지 않는 것은 부당하므로, 제 생 명에 책임질 대책이 있으면 이를 제시해 주기 바람.	(동문서답)	미결

진정일 (답변일)	제출처 (답변처)	진정(답변)내용 및 의견	진행사항	
			해당민원	당초민원
		참고로 시행령 등으로는 법이 제한될 수 없으며 또 헌법과 법에 위반되는 규정의 법률이나 시행령을 시행하는 것은 불법적 시행임을 양지하기 바람.		
2014. 3. 19.	국무총리 비서실	귀하께서 제출한 민원사항이 불명확하여 민원사무 처리에 관한 법률 제13조(민원서류의 보완 · 취하 등)에 따라 구체적이고 자세한 내용을 제출하여 주기 바람.		
	답변에 대한 의견	불법행정에 대한 구체적 사례가 블로그를 통해 확인됨에도 고소에 대한 불만으로 민원사항이 불명확한 것처럼 답하며 신청한 민원(생명에 책임질 대책)처리결과를 통지하지 않음. 전단지에 대해서는 異見없음.		
2014. 3. 20.	대검찰청	'서맹종(본인) 블로그'에 첨부된 사례와 같이, 검찰이 신청한 민원사무 처리결과는 미 통지하고 민원사무 처리과정만 통지하는 것은 민원사무 처리에 관한 법률 제15조(처리결과의 통지)에 위반됨. 그리고 첨부한 '고소사건 명세'에서 보듯이 서울서부지방검찰청은 고소를 진정으로 판단한 객관적 이유 없이 주관(임의)적 판단으로 고소를 진정으로 처리하여 법에서 보장하는 항고가 불가하였으며 또 2013. 12. 23. 접수된 고소사건이 아직 조사(진행)중으로 미처리된 것이 이해되지 않으므로, 서울서부지방검찰청이 고소를 진정으로 판단한 객관적 이유와 3개월간 제 고소사건이 미처리된 특이(특별)한 이유를 알려 주기 바람.	(동문서답)	미결
2014. 3. 21.	대검찰청	본 건 민원은 동일 반복적으로 제출한 내용으로 수회 귀하에게 우편통지 및 답변을 해 드린 바와 같음. 아울러 귀하가 제출한 고소장 혹은 진정서 중 현재까지 처리되지 않은 사건은 없음을 알림.		
	답변에 대한 의견	진정 시 첨부한 고소사건 명세와 같이 검찰이 미처리한 건수가 다수임에도 전부 처리된 것으로 알리고 서울서부지방검찰청이 고소를 진정으로 판단하여 처리한 객관적 이유는 알리지 않음. 전단지에 대해서는 異見없음.		

진정일 (답변일)	제출처 (답변처)	진정(답변)내용 및 의견	진행사항	
			해당민원	당초민원
2014. 3. 20.	국민권익 위원회 (행심)	2014. 3.14. 신청한 민원에 2014. 3.20. 답을 보고 다시 제출함. 신청한 민원인 1. 보훈심사위원회 위원장이 국가보훈처장의 행정처분을 대신할 수 있는 기관인지 2. 법에 규정된 민원사무 처리결과통지 요구가 효과를 발생하는 것이 아니며 심판제기요건을 결한 부적법한 청구라고 판단하여 재결한 객관적 이유 3. 심판과 직접 관련된 사항은 별론으로 처리하고 심판청구내용이 아닌 국가유공자등록 등을 논(論)하여 재결한 이유 4. 청구인이 주장한 내용도 아닌 것을 재결하면서 서면심리만으로 결정할 수 있다고 결정한 객관적인 이유제시에 대한 답으로 1에 대해서는 국가보훈처에 문의하라고 답하였으며 2와 3 및 4에 대해서는 객관적 이유를 설명하지 않았음. 위의 답으로 미루어 보건데, 1. 보훈심사위원장이 행정청에 해당되는지 모르면서 중앙행정심판위원회가 보훈심사위원장이 행정청에 해당되는 것처럼 재결한 것에 대해 책임지지 않았으며 2. 효과를 발생하는 것이 아니라고 판단하고 또 부적법한 청구라고 판단한 객관적 이유 없이 재결한 것에 책임지지 않고 3. 심판과 직접 관련되지 않는 사항을 재결한 것에 대해 책임지지 않고 4. 행정절차법 제23조는 결정 이유를 제시할 것을 규정하고 있음에도 서면심리만으로 결정(판단)할 수 있다고 결정한 객관적 이유를 제시하지 않는 것으로 보아, 이러한 주관적 결정은 귀 위원회의 전인혜·배문규가 행정절차법 제23조를 위반하여 결정한 것으로 판단됨. 1. 2. 3. 4에 대해 책임진 후 그 내역을 통보해 주기 바람.	(동문서답)	미결
2014. 3. 27.	국민권익 위원회	2014. 3. 12. 접수한 답변으로 대신함.		
	답변에 대한 의견	신청한 민원인 1. 2. 3. 4에 대해 책임진 내역을 통보하지 않고, 전인혜·배문규가 행정절차법 제23조를 위반한 것으로 판단됨.		
2014. 3. 23.	대통령	수차례 말씀드렸지만, 表裏不同한 말로 국민을 위하지 않는 시행령 등으로 정부가 국민을 규제	(동문서답)	미결

진정일 (답변일)	제출처 (답변처)	진정(답변)내용 및 의견	진행사항	
			해당민원	당초민원
		하여 부패의 수단이 되게 하는 것은 부당함. 　제 블로그 사례에서 보듯이, 불법(민원사무 처리 에 관한 법률 제15조 위반 등)행정을 밀어붙이기 위 해 법률하위의 시행령 규정 등으로 국민을 규제 하고 있음에도 이를 방치하는 것은 규제를 해제 하는 것이 아님. 　법에 의하지 않고 시행령 등에 의해 국민을 규 제하는 임의적인 업무처리방식의 규제를 해제하 여 주시기 바라며, 제정된 법도 지키지 않으면서 귀에 걸면 귀걸이 코에 걸면 코걸이 식의 수많은 법을 제정하여 결국 재벌은 규제하지 못하면서 서민만 규제하게 되는 이상한 법이 제정되지 않 도록 하여 주시기 바라며, 법이 전문가의 조력여 부에 따라 불평등하게 운영되게 되면 이는 부패 의 수단이 되게 됨. 　제 민원은 그동안 법률이하의 시행령 등에 의 한 임의(자의)적 판단으로 규제하여 온 제반 조치 를 해제하여 제 블로그에 공개된 불법행정사례가 적법한 행정으로 시정되기 바라는 것이지, 앞으 로 국가운영(국익)에 참고할 것을 건의하는 것이 아님.		
2014. 3. 27.	국민권익 위원회	2014. 3. 12. 접수한 답변으로 대신하니 양해 바람.		
	답변에 대한 의견	양해바라면서 정부의 불법을 밀어붙이며 불법 규제를 해제하지 않음.		
2014. 3. 25.	국민권익 위원회	제가 트위터에서도 주장하였지만, 그동안 국정 원이 원칙에 따라 업무를 처리하지 않은 것에 대 해서는 반성하지 않고 국정원 흔들기라고 인식하 는 것은 부당함. 즉 제 블로그에 첨부된 사례와 같 이, 그동안 전 부처가 원칙(법)에 따라 업무를 처리 하지 않고 서로 WIN-WIN하기 위해 상사의 눈치 만 살피며 업무를 자의적 판단으로 알아서 처리 하는 관행을 방치하는 것은 부당함. 　이유여하를 불문하고 알게 모르게 불법을 자행 한 공무원을 엄벌하여 공무원의 잘못된 의식을 변화시켜야 하며, 대한민국은 국민이 주인인 국 가이지 정부나 상사가 주인인 국가가 아님을 알 아야 함.	(동문서답)	미결

사실을 歪曲시키는 보도

진정일 (답변일)	제출처 (답변처)	진정(답변)내용 및 의견	진행사항	
			해당민원	당초민원
2014. 4. 4.	국민권익 위원회	불법을 자행한 공무원이 있다면 구체적인 내용을 기재하여 해당 행정기관에 제출하여 주실 것을 안내함.		
	답변에 대한 의견	제 블로그의 국민신문고화면을 통해서도 불법을 자행한 공무원을 파악할 수 있음에도 위원회는 불법을 자행한 공무원을 엄벌하지 못하고, 해당 기관에 구체적인 내용을 제출할 것을 바람.		
2014. 3. 28.	대통령	2014. 3. 23. 신청한 민원(불법적 규제는 부패의 수단이 되므로, 불법적 규제해제 요구)에 대해 2014. 3. 27. 양해 바란다며 불법적 규제를 해제하지 않고 불법을 밀어붙여 다시 대통령께 민원을 제출함. 　제 블로그에 공개된 불법행정사례와 같이 행정부가 불법행정으로 국민을 규제하고 있음에도 대통령이 불법행정을 엄정하게 처벌하지 않고 오히려 국민의 양해를 구하는 것은 부당함. 저는 수년간 계속된 행정부의 불법을 양해하지 않으므로 불법적 규제를 해제하여 적법한 행정이 되게 하기 바람. 　제 민원은 불법적 규제해제 실천을 요구하는 것이지 실천없는 답을 요구하는 것이 아니며, 불법적 규제를 해제하지 않으면 대통령이 규제해제를 국민에게 알린 것은 表裏不同한 말인 것으로 판단하겠음.		
2014. 4. 22.	국민권익 위원회	귀하께서 제기하시는 다양한 분야의 다양한 의견은 국가발전과 국민안정을 위해 검토하여야 할 과제임이 분명하고 정부에서도 귀하께서 제언하신 분야에 대하여 적극의 발전 노력을 기울이고 있습니다만 정부의 정책은 국가와 국민의 백년대계를 결정지을 수 있는 중요한 사안임에 따라 주변의 여건과 환경 등을 충분히 고려하고 국민의 다양한 의견을 검토하여 반영하여야 하겠음. 　다만, 국민권익위원회는 '행정기관의 위법하거나 부당한 행정처분으로 인하여 침해 받은 국민의 권익을 보호하고 구제하는 한정된 기능을 수행' 하고 있어 귀하께서 제언하신 각종 정책제안 등은 국민권익위원회가 아닌 해당 정부부처 또는 해당 자치단체를 지정하시여 의견을 제출하시는 것이 효율적일 것임.		

진정일 (답변일)	제출처 (답변처)	진정(답변)내용 및 의견	진행사항	
			해당민원	당초민원
	답변에 대한 의견	불법규제해제 요구에 대해 25일 만에 불법규제를 해제하지 않는 답을 하는 것으로 보아, 대통령이 규제해제를 국민에게 알린 것은 表裏不同한 말인 것으로 판단됨. 주관적 판단으로 청탁이 성행되고 있음에도, 앞으로 다양한 의견을 수렴하겠다고 답하면서 현실정을 참고하지 않고 불법을 밀어붙임. 그리고 본 민원은 국민권익위원회에 제출된 민원이 아니고 대통령에게 제출된 민원임에도, 국민권익위원회가 국민권익위원회의 업무를 '설명 및 안내' 하며 민원을 종결함.		
2014. 4. 2.	국민권익위원회	제가 전단지로 호소한 내용 중 참고하겠다면서 불법을 시정하지 않는다는 내용이 있어 동 내용이 사실과 다르면 전단지 내용을 수정코자 하오니 2010. 6. 29. 잘못 답한 관련자는 국민에게 책임지게 하고 2010. 6. 24. 신청한 민원에 대한 2010. 6. 29. 국민권익위원의 답변(국정운영에 참고) 등과 같이 국정에 참고하여 처리한 것이 있으면 제 블로그에 공개된 다수 건의 민원을 처리한 증거를 제출하여 주기 바라며, 동 내용이 허위임을 귀 위원회가 주장한 사실은 없지만 전단지 내용이 허위라면 제가 허위사실을 계속 유포하지 않기 바람. 전단지 내용이 사실이면, 본 내용에 대해서는 답변하지 않아도 됨.	(동문서답)	미결
2014. 4. 22.	국민권익위원회	신청번호 1AA-1403-146289 답변으로 대신함.		
	답변에 대한 의견	잘못 답한 관련자가 국민에게 책임지지 않고 국정에 참고하여 처리한 것이 없는 것으로 보아, 국민권익위원회는 전단지(블로그) 내용에 대해 이견이 없는 것으로 판단됨.		
2014. 4. 2.	국무총리	제가 전단지로 호소한 내용 중 참고하겠다면서 불법을 시정치 않는다는 내용이 있어 동 내용이 사실과 다르면 전단지 내용을 수정코자 하오니 2010. 10. 21. 잘못 답한 관련자는 국민에게 책임지게 하고 2010. 10. 14. 신청한 민원에 대한 2010. 10. 21. 국무총리의 답변(업무에 참고) 등과 같이 업무에 참고하여 처리한 것이 있으면 제 블로그에	(동문서답)	미결

300

진정일 (답변일)	제출처 (답변처)	진정(답변)내용 및 의견	진행사항	
			해당민원	당초민원
		공개된 다수 건의 민원을 처리한 증거를 제출하여 주기 바라며, 동 내용이 허위임을 국무총리실이 주장한 사실은 없지만 전단지 내용이 허위라면 제가 허위사실을 계속 유포하게 하지 않기 바람. 전단지 내용이 사실이면, 본 내용에 대해서는 답변하지 않아도 됨.		
2014. 4. 7.	국무총리 비서실	사실관계를 파악하기 어려우니, 더 자세한 사항을 보내주시면 성실히 답변 드리겠음.		
	답변에 대한 의견	거짓을 답하여 고소당한 자가 더 자세한 사항을 보내주면 성실히 답하겠다며, 민원사무 처리에 관한 법률 제15조 위반이라는 내용의 전단지(블로그)에 대해서는 이견이 없음.		
2014. 4. 2.	감사원장	제가 전단지로 호소한 내용 중 우편(이 메일 등)으로 사실이 확인됨에도 감사원의 출장감사가 필요하지 않다는 내용이 있어 동 내용이 사실과 다르면 전단지 내용을 수정코자 함. 그동안 민원과 2013. 3. 9. 신청한 민원에 귀 원의 2013. 3. 15. 답(종결사안)에서 보듯이, 귀 원이 현지에 출장하여 감사할 이유가 없음에도 예산을 낭비키 위해 현지에 출장하여 감사하는 것으로 판단하여 제가 동 내용을 전단지로 국민에게 호소한 것임. 현지에 출장하여 감사할 이유가 있으면, 2013. 3. 15. 잘못 답한 관련자는 국민에게 책임지게 하고 정당한 이유를 제시하기 바라며, 그동안 신청한 민원에 귀 원의 답변내용이 제 블로그에 공개되어 있으니 허위내용이 있으면 증거를 제출하여 주기 바람. 동(전단지 및 블로그) 내용이 허위임을 감사원이 주장한 사실은 없지만 허위라면 제가 허위사실을 계속 유포하지 않기 바라며, 전단지 내용이 사실이면 본 내용에 대해서는 답변하지 않아도 됨.	(동문서답)	미결
2014. 5. 8.	감사원	귀하께서 2014. 3. 7.과 같은 해 3. 18, 3. 19, 4. 2. 감사원에 민원(제2014-02431,02825,02866,03459호)을 제출하셨음. 고견을 주신 데 대해 감사드리며 귀하께서 제출하신 민원은 향후 감사업무에 참고하도록 하겠음.		

진정일 (답변일)	제출처 (답변처)	진정(답변)내용 및 의견	진행사항	
			해당민원	당초민원
	답변에 대한 의견	36일 만에 답하며 예산을 낭비키 위해 현지에 출장하여 감사한다는 전단지(블로그) 내용에 대해서는 이견이 없음.		
2014. 4. 3.	국민건강 보험공단	제가 2014. 3. 31. 수원지방법원에 경기도 사건과 관련하여 공탁하였음. 　귀 공단이 독촉장을 발부하여 저에게 계속 피해가 발생되고 있으므로 독촉장만 계속 발부하지 말고, 독촉장 발부와 같이 체납처분이 가능하다고 판단되면 본 공탁금을 체납처분하기 바람. 　저는 추정금액 등 허위를 기초로 산정된 본 독촉금액은 체납금액이 아닌 것으로 판단함. 따라서 귀 공단은 추정금액이 아닌 확인금액으로 다시 고지하여야 할 것으로 판단되므로, 저에게 계속 피해가 발생되게 하지 않기 위해 귀 공단은 확인된 금액으로 다시 건강보험료를 산정하여 저에게 고지하기 바람. 　제가 수년간 말했음에도, 확인된 금액으로 고지치 않고 이를 방치한 관련자는 국민에게 책임지게 해야 함.	(동문서답)	미결
2014. 4. 9.	국민건강 보험공단	공탁금 체납처분 여부는 공탁금의 종류, 회수가능금액 등 종합적 판단이 요구되므로 자세한 사항은 관할지사(용인지사)에 문의하시기 바라며, 전월세금 정정부과와 관련하여 계약서 사본 제출을 요청하였으나 이를 제출하지 않아 정정부과하지 못하였으며, 이후 전월세 계약서 사본을 제출하더라도 국민건강보험법 제91조 제1항 제1호에 따라 소멸시효가 완성되어 보험료가 추가 부과되지 아니함.		
	답변에 대한 의견	공탁금(채권)이 확인됨에도 체납처분을 실시하지 않고 직무를 유기하는 것으로 보아, 독촉금액은 제 체납액이 아닌 것으로 판단됨. 그리고 소멸시효 전(2010년 9월)부터 확인된 금액으로 고지할 것을 요구하였음에도, 이를 고지하지 않은 것은 소멸시효 완성을 기다려 채권이 일실되게 한 것으로 판단됨.		
2014. 4. 3.	대검찰청	제가 전단지로 호소한 내용 중 제가 무죄임에도 유죄로 처리하였다는 내용이 있어 동 내용이	(동문서답)	미결

진정일 (답변일)	제출처 (답변처)	진정(답변)내용 및 의견	진행사항	
			해당민원	당초민원
		사실과 다르면 수정코자 하오니 제가 유죄라고 판단하여 기소한 증거를 제출하여 주기 바라며, 동 내용이 허위임을 주장한 사실은 없지만 전단지 내용이 허위라면 제가 허위사실을 계속 유포하지 않기 바람. 　그리고 '고소·고발사건 처분결과 통지서'를 제가 수령하여 항고 등으로 제 권익이 보호되도록 조치하기 바라는 내용의 민원에 서울서부지방검찰청이 제 권익보호를 위해 노력하지 않아 다시 제출하오니, 서울서부지방검찰청이 진정·고소 분류와 관련 없이 '고소·고발사건 처분결과 통지서'를 저에게 발송하여 제 권익이 보호되도록 조치하여 주시기 바람.		
2014. 4. 4.	대검찰청	귀하의 민원은 귀하가 제출한 2014진정 248호 사건과 관련된 내용으로 해당 검사실(···)로 전달하여 수사에 참고토록 조치하였음. 　사건이 처분되는 대로 귀하께 우편으로 그 결과를 통지해 드릴 것이며, 처분전이라도 궁금하신 내용은 담당검사실로 문의하실 수 있음.		
	답변에 대한 의견	수사에 참고하겠다며, 전단지 내용이 허위임을 주장하지 않고 또 제 권익이 보호되도록 조치하지 않음.		
2014. 4. 4.	대검찰청	서울서부지방검찰청이 제 민원을 수사에 참고하겠다며, 전단지 내용이 허위임을 주장하지 않고 또 제 권익이 보호되도록 조치하지 않아 다시 제출함. 　2014. 4. 3. 신청한 민원은 수사에 참고할 것을 요구하는 민원이 아니고, 신청한 민원은 전단지(블로그) 허위내용 기재여부 및 제 권익보호 조치 요구임. 　신청한 민원에 답변하지 않았으므로 신청한 민원(1. 블로그 허위내용 기재여부 2. 제 권익보호 요구)에 대해 증거 등으로 답변하여 주시기 바람. 　만약 신청한 민원에 대해 이견이 없으면, 저는 제 전단지 내용에는 허위사실이 없고 또 서울서부지방검찰청은 제 권익을 보호하지 않는 것으로 판단하겠음.	(동문서답)	미결

진정일 (답변일)	제출처 (답변처)	진정(답변)내용 및 의견	진행사항	
			해당민원	당초민원
		헌법과 법에 저촉되지 아니하는 범위 안에서 규칙이 시행되어야 함에도, 제 고소사건이 검찰 사건사무규칙 제141조 제3항에 해당되는 것처럼 서울서부지방검찰청이 규칙으로 헌법 제10조와 법을 규제하는 것은 위법임.		
2014. 4. 7.	대검찰청	귀하의 민원은 서울서부지방검찰청 2014 진정 248호로 수리되어 김ᄆ검사실로 배당된 사건 관련으로 담당 검사실로 전달하여 처리토록 조치하였음. 사건이 처분되는 대로 귀하께 우편으로 그 결과를 통지해 드릴 것이며, 처분전이라도 궁금하신 내용은 담당검사실로 문의하실 수 있음. 검찰에 대한 관심에 깊이 감사드리며, 언제나 국민을 위해 최선을 다하는 검찰이 되겠음.		
	답변에 대한 의견	헌법 제10조 및 형사소송법 제257조(고소 등에 의한 사건의 처리)와 검찰청법 제10조(항고 및 재항고)에 의해 제 권익이 보호되게 조치하지 않고 규칙으로 제 권익을 규제함. '고소사건처분결과 통지서'를 통지하지 않고 제 전단지(블로그)내용에 이견 없는 것으로 보아, 검찰이 제 권익을 보호하지 않고 전단지(블로그)내용에는 허위내용이 없는 것으로 판단됨.		
2014. 4. 10.	국민건강 보험공단	귀 공단이 확인되는 채권(공탁금)도 체납처분을 실시하지 않고 직무를 유기하는 것으로 보아, 수원지방법원에 공탁한 금액은 제가 귀 공단에 변제할 의무가 있는 금액이 아닌 것으로 판단되어 본 공탁금을 회수코자 함. 따라서 귀 공단에 제가 변제할 의무가 있는 채권이 있다면, 즉시 공탁금에 대해 체납처분을 실시하여 채권이 일실되게 하지 않기 바람. 그리고 귀 공단이 독촉하는 금액은 제가 납부할 의무가 있는 금액이 아님을 2010. 7. 4.부터 발생한 제 민원내용을 참고하여 처리하기 바라며, 확인된 금액으로 고지할 것을 제가 계속 요구하였음에도 이를 고지하지 않고 2014. 4. 9. 답과 같이 소멸시효가 완성되게 하여 채권이 일실되게 한 것은 부당하니, 그동안 직무를 유기한 관련자는 국민에게 책임지게 조치하기 바람.	(동문서답)	미결

사실을 歪曲시키는 보도

진정일 (답변일)	제출처 (답변처)	진정(답변)내용 및 의견	진행사항	
			해당민원	당초민원
2014. 4. 14.	국민건강 보험공단	차량 37조1227호와 관련하여 최고서가 와서 관할지사에서 교부 청구한 상태임. 경매가 종료되고 배당금이 발생하게 되면 배당금으로 체납보험료에 대하여 납부 처리하게 됨.		
	답변에 대한 의견	2010년 체납되게 업무를 처리한 공단이 공탁금을 체납처분하지 않고 배당금이 발생되면 납부 처리할 것이라고 답함. 이 답은 배당금이 발생되지 않으면 채권을 일실할 것이라는 답임. 공단이 2010년부터 건강보험료가 체납되게 업무를 처리하는 등 직무를 유기한 관련자가 국민에게 책임지게 하지 않음.		
2014. 4. 15.	국민건강 보험공단	불법적으로 민원을 처리하며 확인되는 채권도 확보하지 않고 직무를 유기하는 귀 공단이 담배회사를 상대로 손해배상의 소를 제기하는 것은 부당함. 불법에 책임지고 확인되는 채권을 확보하기 바람.	(동문서답)	미결
2014. 4. 18.	국민건강 보험공단	담배소송은 공단의 설립목적에 따라 흡연폐해로부터 국민을 보호하기 위해 소송하는 것이며, 채권확보와 관련하여 압류권자로 권리행사를 하였음.		
	답변에 대한 의견	1. 배당과 2. 체납처분은 동시에 진행되어 채권확보가 우선되어야 함에도, 1. 압류권자로 권리행사를 하였다며 2. 체납처분으로 채권을 확보하지 않고 직무를 유기함.		
2014. 4. 17.	국가 보훈처	국가보훈처가 2009년 저(서맹종)에 대한 국가유공자 결정 시 결정서에 '근무시간외 뇌출혈', '재등록'인 것처럼 허위사실을 기재하여 결정하였음. 근무시간 중 발병한 기록이 있음에도 근무시간 중 발병에 대해서는 결정하지 않고 '퇴근 후 발병' 한 것처럼 허위사실을 결정하고 처음 신청한 것을 '재등록' 신청한 것처럼 허위사실을 결정한 것은 국가정보원의 증거조작과 같은 행위이므로, 결정서를 조작한 관련자는 국민에게 책임지게 하기 바람.	(동문서답)	미결

진정일 (답변일)	제출처 (답변처)	진정(답변)내용 및 의견	진행사항	
			해당민원	당초민원
2014. 4. 22.	국가 보훈처	귀하께서 국가보훈처에 제출하신 민원에 대하여 이미 회신해 드린 내용 이외에 추가로 답변할 사항이 없어 내부종결 처리하였음을 알림.		
	답변에 대한 의견	결정서 조작사실이 증거와 기 답변으로 확인됨에도 더 답할 사항 없다며 책임에 대해 답하지 않고 결정서 조작에 대해 책임지지 않음.		
2014. 4. 17.	국민건강 보험공단	2014. 4.10. 공탁금에 대한 체납처분을 요구하는 민원에 공탁금은 체납처분하지 않고 공탁금을 교부 청구하였다는 답을 보고, 민원을 제출함. 　귀 공단이 제 체납액이라고 주장하는 금액은 2010. 9. 10. 11. 12월분 건강보험료로 제가 2010. 9. 8. 8월분 건강보험료 산정근거를 알려주지 않으면 미납부할 것을 예고하였으며 이에 대해 귀 공단이 8월분 건강보험료 산정근거를 알려 주지 않아 미납부 된 금액임. 　제 민원은 1. 건강보험료 산정근거를 알려주지 않은 것은 직무유기가 아닌지 2. 미납부할 것을 예고했음에도 미납부를 방치한 것은 직무유기가 아닌지 문의함. 　2010. 9. 8. 및 2013. 12. 29. 신청한 민원과 그에 대한 답변을 참고하기 바라며, 위의 1과 2에 대한 답변을 바람.	(동문서답)	미결
2014. 4. 22.	국민건강 보험공단	고객님 세대의 2010. 8월분 보험료와 관련, 산정내역을 상세히 안내한 바 있으며, 금액차이에 대하여도 보험료 자동이체에 따른 200원 감면에 기인함을 안내해드린바 있음. 　그리고 체납보험료를 납부하도록 매월 독촉고지를 하고 있으며, 2011. 10. 13. 체납처분 승인을 받아 2012. 1. 17. 고객님 소유 차량을 압류하여 채권을 확보하였고 강제경매가 진행됨에 따라 2014. 3. 5. 교부 청구를 하였음.		
	답변에 대한 의견	신청한 민원 1.과 2.에 대해 답하지 않음. 　공단이 매월 독촉하는 금액은 제 보험료에 대한 것이 아니며, 또 차량압류는 차량을 점유(보관장소와 별개)해야 압류되는 것임에도 차량을 점유하지 않는 압류는 압류된 것이 아님. 그리고 즉시 채권을 확보할 수 있음에도 교부청구 등으로 사		

306

진정일 (답변일)	제출처 (답변처)	진정(답변)내용 및 의견	진행사항	
			해당민원	당초민원
		후에 채권을 확보할 것으로 예상하다가 사후에 채권을 일실하게 되면 책임져야 됨.		
2014. 4. 18.	국민건강 보험공단	2013-13251 행정심판사건에서 귀 공단이 2010. 5. 7. 민원회신 시 저의 장기요양인정점수 65.2점으로 산정된 내역 등에 관해 상세하게 설명하였고 주장하여 동 주장의 사실여부를 알기 위해 민원을 제출함. 그러면 1. 결정(2009년) 당시에 산정내역을 설명하지 않아 2010. 5. 7. 산정내역을 설명하였다는 주장인지? 2. 2010. 5. 7. 산정내역 설명을 보면, 65.2점이 산정된 내역은 설명하지 않고 신체기능영역·인지기능 영역·재활영역 등을 조사하여 장기요양인정점수를 산정한다고 설명하는 것이 귀 공단은 산정된 내역을 상세하게 설명하는 것이라고 판단하는지? 위 1과 2가 궁금하므로 답해 주기 바라며, 65.2점이 산정된 구체적 내역을 별첨 양식으로 알려주기 바람.		
2014. 4. 25.	국민건강 보험공단	공단은 고객님께 2009년부터 방문, 서면 등으로 지속적으로 고객님의 민원 답변에 최선을 다하고 있음. 최종 등급 결정은 등급판정위원회의에서 조사결과서와 의사소견서 등을 바탕으로 장기요양이 필요한 정도를 고려하여 심의 판정함. 첨부한 상세내역은 그 동안 공단이 고객님께 수차례 회신한 국민신문고 답변서를 참고하여 주시기 바라며 이에 충분히 답변되었으리라 사료됨.	(동문서답)	미결
	답변에 대한 의견	최선을 다하고 성심껏 답변한다면서 表裏不同하게 궁금한 1과 2도 답지 않고 첨부한 상세내역도 통보하지 않음. 2010. 5. 7. 민원회신 시 장기요양인정점수 65.2점으로 산정된 내역 등에 관해 상세하게 설명하였다고 심판에서는 주장하고 심판에서 공단이 주장한 상세내역을 요구하니 이제는 수차례 회신한 국민신문고 답변서를 참고하기 바란다면서 심		

진정일 (답변일)	제출처 (답변처)	진정(답변)내용 및 의견	진행사항	
			해당민원	당초민원
		의·판정한 상세 자료를 제시하지 않는 것으로 보아, 공단이 65.2점으로 산정된 상세내역을 통보하지 않은 것이 확인되며 또 중앙행정심판위원회는 2010. 5. 7. 상세내역을 통보하였다는 공단의 거짓주장을 사실인 것으로 판단하여 2013-13251 사건을 재결한 것으로 판단됨.		
2014. 4. 20.	국무총리	세월호 침몰과 관련하여, 현 세월호가 위치한 곳은 국내에서 두 번째로 유속이 빨라 수색 등 인양작업에 어려움이 있어 2차사고가 발생될 우려가 높은 지역임. 따라서 세월호를 정조시간에 구애되지 않고 24시간 작업할 수 있는 장소로 이동시켜야 함. 이동방법은 잠수함 등 국군 장비를 이용하여, 먼저 24시간 작업할 수 있는 인근 해안을 선정하여 수로를 답사하고, 다음에 세월호를 현 상태가 유지된 상태로 물 흐르듯이 천천히(시속 3km 정도) 선정된 장소로 이동시키면 될 것으로 판단됨. 주의할 점이 있다면, 1. 수로를 답사하여 장애물여부를 파악해야 하며, 2. 현 상태를 유지시키면서 세월호를 물흐르듯이 천천히 이동시켜야 하므로 이동하는 방향으로는 견인하는 조그마한 힘이 있어야 하며 세월호 양쪽 옆 부분과 뒷 방향 쪽에는 세월호 선체를 잡아 주는 힘(힘쓰지 않는 힘)이 있어야 함. 현 상태에서는 약한 힘으로도 세월호가 이동되게 됨. 그리고 재난지역선포는 검토해야 하며, 사망자유족 및 실종자 가족이 재난인이므로 재난지역보다는 재난인에 대해 먼저 검토되어야 할 것임.	(동문서답)	미결
2014. 5. 2.	해양 경찰청	세월호 침몰사고현장은 귀하의 말씀처럼 강조류가 존재하는 해역으로 선체 이동에 어려움이 있고, 다양한 가능성을 고려한 구조방안을 논의하기 위해 연구기관 등 전문가 회의를 병행하고 있으며, 귀하께서 제시해주신 고견도 검토하도록 하겠음.		
	답변에 대한 의견	최선을 다한다면서 버스가고 난 뒤에 손드는 식의 업무처리는 부당함. 이제는 생존자에 대한 심적 피해 방지가 필요하므로, 제가 교육부에 국민신문고로 신청한 민원내용을 참고하기		

진정일 (답변일)	제출처 (답변처)	진정(답변)내용 및 의견	진행사항	
			해당민원	당초민원
		바라며, 또 생존자에게 失期하는 대책을 마련하지 않기 바람.		
2014. 4. 23.	국민건강 보험공단	2010. 7. 10. 제가 제 전세보증금이 6,500만원이라며 올바른 보험료를 산정하여 통지하여 주기 바랐으며 2010. 7. 24, 2010. 9 22, 2010. 10. 8.에도 사실에 따라 보험료를 부과할 것을 요구하였음에도, 귀 공단은 제 전세보증금을 4,699만원을 기준으로 보험료를 산정한 것이라고 답하며 사실내용에 따라 부과하지 않았음. 　그래서 저는 보험료 납부 거부를 예고하였으나 이에 대해 귀 공단은 제 전세보증금이 4,699만원이라며 사실내용에 따라 부과하지 않았음. 이에 따라 부과된 보험료는 제 보험료가 아닌 것으로 판단되어 저는 보험료를 납부하지 않았음. 　귀 공단이 체납된 것이라고 주장하는 2010. 9월분, 10월분, 11월분, 12월분 보험료를 사실에 맞는 보험료로 별첨 산정근거와 같이 산정하여 저에게 고지해 주기 바라며 소멸시효가 완성된 것이라면 이에 대해 책임지기 바람. 　산정내역을 상세히 안내하였다는 금액(4,699만원)은 제 금액이 아님을 양지하기 바라며, 2014. 4. 17. 신청한 민원에 대한 답변과 제 금액으로 2010. 9월분 보험료를 산정하여 그 산정내역(첨부)을 보내 주고 저의 2010. 9월분, 10월분, 11월분, 12월분 보험료를 정당하게 산정하여 저에게 고지하기 바람.	(동문서답)	미결
2014. 4. 30.	국민건강 보험공단	2010년도 보험료 산정 시 적용된 전월세금액 4,699만원 보험료 산정내역과 관련하여, 그 내역을 수차례 안내드린 바 있고, 전월세금 6,500만원 적용 요청에 대하여, 전월세 계약서 사본을 제출하는 경우 정정 부과됨을 안내해드렸으며, 이에 전월세 6,500만원임을 확인할 수 있는 서류 제출이 없어 정정되지 아니한 것으로, 자격부-6421호(2010. 8. 4.) '국민신문고 민원회신'으로 공단 처분에 이의가 있는 경우, 처분이 있은 날로 부터 90일 이내에 서면으로 이의신청위원회에 이의신청을 할 수 있음을 안내드린 바 있음. 　향후 위와 관련한 민원은 '민원사무 처리에		

진정일 (답변일)	제출처 (답변처)	진정(답변)내용 및 의견	진행사항	
			해당민원	당초민원
		관한 법률 시행령' 제21조에 따라 답변을 하지 아니할 수 있음을 알림.		
	답변에 대한 의견	2010년 중 전세금 4,699만원을 근거로 보험료가 산정된 내역은 수차례 회신 받았으나, 제 전세금 6,500만원을 근거로 보험료를 산정한 내역은 회신 한 바 없음에도, 수차례 회신하였다며 신청한 민원 내용에 대해서는 회신하지 않음. 　전세계약서 사본을 제출하는 경우 정정된다 며, 2010. 9월분, 10월분, 11월분, 12월분 보험료 를 정당하게 산정하여 고지하지 않고 직무유기 를 계속함.		
2014. 4. 23.	대통령	법조계 개혁 등 행정기관의 구조조정을 실천하 는 정신개혁운동이 필요함. 즉 제가 계속 호소 드 렸듯이, 새마을 운동 등으로 정부가 새로운 정신 으로 무장하여 개혁해야 하며, 실천하지 않는 知 識보다는 無知가 오히려 낫다는 옛말과 같이 교 수 등 실무경험이 없는 명성가가 아닌 실무가가 행정할 수 있게 조치하여 주시기 바람. 　사고 후 생존자를 신속히 구하지 않고 상급자 의 눈치만 살피며 세월아 네월아 하는 식으로 늦 장 대처하여 생존자를 사망하게 한 관련자는 양 심 상 사직해야 하며 처벌되어야 함. 지위고하를 막론한 엄정한 조사가 되기 바라며, 아쉽다는 등 뒷북치는 식의 행정이나 탁상행정이 없게 하여 주시기 바람. 　또 재난대응체계가 전무한 중대본의 기능은 재 검토되어야 하며, 능력 없는 자나 양심이나 도덕심 도 없는 자가 행정책임자가 되게 하여 국민이 정부 를 신뢰하지 못하고 분노하게 하여서는 안 됨. 　정부가 국민을 통치하고 다스리기만 하여서는 안 되며 국민을 보살필 줄도 알아야 함. 美辭麗句 나 하면서 表裏不同한 처신으로 국민을 어려움을 진심으로 보살피지 않은 모든 관료는 현 상황에 책임지고 사퇴해야 함. 　제 전단지(블로그)와 국민신문고 내용과 같은 불 법규제를 폐지하시기 바라며, 불법을 옹호하는 대통령이 아니시기 바람. 제 심정도 그렇지만 해 당 기관들이 업무를 방치하여 대통령께 직접 호 소하려는 세월호 실종자 가족들의 타들어 가는	(동문서답)	미결

진정일 (답변일)	제출처 (답변처)	진정(답변)내용 및 의견	진행사항	
			해당민원	당초민원
		심정과 죄인이 된 것 같은 생존자들의 말 못할 심정을 이해하시기 바람.		
2014. 5. 14.	국민권익 위원회	참고하겠음.		
	답변에 대한 의견	향후 이행 여부확인.		
2014. 4. 25.	국민권익 위원회 (행심)	2013-13251 사건과 관련된 '재결서'와 피청구인의 '민원회신' 내용을 대사한 바, 이상한 심리로 재결한 것이라 문의함. 재결서 중에 청구인의 장기요양등급이 3등급에 해당하는 결정 이유요구에 대해 피청구인이 2010. 5. 7. 장기요양인정점수 65.2점이 산정된 내용을 청구인에게 회신한 것으로 기재하여 제가 65.2점이 산정된 구체적 내역을 확인할 수 있는 별첨 양식을 첨부하여 피청구인에게 문의한 바, 피청구인이 상세내역을 통보하지 않는 것으로 보아 피청구인이 저에게 65.2점으로 산정된 상세내역을 통보하지 않았음에도 귀 위원회가 2010. 5. 7. 피청구인이 상세내역을 통보하였다는 거짓주장을 사실인 것으로 판단하여 심리한 것으로 판단됨. 2013-13251 사건 심리시 '65.2점이 산정된 구체적 내역을 심리하였다면 그 내역을 별첨양식으로 통보해 주기 바람. 그리고 적법한 절차(미란다원칙의 고지, 영장 등)에 의하지 않을 때 처리되는 사례(형사소송법 제308조의2, 제309조, 제310조)를 참고하기 바람.	회신	미결
2014. 5. 14.	국민권익 위원회	각하된 '2013-13251'사건의 경우 '장기요양인정점수 65.2점이 산정된 구체적 내역' 등 귀하의 청구취지 및 이유에 대하여 심리하지 않았음.		
	답변에 대한 의견	피청구인이 65.2점으로 산정된 내역을 통보하지 않았음에도 장기요양인정점수 산정내용을 회신한 것처럼 거짓을 사실인 것으로 기재하고도, 이를 심리하지 않고 재결하였다는 답임. 따라서 위원회는 행정심판법 제35조①, 제36조①, 제40조①, 제47조① 등을 위반한 것으로 판단됨.		

진정일 (답변일)	제출처 (답변처)	진정(답변)내용 및 의견	진행사항	
			해당민원	당초민원
2014. 4. 25.	국민권익 위원회 (행심)	2014-3945 사건에 대한 재결서를 보고 문의함. '사건개요'에 피청구인이 회신하였다고 기재한 내용은 피청구인이 2013. 3. 17. 신청한 민원에 회 신하였다는 것으로 판단됨. 그러면 2013. 3. 17. 신청한 민원은 '감사원은 부실감사를 사실인 것 처럼 언론이 보도하고 국민건강보험공단은 건강 보험료를 과소하게 고지하는 등의 잘못에 대한 책임요구'에 보험료를 체납하는 경우 국세체납처 분의 예에 따라 징수할 것이라고 답한 것이 신청 한 민원사무 처리결과를 답한 것으로 판단하는지 의심됨. 　1. 잘못에 대한 책임을 요구하는 민원에 답하지 않아도 위원회가 답한 것으로 판단하는 이유를 알려 주기 바람. 　2. 신청한 민원사무 처리결과를 미 회신하는 것 은 민원사무 처리에 관한 법률 제15조 위반이므 로, 2013. 3. 17. 신청한 민원(책임요구)에 답하지 않은 것이 적법하다면 그 법 규정(시행령하위의 규 정으로는 법률을 규제하지 못함)을 제시하기 바람. 　3. 저는 피청구인에게 요구나 희망사항에 대해 심판을 청구한 것이 아니고 2013. 3. 17. 신청한 민원사무 처리결과 미 통지에 대해 심판을 청구 한 것임에도, 가. 요구나 희망사항에 대해서는 심 리 · 재결한 이유와 나. 2013. 3. 17. 신청한 민원 사무 처리결과 미 통지에 대해서는 심리 · 재결하 지 않은 이유를 제시하기 바람. 　4. 피청구인이 2013. 3. 17. 신청한 민원(책임요 구)처리결과 미 통지에 대해 반론하지 않았음에도 청구인의 주장을 수용하지 않고 각하한 이유를 알려 주기 바람. 　위와 같이 사실과 다른 내용과 의문점을 없애 기 위해 구술심리를 신청하였으나 서면심리로 가 능하다며 구술심리를 규제한 객관적인 이유가 있 다면, 그 이유를 제시하기 바랍니다. 객관적인 이 유를 제시하지 않으면 위원회가 객관적 이유 없 이 청구인인 저를 규제한 것으로 판단하겠음.	(동문서답)	미결
2014. 5. 14.	국민권익 위원회	행정심판위원회는 행정심판 청구의 본안(청구 취지 및 이유)에 대한 판단을 하기 전에 당해 심판 청구가 적법한지에 대하여 판단하고 있고, 심판 청구가 적법하지 아니한 경우 본안에 대한 판단		

진정일 (답변일)	제출처 (답변처)	진정(답변)내용 및 의견	진행사항	
			해당민원	당초민원
		을 하지 않고 「행정심판법」 제43조에 따라 '각 하' 재결함.		
	답변에 대한 의견	2014-3945 사건을 재결한 객관적 이유(1, 2, 3, 4) 를 제시하지 않는 것으로 보아, 위원회가 객관적 이유 없이 저를 규제(구술심리 미실시)한 것으로 판 단됨. 법은 권익을 보호하기 위해 제정하는 것이며 따라서 법 위반은 권익을 보호하지 않는 것으로 법적 지위에 변동을 초래하는 것이며, 민원사무 처리에 관한 법률 제15조는 민원사무 처리결과 통지를 의무화시키는 법적 구속력을 발생시키는 법률임.		
2014. 4. 27.	국무총리	민원사무 처리에 관한 법률 제15조에 의해 신 청한 민원에 회신할 의무가 있음에도 국가보훈처 가 민원에 회신하였다며 신청한 민원에 미 회신 한 사례와 또 결정서 조작을 책임지지 않는 사례 및 경기도의 직무유기 사례를 첨부하니, 국가보 훈처와 경기도가 불법규제를 해제하고 결정서 조 작 등 불법에 책임지게 조치하기 바람.	(동문서답)	미결
2014. 5. 7	국가 보훈처	이미 회신해 드린 내용 이외에 추가로 답변할 사항이 없어 내부종결 처리하였음.		
	답변에 대한 의견	국가보훈처는 결정서조작과 불법규제를 책임 지지 않음		
2014. 5. 7	경기도	기 회신한 바와 같이 적법하게 처리된 사항임		
	답변에 대한 의견	경기도는 적법하다면서 불법에 책임지지 않 고, 국무총리도 국가보훈처와 경기도의 불법을 옹호함.		
2014. 4. 29.	대통령	대통령은 친분이나 정으로 국정을 운영할 수 없으며, 친분이나 정으로 국정을 운영하는 대통 령이라면 국민을 위해 사퇴해야 하기 때문에, 대 통령직은 힘든 자리일 수밖에 없음. 계속 호소 드렸지만, 세월호 침몰사건과 같은 총체적 부실이 재연되게 하지 않기 위해서 가감	회신	미결

진정일 (답변일)	제출처 (답변처)	진정(답변)내용 및 의견	진행사항	
			해당민원	당초민원
		한 인적쇄신(행정가가 아닌 실무자 중심의 국가 구성)을 통해 국가를 개조(의식변화)시켜야 함. 　국가개조를 실천하지 않고 책임지지도 않으면서 세월만 가게 하여서는 안 되며, 세월호 참사와 관련해서도 사과한다는 실천 없는 말 등은 국민이나 가족을 위로하는 말이 아니므로 말이 아닌 실천으로 세월호 참사를 반성하고 대책을 마련해야 함. 　국민을 상대하여 국민의 어려움을 보살피지 않고 무시하는 정치인과 세월호 참사 사건에 유·불리를 논하는 정치인은 퇴출되어야 하며, 또 각 분야에 청탁과 부조리가 성행하고 있음에도 앞으로 다양한 의견을 수렴하겠다면서 현재의 청탁을 사후로 미루며 현재의 잘못을 방치하는 것은 부당. 의식변화 등 국가개조로 일부가 아닌 사회 전체에 현재 만연되고 있는 청탁과 부조리 풍토가 배척되게 해야 함. 　국가 개조 없이 세월만 가게 하여서는 안 되며, 실천 없는 사과로 국가재난을 방치하며 부끄러운 대한민국이 되게 하여서는 안 됨. 　세월호 침몰사건에서도 보듯이 서민들의 영웅적 행동은 많음에도 서민들의 심정을 이해하지 못하는 국가를 대표하는 자들의 비 영웅적 행동으로 대한민국이 미개국으로 낙인 찍히게 하는 것은 부당함. 　불법을 옹호하며 불법을 밀어붙이는 대통령이 아닌 불법에 책임지는 대통령이 되시기 바라며, 국민권익위원회의 실천없는 답으로 대통령의 신뢰가 훼손되지 않도록 하여 주시기 바람.		
2014. 5. 27.	국민권익 위원회	나라와 국민의 안전을 염려해 주시는 제안에 감사드리며, 향후 국정운영에 적극 반영하도록 하겠음.		
	답변에 대한 의견	28일 만에 그동안 국민의견을 국정에 반영하지 않아 향후 국정에 반영할 것처럼 답하며 민원을 종결함. 향후 국정에 반영하겠다는 답은 과거부터 계속된 상투적 답임. 　대통령은 명칭변경이 국가개조인 것처럼 판단하면서 국가의식(국가의 근본적 문제)을 개혁하지 않고 세월만 가게 함. 　대통령이 현재의 부조리(불법·부패·청탁 등)를		

진정일 (답변일)	제출처 (답변처)	진정(답변)내용 및 의견	진행사항	
			해당민원	당초민원
		사후로 미루며 방치하고 법에 엄격하지 못하고 가감한 인적쇄신으로 국가를 개조시키지 못하는 등, 대통령의 신뢰를 훼손시키는 表裏不同한 행정은 잘못된 보좌에 기인된 것으로 판단됨. 　향후 실천여부를 보아야 하겠지만, 실천 없는 말이 아닌 책임행정으로 원칙(헌법과 법)을 지키고 제반 사항을 참고하여 국민과 소통하며 불법 등 부조리를 밀어붙이지 않는 대통령이 되어야 함.		
2014. 4. 30.	감사원장 (행심)	행정심판재결서(2014 행심-1)를 보고 아래의 투명하지 못한 내용이 있어, 아래 내용에 대하여 투명한 설명을 바람. 　제가 심판 청구한 것은 2013. 3. 9. 신청한 민원(감사원 직원이 현지에 출장하여 감사하는 이유 문의 등)처리결과 통지를 요구'하는 내용이었으며 이에 대해 귀 원이 심판청구내용에 답변하지 않아 심판과 관련 없는 답 폐기를 주장하며 심판과 관련되는 답변을 요구하였음. 　1. 신청한 민원(감사원 직원이 현지에 출장하여 감사하는 이유 문의 등) 처리결과를 통지하지 않는 것은 불법(민원사무 처리에 관한 법률 제15조 위반)임에도 법률하위규정인 시행령규정으로 민원을 처리하는 것이 적법한 처리라고 판단한 이유? 　2. 신청한 민원(감사원 직원이 현지에 출장하여 감사하는 이유 문의 등)에 '동일한 민원을 3회 이상 제출하여 종결한 사안'이라는 답이 신청한 민원에 답한 것이라고 판단한 이유? 　3. 행정심판법에서 '부작위'를 일정한 처분을 하여야 할 법률상 의무가 있음에도 이를 하지 아니하는 것으로 규정하고 있고, 민원사무 처리에 관한 법률 제15조는 신청한 민원사무 처리결과를 통지할 것을 규정한 법률임에도, 신청한 민원사무 처리결과를 통지하지 않은 것이 행정심판의 대상이 되는 부작위가 아니라고 판단한 이유? 　4. 2013. 3. 9. 신청한 민원사무 처리결과 미 통지 등 제반 주장에 대해 문제점이나 의문점이 있을 경우 이를 구술로 답변하기 위해 2014. 3. 24. 구술심리를 신청하였으나 2014. 4. 17. 서면심리 가능한 것처럼 통지하여 행정절차법 제23조① 1과 같이 문제점과 의문점이 없는 것으로 판단되	(동문서답)	미결

진정일 (답변일)	제출처 (답변처)	진정(답변)내용 및 의견	진행사항	
			해당민원	당초민원
		었으나, 위의 1, 2, 3과 같은 문제점과 의문점이 있음에도 서면심리 가능한 것처럼 판단한 객관적인 이유? 동 이유는 행정절차법 제23조②에 의한 것으로 객관적 처분이유를 제시하지 않으면 귀 원이 행정절차법 제23조②를 위반하는 것으로 판단하겠음.		
2014. 5. 8.	감사원	위 민원은 감사원 담당부서인 법무담당관실로 하여금 업무에 참고하도록 하였음.		
	답변에 대한 의견	1, 2, 3과 같은 문제점과 의문점이 있음에도 서면심리 가능한 것처럼 판단한 객관적 처분이유를 제시하지 않는 것으로 보아, 감사원이 임의적 판단으로 업무를 처리하여 행정절차법 제23조②를 위반한 것으로 판단됨.		
2014. 5. 1.	국무총리	2014-3945 행정심판 사건에서 민원은 해당 기관이 처리하므로 국무총리는 민원사무 처리결과를 통지할 의무가 없다고 주장하면서 정부의 불법행정을 옹호하여 제출함. 주장과 같이 불법행정에 국무총리가 책임질 이유가 없다면 왜 세월호 참사에 대한 책임을 해양경찰청 등에 미루지 않고 국무총리가 책임지려고 하는지 궁금함. 마땅히 국무총리가 국정운영 전반에 책임지는 것은 당연하지만, 행정심판 사건에서의 주장대로라면 국무총리가 세월호 참사에 책임질 이유는 없지만 타인이 책임을 면할 목적으로 세월호 참사에 국무총리가 책임지려고 하는 것으로 판단됨. 1. 제 판단이 사실이라면 보내드린 국민신문고 내용과 같은 해당 기관의 불법행정을 시정토록 하기 바라며, 2. 제 판단이 사실이 아니면 세월호 참사에 국무총리가 책임지는 것은 부당하며 해당 기관이 책임져야 한다는 내용을 국민에게 주장하기 바람. 위 1, 2에 대해 답변하지 않으면, 2014-3945 행정심판 사건에서의 주장이 거짓 주장인 것으로 판단하겠음.	(동문서답)	미결
2014. 5. 14.	국무 조정실	질의하신 민원은 2014-3945 행정심판 관련 사항으로 중앙행정심판 위원회의 행정심판절차를		

사실을 歪曲시키는 보도

진정일 (답변일)	제출처 (답변처)	진정(답변)내용 및 의견	진행사항	
			해당민원	당초민원
		통해 부당 위법 여부가 가려질 예정으로, - 불법 여부에 대한 판단은 아직 이루어지지 않은 상태이므로, 불법을 옹호하고 있다는 민원인의 의견은 재결결과가 나오기 전까지는 수용하기 어렵습니다. - 우리 실은 해당 사안에 대해 기속력이 있는 중앙행정심판위원회의 재결에 따를 예정이므로, 심판결과를 기다려 주시기 바랍니다.		
	답변에 대한 의견	재결된 사건임에도 불법여부를 다시 판단하여 재결할 것이라며, 신청한 민원에 대해 답변하지 않음. 심판결과가 확정되면 동 서류를 우편으로 보내주기 바라며, 심판결과를 수령할 때까지는 국무조정실(국무총리)이 불법을 옹호하는 것으로 판단하겠음.		
2014. 5. 1.	국민권익 위원회 (행심)	행정심판재결서(2014-3943)를 보고 아래의 투명하지 못한 내용이 있어, 아래 내용에 대하여 투명한 설명을 바람. 1. '사건개요'에 국민건강보험공단이 회신하였다고 기재한 내용은 피청구인이 2013. 4. 2. 신청한 민원에 회신하였다는 것으로 판단됨. 그러면 2013. 4. 2. 신청한 민원은 '1. 건강보험료를 과소하게 고지하고 2. 업무결정내용을 비공개하는 국민건강보험공단의 업무처리는 부당하므로 적법하게 업무를 처리하도록 요구하는 민원에 요구한 내용(1, 2의 적법한 업무처리)에는 회신하지 않고 건강보험료 징수는 국세징수법을 준용한다고 회신하였으며, 귀 위원회가 이러한 회신이 신청한 민원사무 처리결과를 회신한 것으로 판단하여 재결한 이유를 알려 주기 바람. 2. 단순한 답변요구(?)는 행정심판법 제3조(행정심판의 대상) 제1항에 따라 심판대상적격이 아니라는 가. 피청구인의 주장을 심리하였는지? 나. 심리결과 귀 위원회의 판단은 무엇인지? 알려 주기 바람. 참고로 행정심판법에서 '부작위'란 일정한 처분을 하여야 할 법률상 의무가 있음에도 이를 하지 아니하는 것을 말하며, 민원사무 처리에 관한 법률 제15조는 신청한 민원사무 처리결과통지(작위)를 의무화한 법률임. 3. 민원사무 처리에 관한 법률 제15조는 신청한	(동문서답)	미결

진정일 (답변일)	제출처 (답변처)	진정(답변)내용 및 의견	진행사항	
			해당민원	당초민원
		민원사무 처리결과를 통지할 것을 규정한 법률임에도, 신청한 민원사무 처리결과를 통지하지 않은 것이 행정심판의 대상이 되는 부작위가 아니라고 판단하여 재결한 이유를 알려 주기 바람. 4. 피청구인인 보건복지부가 건강보험부과 및 징수업무를 소관하는 기관이 아니라고 판단하여 재결한 이유를 알려 주기 바람. 참고로 국민건강보험법 제2조(관장) 등에서 국민건강보험사업(건강보험부과 및 징수)업무는 보건복지부장관이 주관하는 것으로 규정하고 있음. 5. 피청구인이 2013. 4. 2. 신청한 민원(1. 2)처리결과 미 통지에 대해 반론하지 않았음에도 청구인의 주장을 수용하지 않고 각하한 이유를 알려 주기 바람. 6. 2013. 4. 2. 신청한 민원사무 처리결과 미 통지 등 제반 주장에 대해 문제점이나 의문점이 있을 경우 이를 구술로 답변하기 위해 구술심리를 신청하였으나 서면심리 가능한 것처럼 통지하여 행정절차법 제23조① 1과 같이 문제점과 의문점이 없는 것으로 판단되었으나, 위의 1, 2, 3, 4, 5와 같은 문제점과 의문점이 있음에도 서면심리 가능한 것처럼 판단하여 제 구술심리를 규제한 객관적인 이유가 있으면, 그 이유를 알려 주기 바람. 동 이유는 행정절차법 제23조②에 의한 것으로 객관적 이유를 제시하지 않으면 귀 위원회가 객관적 이유 없이 청구인인 저를 규제하기 위해 행정절차법 제23조① 1과 ②를 위반한 것으로 판단하겠음.		
2014. 5. 14.	국민권익 위원회	심판청구가 부적합한 청구이어서 각하 재결하였으므로 민원사무 처리결과 통지내용에 대해서는 판단하지 않았으며, 귀하의 행정심판사건은 서면심리만으로 결정할 수 있다고 판단하여 구술심리 신청을 받아들이지 않았음		
	답변에 대한 의견	2014-3943 사건을 재결한 객관적 판단이유(1, 2, 3, 4, 5, 6에 대한 투명한 설명)를 제시하지 않는 것으로 보아, 위원회가 행정절차법 제23조① 1과 ②를 위반함.		

진정일 (답변일)	제출처 (답변처)	진정(답변)내용 및 의견	진행사항	
			해당민원	당초민원
2014. 5. 2.	교육부	세월호 참사와 관련하여 생존 학생들에 대한 대책을 마련하여 주시기 바람. 즉 단원고 2학년의 정신적 치료를 위해 단원고 2학년은 전부 폐쇄(교실 등)하고 생존자가 희망하는 인근학교로 전학 조치하시기 바람.	회신	미결
2014. 5. 12.	경기도 교육청	단원고 회복 지원에 대해서는 경기도교육청 차원의 회복지원단이 구성되어 단원고에 파견되어 현재 다각도로 정상화 방안을 마련하고 있음. 전학을 희망하는 학생들의 경우에는 언제든지 희망하는 학교로 전학을 갈 수 있도록 하고 있으며, 희망하지 않는 학생들은 새 교실을 마련하여 수업이 이루어질 수 있도록 준비하였음. 그리고 전문의를 비롯한 상담사들이 투입되어 교사와 학생들의 트라우마 치유를 위해 활동하고 있음.		
	답변에 대한 의견	정상화 방안 연구에 시간만 소요되게 하지 말고, 트라우마 치유를 위해 활동한다며 형식적 치료가 아닌 실질적인 치료방안을 실천하기 바람. 학생에게 환자이므로 치료받을 것을 권하면 장기간 치료받을 학생이 몇 명이라고 생각하는지 궁금함. 형식적 치료가 아닌 실질적 치료를 연구하여 실천하기 바람.		
2014. 5. 3.	해양 경찰청	세월호 침몰사고는 1. 신속한 수색을 위한 작업 2. 생존자 치료가 신속히 처리되어야 함에도 실천 없는 상의 등으로 失期하는 것은 최선이 아니므로, 신속한 실천을 바람. 1에 대해, 연구기관이나 조선소 등 전문가(?)를 통해 최선을 다하는 것은 최선이 아닌 失期하는 것이며, 당초 제 안은 수색과 인양과정에 발생될 어려움(추가 사상 등)을 해소하기 위한 것이었음. 제 안은 한 번의 인양작업을 두 번으로 나누자는 것이며, 현 수심과 동일한 정도의 수심으로 이동시키자는 것이 아님. 2에 대해서는, 단원고 2학년의 정신적 치료를 위해 단원고 2학년은 전부 폐쇄(교실 등)하고 생존자가 희망하는 인근학교로 전학 조치하기 바람.	(동문서답)	미결
2014. 5. 12.	경기도 교육청	단원고 회복 지원에 대해서는 경기도교육청 차원의 회복지원단이 구성되어 단원고에 파견되어		

진정일 (답변일)	제출처 (답변처)	진정(답변)내용 및 의견	진행사항	
			해당민원	당초민원
		현재 다각도로 정상화 방안을 마련하고 있음. 　전학을 희망하는 학생들의 경우에는 언제든지 희망하는 학교로 전학을 갈 수 있도록 하고 있으며, 희망하지 않는 학생들은 새 교실을 마련하여 수업이 이루어질 수 있도록 준비하였음. 그리고 전문의를 비롯한 상담사들이 투입되어 교사와 학생들의 트라우마 치유를 위해 활동하고 있음.		
	답변에 대한 의견	정상화 방안 연구에 시간만 소요되게 하지 말고, 트라우마 치유를 위해 활동한다며 형식적 치료가 아닌 실질적인 치료방안을 실천하기 바람. 학생에게 환자이므로 치료받을 것을 권하면 장기간 치료받을 학생이 몇 명이라고 생각하는지 궁금함. 형식적 치료가 아닌 실질적 치료를 연구하여 실천하기 바람.		
2014. 5. 16.	해양 경찰청	해양경찰청에서는 여객선 세월호 침몰사고 관련하여 해양경찰청장을 본부장으로 '중앙구조본부가 운영되고 있으며 가용 인력과 장비를 총동원하여 구조에 최선을 다하고 있음. 　세월호 사고 관련, 범정부 사고대책본부에서는 가족들의 요청이나 동의 없이는 절대 선체 인양을 하지 않을 방침으로, 선체 인양보다는 마지막 한 명을 찾을 때까지 인양 없이 수중수색을 실시할 계획임.		
	답변에 대한 의견	최선을 다한 것이 1개월이 지났음에도 13일만에 구조에 최선을 다한다고 앵무새 같은 답만함. 1개월이 지난 지금은 수색하는 것임에도 아직도 구조라는 용어를 사용하며 국민을 바르게 인도하지 않는 정부가 왜 존재하는지 의심됨. 결과 없는 최선이라면 집에서 잠자는 방법이 더 나은 방법임.		
2014. 5. 7.	대통령	권위를 갖지 못한 왕이 왕 자리에 머무르는 것은 백성에게 큰 비극이듯이, 청렴하면서 과거에 물들지 않은 참신하고 실무에 경험이 많은 인사를 기용하여 헌법과 법을 엄격하게 적용하고 국가를 개조(정신개혁)하는 권위 있는 대통령이 되어야 함. 과거에 물든 인사들은 개조의 대상이므로 이러한 인사들로는 국가를 개조할 수 없음.	회신	미결

진정일 (답변일)	제출처 (답변처)	진정(답변)내용 및 의견	진행사항	
			해당민원	당초민원
		세월호 침몰과 관련하여 국회(당)의 처신을 보면, 차후에도 가능한 약속이나 하면서 시급히 실천해야 할 세월호 사망자나 실종자 가족(국민)에 대하여 예의도 갖추지 않음. 국민의 슬픔을 어루만지며 쓰다듬지 않는 비인간적인 국회(당)와 '소 잃고 외양간 고치는 식'의 진정성 없는 말만하며 로비(청탁)에 앞장서는 국회는 개조(정신개혁)대상임. 전 국민이 슬픔에 잠겨있음에도 의리 없이 국민의 슬픔을 외면하며 국민과 함께 울지 않고, 겉으로는 국민을 위하는 척하면서 불법적 규제를 계속하는 현 인사들로는 국가를 개조할 수 없으며, 국민도 오히려 국가개조를 신뢰하지 않게 될 것임. 　위기임에도 위기를 못 느끼고 본인만 위기를 피하는 것이 더 큰 위기이며, 국가개조로 국민 모두가 정신(思考)을 전환하게 하여 주시고, 제 블로그 사례와 같은 불법규제가 계속되지 않게 하여 주시기 바람. 　사람이 바뀐다고 대한민국이 바뀔 리는 없지만, 사소한 일에 대한 精誠과 感動은 대한민국이 바뀌게 할 수도 있음. 고인 물은 썩게 되지만, 風浪은 새로운 환경을 조성함을 인지하여 주시기 바람.		
2014. 5. 27.	국민권익 위원회	나라와 국민의 안전을 염려해 주시는 제안에 감사드리며, 향후 국정운영에 적극 반영하도록 하겠음.		
	답변에 대한 의견	20일 만에 그동안 국민의견을 국정에 반영하지 않아 향후 국정에 반영할 것처럼 답하며 민원을 종결함. 　향후 실천여부를 보아야 하겠지만, 전관예우의 대표 격 인사를 국무총리 후보자로 지명하는 것으로 보아 세월호 참사에 진실한 마음으로 책임을 통감하는 것이 아닌 것으로 판단됨. 형식이 아닌 진실한 마음으로 헌법과 법을 지켜야 함.		
2014. 5. 11.	안전 행정부	2011. 4. 21. 신청한 민원에 2011. 4. 28. 국가인권위원회와 감사원의 민원은 공통사무로 등록되어 있다는 답과 관련하여, 감사원이 민원사무 처리에 관한 법률 제15조에 의해 신청한 민원사무 처리결과를 통지해야 하는 민원은 민원사무가 아닌지 문의함.	회신	미결

진정일 (답변일)	제출처 (답변처)	진정(답변)내용 및 의견	진행사항	
			해당민원	당초민원
		참고로, 민원사무 처리에 관한 법률 제2조(정의) 2에서 "민원사무"란 민원인이 행정기관에 대하여 처분 등 특정한 행위를 요구하는 사항으로 규정하고 있으며, 통지 요구는 특정한 행위를 요구하는 행위이므로 신청한 민원사무 처리결과 통지는 '민원사무'에 해당됨.		
2014. 5. 23.	안전 행정부	신청한 민원처리결과를 통지해야 하는 민원은 민원사무가 아닌지를 묻는 문의에 민원법 적용대상 행정기관은 정부조직법에 의한 중앙행정기관이며 감사원은 헌법에 의한 대통령 직속 행정기관으로 민원법 적용대상 행정기관에 속하지 않으므로 감사원의 민원사항 처리결과 통지는 민원법이 아닌 감사원법과 감사원규칙 등 관련 법령에 따라 기관 자체적으로 마련된 민원사무처리규정 등에 의한다는 귀 부의 2014. 5. 23. 답이 제 민원 취지와 달라 구체적으로 문의함. 1. 감사원은 정부조직법에 의한 행정기관(대통령 직속 행정기관 여부 불문)이 아니므로, 민원법이 적용되지 않는 행정기관에 해당되는지? 2. 민원사무 처리에 관한 법률 제3조에는, 타 법에 규정된 사항은 그 법을 적용한다고 규정하고 있으며, 타 법에 규정되지 않은 사항은 동 법에 따라야 한다고 규정함. 따라서 감사원법에 감사원이 신청한 민원처리결과를 통지하지 않아도 된다는 조문이 있으면 그 조문? 3. 민원처리결과통지업무가 민원사무가 아님을 규정한 법률(민원법과 감사원법 불문)이 없음에도 있다면 그 근거? 위 1. 2. 3에 대한 답변을 바라며, 이를 답변치 않아 2014. 5. 23. 답이 거짓 답(가. 감사원은 정부조직법에 의한 행정기관으로 민원법이 적용되며, 나. 감사원법에 감사원이 신청한 민원처리결과를 통지하지 않아도 되는 법(법 하위의 감사원규칙 제외)조문은 없으며, 다. 민원처리결과 통지업무가 민원사무가 아님을 규정한 법률은 없음)으로 판단치 않게 하기 바람.		
2014. 06. 11		○ 감사원은 「정부조직법」에 의한 중앙행정기관이 아닌 헌법에 의한 대통령 직속 행정기관으로 별도의 규정이 없는 한 타 중앙행정기관과		

322

진정일 (답변일)	제출처 (답변처)	진정(답변)내용 및 의견	진행사항	
			해당민원	당초민원
		같이 일반적인 행정기관으로 보기 어려운 바, '민원법' 적용대상 행정기관이 아님. ○ 민원법 제3조는 민원법 적용대상 행정기관에 대한 규정으로 감사원은 동 조항 적용대상이 아님. ○ 감사원은 민원법 적용대상 행정기관에 해당되지 아니하므로, 감사원에 대한 민원처리결과의 통지요구는 민원법에 따라 처리되는 민원사무가 아님.		
	답변에 대한 의견	제 질의1에 대해 감사원은 「정부조직법」에 의한 중앙행정기관이 아니므로 민원법이 적용되지 않으며, 질의2에 대해 감사원은 민원법의 적용대상이 아니므로 민원법 제3조가 적용되지 않고, 질의3에 대해 감사원의 민원처리결과통지업무는 민원법에 따라 처리되는 민원사무가 아니라며 민원법이 아닌 타 법률근거를 제시치 않고, 28일 만에 답함.		
2014. 5. 13.	교육부	경기도교육청의 답변내용으로 보면, 학생치료를 위해 트라우마 센터 설립 및 상담 외에는 교육부가 적극 추진한 일이 없음. 결국 세월호 사건과 관련하여 기존 방법 외에 새롭게 적극 추진한 일은 아무것도 없으므로, 교육부는 안이한 대처가 아닌 현실에 맞는 적극적인 방법을 마련하여 시행하기 바람. 교육부의 현 대책도 마찬가지이지만 세월호와 지하철 사건에서도 보듯이 위험을 탈출하는 사람은 구조하고 탈출(요구)하지 않는 사람은 구조하지 않는 소극적 자세는 지양하기 바라며, 약자일수록 정부의 적극적 조치가 필요함. 첨부한 전단지 내용과 같이 국가가 국민을 보호하지 못하면 국가가 존재할 이유가 전혀 없게 됨.	(동문서답)	미결
2014. 5. 19.	경기도 교육청	민원내용을 정리하면 세월호 참사와 관련하여 교육부에서 현실에 맞는 적극적인 방법을 마련하여 시행하기 바란다는 내용임. 이 부분에 대해서는 교육부에 건의하겠으며, 생존학생의 경우는 행복연구소에서 전담하여 치료 및 상담을 진행하고 있음. 민원 내용을 보면 학생정신건강지원센터에서 진행과정을 답변해야 될 것 같음.		

진정일 (답변일)	제출처 (답변처)	진정(답변)내용 및 의견	진행사항	
			해당민원	당초민원
	답변에 대한 의견	교육부에 신청한 민원임에도 교육부에 건의하고 학생정신건강지원센터에서 답변할 사항 같다는 식으로, 교육부가 학생을 위해 적극적인 대책을 마련하지 않고 책임을 떠넘김. 적극적인 대책을 대통령이 마련할 것인지 어느 부에서 마련할 것인지 책임을 떠넘기면서 세월(시간)만 흐르게 하는 교육행정이 안타까움.		
2014. 5. 15.	국민권익위원회 (행심)	2014-3945 사건을 재결한 이유(1, 2, 3, 4)를 제시하지 않는 것으로 보아, 귀 위원회가 객관적 이유 없이 행정절차법 제23조① 1을 위반한 것으로 판단됨. 행정절차법 제23조① 1을 위반한 것이 아니라면 2014년 4월 25일 신청한 민원인 재결이유(1, 2, 3, 4)를 제시하여 주기 바라며, 이를 제시하지 않으면 법 위반이라는 제 주장에 대해 귀 위원회는 이견이 없는 것으로 판단하겠음. 법은 권익을 보호하기 위해 제정하는 것이며 따라서 법 위반은 권익을 보호하지 않는 것으로 당사자의 법적 지위에 변동(민원회신내용에 따라 권리구제방법 변동)을 초래하는 것이며, 민원사무 처리에 관한 법률 제15조는 민원사무 처리결과통지를 규정한 법적 구속력을 발생시키는 법률임을 양지하기 바람. 그리고 행정심판법 제43조에 따라 '각하'한다면서 동법 제35조, 제36조, 제40조, 제47조를 위반하여 심리·재결한 것이 이해되지 않습니다. 행정심판법 제35조, 제36조, 제40조, 제47조에 위반된 재결이 아니라면 제가 이해할 수 있는 증거를 제시하기 바람. 국무조정실이 불법을 옹호하는 것으로 판단되는 국민신문고 화면을 첨부하니, 국무조정실의 답변내용과 같이 2014-3945 행정심판 사건을 심판하여 심판결정문을 우편으로 통지해 주기 바람.	(동문서답)	미결
2014. 5. 22.	국민권익위원회	민원들은 행정심판사건들(2014-3943, 2014-3945)의 재결 결과가 위법·부당하다는 취지임. 행정심판사건들을 재결한 사유는 재결서에 기재되어 있고, 귀하의 민원에 대하여 우리 위원회에서 2014. 5. 14. 회신한 문서에도 기재되어 있음.		

사실을 歪曲시키는 보도

진정일 (답변일)	제출처 (답변처)	진정(답변)내용 및 의견	진행사항	
			해당민원	당초민원
		재결에 이의가 있으면 행정소송을 통하여 다툴 수 있음.		
	답변에 대한 의견	2014-3945 사건을 재결한 객관적 이유를 제시하지 않는 것으로 보아, 투명한 이유 없이 위원회가 임의적 판단으로 재결한 것으로 판단됨. 그리고 행정절차법 제23조①과 행정심판법 제35조, 제36조, 제40조, 제47조를 위반하였다는 주장에 대해서도 異見없음. 　불법내용의 재결을 옹호하기 위해 국무조정실이 거짓을 답변한 것으로 판단되며, 행정소송과 관련 없이 위원회는 재결(심리)에 책임져야 함. 　재결서의 기재내용을 보고 그 이유가 투명하지 않아 민원을 제출한 것임에도, 재결서에 투명한 이유가 기재된 것처럼 답하며 원칙(법)을 실천하지 않음.		
2014. 5. 15.	국민권익 위원회 (행심)	2014-3943 사건을 재결한 이유(1, 2, 3, 4, 5, 6)를 제시하지 않는 것으로 보아, 귀 위원회가 객관적 이유 없이 행정절차법 제23조① 1을 위반한 것으로 판단됨. 　행정절차법 제23조① 1을 위반한 것이 아니라면 2014년 5월 1일 신청한 민원인 재결이유(1, 2, 3, 4, 5, 6)를 제시하여 주기 바라며, 이를 제시하지 않으면 법 위반이라는 제 주장에 대해 귀 위원회는 이견이 없는 것으로 판단하겠음. 　객관적 이유(추상적이고 주관적 이유 아님)를 제시하지 않으면, 귀 위원회가 객관적 이유 없이 제(청구인)의 주장을 임의로 판단하여 재결한 것으로 판단하겠음. 　그리고 행정심판법 제43조에 따라 '각하'한다면서 동법 제35조, 제36조, 제40조, 제47조를 위반하여 심리 · 재결한 것이 이해되지 않음. 행정심판법 제35조, 제36조, 제40조, 제47조에 위반된 재결이 아니라면 제가 이해할 수 있는 증거를 제시하기 바람.	(동문서답)	미결
2014. 5. 22.	국민권익 위원회	민원들은 행정심판사건들(2014-3943, 2014-3945)의 재결 결과가 위법 · 부당하다는 취지임. 　행정심판사건들을 재결한 사유는 재결서에 기재되어 있고, 귀하의 민원에 대하여 우리 위원회		

진정일 (답변일)	제출처 (답변처)	진정(답변)내용 및 의견	진행사항	
			해당민원	당초민원
		에서 2014. 5. 14. 회신한 문서에도 기재되어 있음. 재결에 이의가 있으면 행정소송을 통하여 다툴 수 있음.		
	답변에 대한 의견	2014-3943 사건을 재결한 객관적 이유를 제시하지 않는 것으로 보아, 투명한 이유 없이 위원회가 임의적 판단으로 재결한 것으로 판단됨. 그리고 행정절차법 제23조①과 행정심판법 제35조, 제36조, 제40조, 제47조를 위반하였다는 주장에 대해서도 異見이 없음. 　행정소송과 관련 없이 위원회는 불법재결(심리)에 책임져야 함. 　재결서의 기재내용을 보고 그 이유가 투명하지 않아 민원을 제출한 것임에도, 재결서에 투명한 이유가 기재된 것처럼 답하며 원칙(법)을 실천하지 않음.		
2014. 5. 17.	대통령	결과 없는 최선으로 시간만 낭비하는 해양경찰청과 대책 없는 교육부 사례를 참고하시기 바라며, 동 건은 일부 사례일 뿐 세월호 참사 시 나타난 제반 부적절한 행태는 전 정부에 확산되어 있으므로 이러한 근본적 문제인 총체적 부실을 막기 위해서는 정부 전체를 개조해야 함. 　앎을 실천하지 않는 것은 모르는 것이 오히려 낫다는 말이 있듯이, 실천 없는 지식인(학자 · 정치인 등 저명인)을 차라리 무지인(비저명인 등)으로 교체하여 예산이나 낭비되지 않게 해야 함. 　과거부터 있던 법(부패방지법)이나 일부 인사교체로 국가가 개조될 것이라고는 생각하시지 않겠지만, 국가(정부)개조는 과거관례에 익숙한 현 인사로는 실천될 수 없으므로, 저명한 지식인 위주의 인사가 아닌 국가를 개조(정신개혁)할 수 있는 국가관(의지, 능력)이 있고 참신(청렴)한 인사를 발탁해야 함. 첨부 : 국민신문고 화면(해양경찰청 및 교육부)	회신	미결
2014. 5. 27.	국민권익 위원회	나라와 국민의 안전을 염려해 주시는 제안에 감사드리며, 향후 국정운영에 적극 반영하도록 하겠음.		

사실을 歪曲시키는 보도

진정일 (답변일)	제출처 (답변처)	진정(답변)내용 및 의견	진행사항	
			해당민원	당초민원
	답변에 대한 의견	명칭만 변경하고 과거관례에 익숙한 인사를 국무총리 후보자로 지명하는 등 국가 전체를 眞心으로 개조하지 않는 것으로 보아, 국가의 총체적 부실을 막을 능력이 없는 것으로 판단됨. 대통령은 형식이 아닌 진실로 헌법과 법을 지켜야 하며, 향후 국정에 반영하겠다는 답은 과거부터 계속된 상투적인 답이며, 부조리(불법·부패·청탁 등)를 밀어붙이지 않고 원칙(헌법과 법)을 지키고 국민과 소통하는 대통령이 되어야 함.		
2014. 5. 18.	대검찰청	서울서부지방검찰청에 2013. 10. 10. 고소사건(2건)과 2013. 12. 23. 고소사건(17건)이 계류된 것이 없으므로, 형사소송법 제258조①에 의해 검사는 '공소를 취소 또는 송치한 때에는 그 처분한 일로부터 7일 이내에 서면(고소·고발사건 처분결과 통지서)을 통지해야 함'에도 서울서부지방검찰청은 이를 저에게 통지하지 않았음. '고소·고발사건 처분결과 통지서'를 저에게 통지해 주기 바라며, '고소·고발사건 처분결과 통지서'를 저에게 통지할 이유가 없다면 동 법률적 근거를 제시해 주기 바람. 그리고 법률적 근거(법률이하의 시행령 규정 제외)가 아닌 수사에 참고하는 등 검찰내부의 업무처리과정 안내는 제 민원이 아니므로 답할 필요는 없음.	(동문서답)	미결
2014. 5. 21.	대검찰청	귀하의 민원은 서울서부지방검찰청 2014 진정 271호로 수리되어 ㅇㅇㅇ 검사실에 배당된 사건 관련으로 판단되어 해당 검사실로 전달하여 참고토록 조치하였음.		
	답변에 대한 의견	신청한 민원인 '고소·고발사건 처분결과 통지서'를 통지할 이유가 없는 법률적 근거를 서울서부지검은 제시하지 않음. 민원이 아니므로 답할 필요 없다는 검찰내부의 업무처리 과정(ㅇㅇㅇ 검사실에 배당)을 안내하는 것이 최선을 다하는 검찰인 것처럼 민원을 종결함.		
2014. 5. 19.	대통령	대국민 담화를 보고 해양경찰청 해체와 관련하여 말씀드림.	회신	미결

진정일 (답변일)	제출처 (답변처)	진정(답변)내용 및 의견	진행사항	
			해당민원	당초민원
		수색작업 중인 해양경찰청 해체발표가 수색에 지장을 초래할까 우려되지만, 해양경찰청 해체로 공무원의 정신이 변화될 것으로 생각하지는 말아야 함. 과거 한나라당을 새누리당으로 당명을 변경하여 정신이 개조되었다고 생각하시는지 모르지만, 해양경찰청을 국가안전처(가칭)로 명칭만 변경하여 과거 사람이 그대로 근무하는 방법으로는 정신개혁이 불가함. 실천과정을 보아야 하겠지만, 명칭이 아닌 정신을 개혁해야 하며, 해양경찰청의 책임에 대해서만 논하지 말고 국가원수로서의 책임도 논하며 그 방향을 제시해야 함. 제 생각으로는, 어느 누가 해도 마찬가지일 수밖에 없으므로 처리과정(15일 정도)을 지켜 본 후 그래도 책임질 일이 있으면 책임질 것이라고 발표하여, 대통령의 책임문제가 거론되지 않게 국가를 개조시켜야 할 것으로 봄. 이렇게 하셔야 지금 문제시되는 언론문제 등 제반문제를 해쳐나갈 수 있을 것으로 판단되며, 명칭변경 등의 형식적 개조가 아닌 실질적인 국가개조(정신개혁)를 실천해야 함. 다시 세월호 사건을 말씀드리면, 1. 선주나 정부·국회·언론의 책임문제와 2. 대책임. 1에 대해서는 앞으로 보아야 하겠지만, 현재 가족에게 가장 중요한 2에 대해서는 언급되지 않아 서운함. 제가 보내드린 국민신문고상 해양경찰청과 교육부의 답변을 보면, 현실에 맞는 적극적인 대책이 전무(무대책이 대책)함. 세월호 참사와 같이 시간(세월)만 흐르게 하지 말고 해양경찰청은 수색방안을 교육부는 생존학생에 대한 현실적인 치료방안을 시급히 마련해야 함. 과거부터 사용하던 수동적 방안(금전 해결 등)이 아닌 적극적 방안이 마련되어 가족이 대통령을 신뢰하는 대책이 되어야 함.		
2014. 5. 27.	국민권익 위원회	나라와 국민의 안전을 염려해 주시는 제안에 감사드리며, 향후 국정운영에 적극 반영하도록 하겠음.		

진정일 (답변일)	제출처 (답변처)	진정(답변)내용 및 의견	진행사항	
			해당민원	당초민원
	답변에 대한 의견	無에서 有를 창조하는 대책(행정)이어야 함에도, 세월호 참사 가족에게 가장 중요한 대책을 수립하지 못하고 향후 반영한다는 등 적극적 대책 없이 시간(세월)만 흐르게 하는 행정이 안타까움. 대책 없는 해양경찰청과 교육부 사례와 같이, 무대책이 대책인 채 세월만 흐르게 하여서는 안 되며, 명칭이 아닌 정신으로 국가가 개혁되게 해야 함.		
2014. 5. 21.	대검찰청	제 블로그 내용과 같이, 국무총리실·국민권익위원회·감사원·국가보훈처·보건복지부·국민건강보험공단·검찰청은 제가 신청한 민원사무 처리결과는 미 회신하고 신청하지 않은 것에 대해 답하며 안내하는 등 「민원사무 처리에 관한 법률」 제15조를 위반하였으며, 세월호 참사와 관련하여 검찰청에서 비리공직자를 수사한다하여 「민원사무 처리에 관한 법률」 제15조를 위반한 공무원도 수사할 수 있는지 문의함. 참고로 「민원사무 처리에 관한 법률」 제15조는 신청한 민원사무 처리결과를 통지해야 할 의무가 부여된 법률로, 신청한 민원이나 결과가 아닌 것(안내 등)을 답(동문서답)한 후 민원을 종결하는 것은 불법임. 불법으로 판단되고 수사할 수 있다면 수사검사실에 배정하여 불법 공직자를 수사하여 주시기 바람. 첨부 : 전단지	(동문서답)	미결
2014. 5. 26.	대검찰청	귀하의 민원은 단순 의견개진 내용으로 판단되는 바 자체종결하고 업무에 참고토록 하겠음.		
	답변에 대한 의견	불법공직자에 대한 수사를 요구하는 민원임에도 의견 개진이라며 수사하지 않는 것으로 보아, 검찰청에서 비리공직자를 수사한다는 발표가 거짓 발표인 것으로 판단됨. 결과 없는 답으로 민원을 종결함.		
2014. 5. 23.	국무 조정실	제가 국무총리에게 2014. 5. 1. 신청한 민원(1, 2에 대한 답변요구)에 2014. 5. 14. 불법 여부에 대한 판단은 아직 이루어지지 않은 상태라며 1, 2를 답변치 않아 2014. 5. 15. 중앙행정심판위원회에 민원을 제	(동문서답)	미결

진정일 (답변일)	제출처 (답변처)	진정(답변)내용 및 의견	진행사항	
			해당민원	당초민원
		출하여 그 답변을 본바, 국무조정실이 중앙행정심판위원회 불법을 옹호키 위해 거짓을 답변한 것으로 판단됨. 　세월호 참사에 국무총리가 책임지는 것은 부당하며 대통령 등 해당기관이 책임져야 한다는 내용을 국무총리가 국민에게 공표하지 않았음을 참고하시기 바라며, 1. 2014. 5. 1. 신청한 민원에 대한 답변과 2. 2014. 5. 14. 답변이 거짓이 아니라면 불법에 대해 판단한 재결서(공문)를 보내주기 바라며 3. 거짓이라면 2014. 5. 14. 답변자에 대한 책임을 요구함.		
2014. 5. 29.	국무 조정실	민원인께서 질의하신 민원은 2014-3945 행정심판 관련 사항으로 중앙행정심판위원의 재결에 따라 각하된 사항임.		
	답변에 대한 의견	2014. 5. 1. 신청한 민원에 2014. 5. 14. 불법 여부에 대한 판단은 아직 이루어지지 않은 상태라고 답변한 것은, 국무조정실이 중앙행정심판위원회 불법적 재결을 옹호키 위해 거짓을 답변한 것으로 확인되나, 거짓 답변자는 책임지지 않음.		
2014. 5. 23	안전 행정부	신청한 민원처리결과를 통지해야 하는 민원은 민원사무가 아닌지를 묻는 문의에 민원법 적용대상 행정기관은 정부조직법에 의한 중앙행정기관이며 감사원은 헌법에 의한 대통령 직속 행정기관으로 민원법 적용대상 행정기관에 속하지 않으므로 감사원의 민원사항 처리결과 통지는 민원법이 아닌 감사원법과 감사원규칙 등 관련 법령에 따라 기관 자체적으로 마련된 민원사무처리규정 등에 의한다는 귀 부의 2014. 5. 23. 답이 제 민원취지와 달라 구체적으로 문의함. 　1. 감사원은 정부조직법에 의한 행정기관(대통령 직속 행정기관 여부 불문)이 아니므로, 민원법이 적용되지 않는 행정기관에 해당되는지? 　2. 민원사무 처리에 관한 법률 제3조에는, 타 법에 규정된 사항은 그 법을 적용한다고 규정하고 있으며, 타 법에 규정되지 않은 사항은 동 법에 따라야 한다고 규정함. 따라서 감사원법에 감사원이 신청한 민원처리결과를 통지하지 않아도 된다는 조문이 있으면 그 조문? 　3. 민원처리결과통지업무가 민원사무가 아님을	회신	미결

330　　　　　　　　　　　　　　　　　　　　사실을 歪曲시키는 보도

진정일 (답변일)	제출처 (답변처)	진정(답변)내용 및 의견	진행사항	
			해당민원	당초민원
		규정한 법률(민원법과 감사원법 불문)이 없음에도 있다면 그 근거? 　위 1. 2. 3에 대한 답변을 바라며, 이를 답변치 않아 2014. 5. 23. 답이 거짓 답(가. 감사원은 정부조직법에 의한 행정기관으로 민원법이 적용되며, 나. 감사원법에 감사원이 신청한 민원처리결과를 통지하지 않아도 되는 법(법 하위의 감사원 규칙 제외)조문은 없으며, 다. 민원처리결과통지업무가 민원사무가 아님을 규정한 법률은 없음)으로 판단치 않게 하기 바람.		
2014. 6. 11.	안전 행정부	○ 감사원은 「정부조직법」에 의한 중앙행정기관이 아닌 헌법에 의한 대통령 직속 행정기관으로 별도의 규정이 없는 한 타 중앙행정기관과 같이 일반적인 행정기관으로 보기 어려운 바, '민원법' 적용대상 행정기관이 아님. ○ 민원법 제3조는 민원법 적용대상 행정기관에 대한 규정으로 감사원은 동 조항 적용대상이 아님. ○ 감사원은 민원법 적용대상 행정기관에 해당되지 아니하므로, 감사원에 대한 민원처리결과의 통지요구는 민원법에 따라 처리되는 민원사무가 아님.		
	답변에 대한 의견	제 질의1에 대해 감사원은 「정부조직법」에 의한 중앙행정기관이 아니므로 민원법이 적용되지 않으며, 질의2에 대해 감사원은 민원법의 적용대상이 아니므로 민원법 제3조가 적용되지 않고, 질의3에 대해 감사원의 민원처리결과통지업무는 민원법에 따라 처리되는 민원사무가 아니라며 민원법이 아닌 타 법률근거를 제시치 않고, 28일 만에 답함.		
2014. 5. 25.	국무총리	지난번 요구에도 증거를 제시하지 않는 것으로 보아 異見없는 것으로 판단되었지만, 저는 제 블로그 내용으로 책을 집필 중이라 다시 요구함. 　블로그 내용이 허위이면 증거를 제시하여 주기 바라며 증거를 제시하지 않으면 블로그 내용이 사실인 것으로 판단하여 책을 집필하겠음. 　참고로 민원사무 처리에 관한 법률 제15조는 신청한 민원사무 처리결과를 통지한 규정임으로 시행에 필요하다는 이유 등으로 헌법과 법률(憲法〉法律〉施行令〉規則)에 위반되는 시행령이나 규칙	(동문서답)	미결

진정일 (답변일)	제출처 (답변처)	진정(답변)내용 및 의견	진행사항	
			해당민원	당초민원
		으로 헌법과 법률을 규제하는 것은 불법임을 양지하기 바라며, 신청한 민원사무 처리결과 미 통지(동문서답)는 민원사무 처리에 관한 법률 제15조 위반이라는 제 주장에 추가로 답할 내용이 있으면 답하기 바람.		
2014. 5. 29.	국무총리 비서실	사실관계 파악에 어려움이 있으니, 자세하고 구체적인 사항을 2014. 6. 5까지 보완해주기 바람.		
	답변에 대한 의견	블로그에 게시된 '국무총리실'에 대한 것이므로 보완할 사항은 없으며, 민원사무 처리에 관한 법률 제15조 위반이라는 제 블로그 내용에 대해서는 異見없음.		
2014. 5. 25.	국민권익 위원회	지난번 요구에도 증거를 제시치 않는 것으로 보아 異見이 없는 것으로 판단되었지만, 저는 제 블로그 내용으로 책을 집필 중이라 다시 요구함. 블로그 내용이 허위이면 증거를 제시하여 주기 바라며 증거를 제시치 않으면 블로그 내용이 사실인 것으로 판단하여 책을 집필하겠음. 참고로 민원사무 처리에 관한 법률 제15조는 신청한 민원처리결과를 통지케 한 규정임으로 시행에 필요하다는 이유 등으로 헌법과 법률(憲法)(法律)施行令) 規則)에 위반되는 시행령이나 규칙으로 헌법과 법률을 규제하는 것은 불법임을 양지하기 바라며, 신청한 민원처리결과 미 통지(동문서답)는 민원사무 처리에 관한 법률 제15조 위반이라는 제 주장에 추가로 답할 내용이 있으면 답하기 바람. 첨부 : 전단지	(동문서답)	미결
2014. 6. 11.	보건 복지부	민원사무 처리에 관한 법률 시행령 제21조에 의거 2회 이상 반복 및 중복 민원에 해당되어 내부종결 처리되었음.		
	답변에 대한 의견	증거를 제시치 않는 것으로 보아, 민원사무 처리에 관한법률 제15조 위반이라는 제 블로그 내용에 대해서 국민권익위원회는 이견이 없음.		
2014. 5. 25.	국가 보훈처	지난번 요구에도 증거를 제시하지 않는 것으로 보아 異見이 없는 것으로 판단되었지만, 저는 제	(동문서답)	미결

사실을 歪曲시키는 보도

진정일 (답변일)	제출처 (답변처)	진정(답변)내용 및 의견	진행사항	
			해당민원	당초민원
		블로그 내용으로 책을 집필 중이라 다시 요구함. 　블로그 내용이 허위이면 증거를 제시하여 주기 바라며 증거를 제시하지 않으면 블로그 내용이 사실인 것으로 판단하여 책을 집필하겠음. 　참고로 민원사무 처리에 관한 법률 제15조는 신청한 민원사무 처리결과를 통지한 규정임으로 시행에 필요하다는 이유 등으로 헌법과 법률(憲法〉法律)施行令)規則)에 위반되는 시행령이나 규칙으로 헌법과 법률을 규제하는 것은 불법임을 양지하기 바라며, 신청한 민원사무 처리결과 미 통지(동문서답)는 민원사무 처리에 관한 법률 제15조 위반이라는 제 주장에 추가로 답할 내용이 있으면 답하기 바람.		
2014. 5. 29.	국가 보훈처	이미 회신해 드린 내용 이외에 추가로 답변할 사항이 없어 내부종결 처리하였음.		
	답변에 대한 의견	민원사무 처리에 관한 법률 제15조 위반이라는 제 블로그 내용에 異見이 없음.		
2014. 5. 25.	경찰청	지난번 요구에도 증거를 제시하지 않는 것으로 보아 異見없는 것으로 판단되었지만, 저는 제 블로그 내용으로 책을 집필 중이라 다시 요구함. 　블로그 내용이 허위이면 증거를 제시하여 주기 바라며 증거를 제시하지 않으면 블로그 내용이 사실인 것으로 판단하여 책을 집필하겠음. 　참고로 민원사무 처리에 관한 법률 제15조는 신청한 민원사무 처리결과를 통지한 규정임으로 시행에 필요하다는 이유 등으로 헌법과 법률(憲法〉法律)施行令)規則)에 위반되는 시행령이나 규칙으로 헌법과 법률을 규제하는 것은 불법임을 양지하기 바라며, 신청한 민원사무 처리결과 미 통지(동문서답)는 민원사무 처리에 관한 법률 제15조 위반이라는 제 주장에 추가로 답할 내용이 있으면 답하기 바람.	(동문서답)	미결
2014. 6. 1.	화성서부 경찰서	서맹종님께서 말씀하신 부분은 이미 신호위반에 해당하는 11개 중과실사건으로 현재 종결 처리되었으며, 국가를 당사자로 하는 민사소송을 제기하여 대법원이 판결한 것임.		

진정일 (답변일)	제출처 (답변처)	진정(답변)내용 및 의견	진행사항	
			해당민원	당초민원
	답변에 대한 의견	증거를 제시하지 않고 말만함. 블로그 내용에 대해서는 異見이 없음.		
2014. 6. 6.	경찰청	2014. 5.25. 신청한 민원(민원사무 처리에 관한법 률 제15조 위반이라는 내용의 블로그 내용의 부당함 입증할 증거요구)에 2014. 6. 1. 블로그 내용에 대해 서 異見없는 화성서부경찰서의 답을 보고 추가로 제출함. 　저는 증거로 판결치 않고 보복적으로 판결한 대법원 판결(대법원2013다79382)에 대해 사후(수 년 후) 재심을 청구할 예정이므로 대법원 판결로 사건이 종결된 것처럼 생각하지 말기 바라며, 객 관성 없는 주관적 판단은 사후 변동될 수 있음을 양지하여, 화성서부경찰서가 증거를 제시치 않고 잘못을 밀어붙이는 한 객관성 없는 대법원의 판 결을 신뢰치 않는 제 민원은 계속될 것이므로 적 법한 처리를 바람. 　행복을 기원한다면서 2011. 3. 14.부터 사고현 장 사진을 요구하는 민원에 거짓말이나 表裏不同 한 말로 여태까지 사진을 제출치 않아 민원이 계 속되게 하는 것은 행복을 기원하는 것이 아님을 양지하여, 신청한 것을 답하지 않으면서 東問西 答하는 것에 대해서는 행복을 기원한다는 등의 表裏不同한 말은 하지 말기 바람. 　그리고 신청한 민원에 대한 답이 아닌 답(엉뚱한 답의 우편물 등)은 신청한 민원에는 미회신한 것임 을 양지하기 바라며, 수작위교차로에서 제 사고 시 허위증거가 아닌 실지 증거가 있으면 그 증거 (사진)를 친절하게 제출하여 주기 바라며, 행복이 충만하길 진심으로 기원한다면 거짓 답이나 東問 西答하지 말기 바람.	(동문서답)	미결
2014. 6. 14.	화성서부 경찰서	교통사고 처리 결과에 대한 증거제출에 대해서 는 현재 사건 관련 모든 서류가 송치되었으므로 관할 검찰청으로 문의하기 바람. 전화주시면 친 절하게 안내해 드리겠음.		
	답변에 대한 의견	증거제출을 요구하는 민원에, 친절하게 증거를 제출치 않고 서류가 송치되어 없다며 허위를 밀 어붙임. 마치 서울시 공무원을 간첩으로 조작한 사건과 같이 검찰에 송치된 서류는 허위를 조작		

진정일 (답변일)	제출처 (답변처)	진정(답변)내용 및 의견	진행사항	
			해당민원	당초민원
		한 서류라고 제가 기 말했음. 　경찰·검찰·법원은 조작된 서류가 아닌 사실에 맞는 증거에 의해 업무를 처리해야 함.		
2014. 5. 25.	대검찰청	지난번에도 증거를 제시하지 않는 것으로 보아 異見이 없는 것으로 판단되었지만, 저는 제 블로그 내용으로 책을 집필 중이라 다시 요구함. 　블로그 내용이 허위이면 증거를 제시하여 주기 바라며 증거를 제시하지 않으면 블로그 내용이 사실인 것으로 판단하여 책을 집필하겠음. 　참고로 민원사무 처리에 관한 법률 제15조는 신청한 민원사무 처리결과를 통지한 규정임으로 시행에 필요하다는 이유 등으로 헌법과 법률(憲法〉法律〉施行令〉規則)에 위반되는 시행령이나 규칙으로 헌법과 법률을 규제하는 것은 불법임을 양지하기 바라며, 신청한 민원사무 처리결과 미 통지(동문서답)는 민원사무 처리에 관한 법률 제15조 위반이라는 제 주장에 추가로 답할 내용이 있으면 답하기 바람. 　그리고 신청한 민원은 블로그 내용에 대한 異見여부를 문의하는 것이지 수사를 요구하는 것이 아님. 따라서 수사에 참고하는 등 검찰내부의 업무처리 과정을 안내할 필요는 없음.	(동문서답)	미결
2014. 5. 26.	대검찰청	질의한 귀하의 블로그 내용에 대한 의견 요청은 수사기관에서 답변할 내용이 아님을 양해하시기 바람.		
	답변에 대한 의견	블로그 내용에 이견이 없음.		
2014. 5. 25.	경기도	지난번 요구에도 증거를 제시하지 않는 것으로 보아 異見없는 것으로 판단되었지만, 저는 제 블로그 내용으로 책을 집필 중이라 다시 요구함. 　블로그 내용이 허위이면 증거를 제시하여 주기 바라며 증거를 제시하지 않으면 블로그 내용이 사실인 것으로 판단하여 책을 집필하겠음. 　참고로 민원사무 처리에 관한 법률 제15조는 신청한 민원사무 처리결과를 통지한 규정임으로 시행에 필요하다는 이유 등으로 헌법과 법률(憲法〉法律〉施行令〉規則)에 위반되는 시행령이나 규칙	(동문서답)	미결

진정일 (답변일)	제출처 (답변처)	진정(답변)내용 및 의견	진행사항	
			해당민원	당초민원
		으로 헌법과 법률을 규제하는 것은 불법임을 양지하기 바라며, 신청한 민원사무 처리결과 미 통지(동문서답)는 민원사무 처리에 관한 법률 제15조 위반이라는 제 주장에 추가로 답할 내용이 있으면 답하기 바람. 첨부 : 전단지		
2014. 6. 2.	경기도	기 제가한 민원은 적법한 절차를 거쳐 민원 답변한 사항으로 민원사무 처리에 관한 법률 시행령 제21조에 따른 민원사무 처리는 위법하다고 볼 수 없음.		
	답변에 대한 의견	민원사무 처리에 관한 법률 제15조 위반이라는 블로그 내용에 대해 異이 見없음.		
2014. 5. 25.	감사원	지난번 요구에도 증거를 제시하지 않는 것으로 보아 異見없는 것으로 판단되었지만, 저는 제 블로그 내용으로 책을 집필 중이라 다시 요구함. 블로그 내용이 허위이면 증거를 제시하여 주기 바라며 증거를 제시하지 않으면 블로그 내용이 사실인 것으로 판단하여 책을 집필하겠음. 참고로 민원사무 처리에 관한 법률 제15조는 신청한 민원사무 처리결과를 통지한 규정임으로 시행에 필요하다는 이유 등으로 헌법과 법률(憲法)法律)施行令)規則)에 위반되는 시행령이나 규칙으로 헌법과 법률을 규제하는 것은 불법임을 양지하기 바라며, 신청한 민원사무 처리결과 미 통지(동문서답)는 민원사무 처리에 관한 법률 제15조 위반이라는 제 주장에 추가로 답할 내용이 있으면 답하기 바람.	(동문서답)	미결
	의견	반증하지 않는 것으로 보아, 민원사무 처리에 관한 법률 제15조 위반이라는 제 주장에 이견이 없는 것으로 판단됨.		
2014. 5. 25.	국민건강 보험공단	지난번 요구에도 증거를 제시하지 않는 것으로 보아 異見없는 것으로 판단되었지만, 저는 제 블로그 내용으로 책을 집필 중이라 다시 요구함. 블로그 내용이 허위이면 증거를 제시하여 주기 바라며 증거를 제시하지 않으면 블로그 내용이 사실인 것으로 판단하여 책을 집필하겠음.	미 회신	미결

336

진정일 (답변일)	제출처 (답변처)	진정(답변)내용 및 의견	진행사항	
			해당민원	당초민원
		참고로 민원사무 처리에 관한 법률 제15조는 신청한 민원사무 처리결과를 통지한 규정임으로 시행에 필요하다는 이유 등으로 헌법과 법률(憲法)法律) 施行令) 規則)에 위반되는 시행령이나 규칙으로 헌법과 법률을 규제하는 것은 불법임을 양지하기 바라며, 신청한 민원사무 처리결과 미 통지(동문서답)는 민원사무 처리에 관한 법률 제15조 위반이라는 제 주장에 추가로 답할 내용이 있으면 답하기 바람.		
2014. 5. 28.	국민건강 보험공단	고객님 세대의 2010년도 보험료 산정 시 적용된 전월세금액 4,699만 원 및 보험료 산정내역과 관련하여 그 내역을 수차례 안내드린 바 있고, 전월금금 6,500만 원 적용 요청에 대하여 전월세 계약서 사본을 제출하는 경우 정정 부과됨을 안내해드렸으며, 이에 전월세 6,500만 원임을 확인할 수 있는 서류 제출이 없어 정정되지 아니한 것으로 자격부-6421호(2010. 8. 4.) '국민신문고 민원회신'으로 공단 처분에 이의가 있는 경우 처분이 있은 날로 부터 90일 이내에 서면으로 이의신청위원회에 이의신청을 할 수 있음을 안내드린 바 있음. 공단 회신내용을 동문서답이라고 판단하는 것은 공단이 강제할 수 없는 고객님의 자유임.		
	답변에 대한 의견	2010년도 보험료 산정 시 적용된 전월세금액 4,699만 원은 제 전월세금액(6,500만 원)에 대한 것이 아님을 수차례 말했으며, 따라서 제 보험료도 아닌 것을 제가 이의신청할 필요(이유)도 없음. 그리고 보험료가 인상되게 하기 위해 보관하고 있지도 않은 당시(2010년) 전월세 계약서를 제출한다는 것은 현실적으로 불가한 일임. 그리고 '동문서답'이라는 것은 엉뚱한 답으로 신청한 민원사무 처리결과를 미 통지한 것을 말하는 것이며, 결국 민원사무 처리에 관한 법률 제15조 위반이라는 제 블로그 내용에 대해 異見이 없음.		
2014. 5. 25.	보건 복지부	지난번 요구에도 증거를 제시하지 않는 것으로 보아 異見이 없는 것으로 판단되었지만, 저는 제 블로그 내용으로 책을 집필 중이라 다시 요구함. 블로그 내용이 허위이면 증거를 제시하여 주기	(동문서답)	미결

진정일 (답변일)	제출처 (답변처)	진정(답변)내용 및 의견	진행사항	
			해당민원	당초민원
		바라며 증거를 제시하지 않으면 블로그 내용이 사실인 것으로 판단하여 책을 집필하겠음. 　참고로 민원사무 처리에 관한 법률 제15조는 신청한 민원사무 처리결과를 통지한 규정임으로 시행에 필요하다는 이유 등으로 헌법과 법률(憲法〉法律)施行令〉規則)에 위반되는 시행령이나 규칙으로 헌법과 법률을 규제하는 것은 불법임을 양지하기 바라며, 신청한 민원사무 처리결과 미 통지(동문서답)는 민원사무 처리에 관한 법률 제15조 위반이라는 제 주장에 추가로 답할 내용이 있으면 답하기 바람.		
2014. 5. 29.	보건 복지부	귀하께서 제시하신 민원은 민원사무 처리에 관한 법률 시행령 제21조에 의거 2회 이상 반복 및 중복 민원에 해당되어 내부종결 처리되었음.		
	답변에 대한 의견	민원사무 처리에 관한 법률 제15조 위반이라는 블로그 내용에 대해 이견없음.		
2014. 5. 26.	대검찰청	제가 2013. 10. 10. 대검찰청에 접수(접수번호 827. 828.)한 2건과 2013. 12. 23. 대검찰청에 접수(접수번호 1078. 1087. 1088. 1089. 1090. 1091. 1092. 1093. 1094. 1095. 1096. 1110. 1111. 1112. 1113. 1114. 1115.)한 17건에 대해 '고소 · 고발사건 처분결과 통지서'를 수령하지 못했음. 　결과 없는 답은 하지 않기 바라며, 형사소송법 제258조①에 의해 위 건(총 19건)에 대한 '고소 · 고발사건 처분결과 통지서'를 저에게 통지해 주시기 바라며, 이를 미 통지한 관련 공무원은 국민에게 책임지게 조치하시기 바람.	(동문서답)	미결
2014. 5. 26.	대검찰청	귀하의 민원은 이미 수회에 걸쳐 제출하였던 내용이고 그때마다 답변해 드린 바 있음. 　귀하의 민원은 진정사건으로 접수되어 우편으로 그 처리결과를 통보하여 드린 바 있으므로, 본건 민원은 자체 종결하오니 양지하시기 바람.		
	답변에 대한 의견	19건에 대한 처리결과를 우편으로 통보한 바 없음에도 통보하였던 것처럼 거짓을 답함. 제 고소사건(19건)에 대한 것이 아니라 제가 반려한 것		

사실을 歪曲시키는 보도

진정일 (답변일)	제출처 (답변처)	진정(답변)내용 및 의견	진행사항	
			해당민원	당초민원
		을 통보한 것으로 판단한 것으로 보이며, 민원은 '고소·고발사건 처분결과 통지서' 통지와 책임요구임에도 거짓을 답하며 결과를 답하지 않는 것으로 보아 검찰이 형사소송법 제258조①을 위반하며 국민의 권익을 보호하지 않는 것으로 판단됨. 검찰부터 법을 지킨 후 국민이 법을 지키게 해야 함. 　제 민원에 2014. 5. 26. '수사기관에서 답변할 내용이 아님' '업무에 참고토록 하겠음'이라고 이전 민원에 답하여 말하지만, 이는 제 블로그에 '검찰청'의 업무처리 내용이 공개되고 있어 문의한 것이며 또 검찰이 선별하여 업무참고여부를 판단하는지 모르지만, 모든 내용은 선별하지 않고 업무에 참고해야 함.		
2014. 5. 27.	감사원	불법(민원사무 처리에 관한 법률 제15조 위반)적으로 업무를 처리하면서, 국민이 겪는 어려움과 각종 불편사항을 해결하기 위해 항상 노력하는 것처럼 행동하는 것은 부당함. 　감사원은 '진심'이라던가 '국민이 겪는 어려움과 각종 불편사항을 해결하기 위해 항상 노력한다.'는 表裏不同한 용어를 사용하지 않기 바람.	(동문서답)	미결
2014. 6. 13.	감사원	제출하신 민원은 향후 업무에 참고하도록 하겠음.		
	답변에 대한 의견	불법행정에 책임지지 않고 17일 만에 답하는 감사원이 여태 뭐하다가 향후 참고하겠다며 친절을 실천치 않음.		
2014. 6. 12.	감사원	2014. 2. 13. 신청한 민원에 2014. 3. 31. 답 등으로 민원을 참고하겠다며 회신 없이 종결하여 제출함. 　민원사무처리규정 제7조 및 제12조는 법률하위의 규정으로 법률근거가 될 수 없으므로, 민원처리결과를 통지하지 않고 민원을 종결해도 되는 법률근거를 제시하기 바람. 　법률근거(시행령이하의 규정 제외)를 제시치 않으면, 감사원이 법률근거 없이 감사원 임의로 '감사원 민원사무처리규정' 제7조 및 제12조를 제정하여 동 규정을 행정에 적용하는 것으로 판단하겠음.	미 회신	미결

진정일 (답변일)	제출처 (답변처)	진정(답변)내용 및 의견	진행사항	
			해당민원	당초민원
2014. 5. 28.	답변에 대한 의견	국민의 어려움을 해결한다는 감사원이 민원처리결과도 통지하지 않고 미 회신함.		
2014. 5.28	대통령	그동안 국민의견을 국정에 반영하지 않아 향후에 반영할 것처럼 상투적 답으로 민원을 종결하고, 명칭변경이 국가개조인 것처럼 판단하면서 국가의식(국가의 근본적인 문제)을 개혁치 않고 세월만 가게 하는 것은, 마치 세월호 참사에서와 같이 아까운 시간만 흐르게 하여 수색도 제대로 하지 못하는 것과 같은 비극임. 無에서 有를 창조하지 못하고 향후 반영한다며 시간(세월)만 흐르게 하는, 세월호 참사발생과 같은 식의 행정이 안타까움. 　대통령이 총체적 부실(불법·부패·청탁 등)을 제거하지 못하고 가감한 인적쇄신으로 국가를 개조시키지 못하는 등 表裏不同한 행정은 잘못된 보좌에 기인된 것으로 판단되지만, 실천없는 말이 아닌 책임행정으로 원칙(헌법과 법)을 지키고 제반 사항을 참고하여 국민과 소통하며 불법 등 부조리를 척결하는 명칭이 아닌 정신으로 국가개조를 달성하는 능력있는 대통령이 되시기 바람. 　전관예우의 대표적 인사를 국무총리 후보자로 지명하면서 국가 전체를 眞心으로 개조치 않는 것으로 보아, 세월호 참사에 진실로 책임을 통감하는 것이 아닌 것으로 판단되며, 형식이 아닌 진실한 마음으로 헌법과 법을 지켜 주시기 바람. 저번에는 대책없는 해양경찰청과 교육부 사례를 보내 드렸지만 또 검찰청 사례를 보내 드리니 참고하시기 바라며, 무대책이 대책인 채 세월만 흐르게 하여서는 안됨. 　필요하면 사용하고 필요치 않으면 사용하지 않는 책속의 법이 되게 하여서는 안되며, 어려움을 이겨내고 능력있고 원칙을 지키며 국민과 함께하는 대통령이 되시기 바라며, 저는 제 블로그 내용으로 책을 집필 중이므로 블로그 내용이 허위이면 증거를 제시하여 주시기 바라며 제시치 않으면 블로그 내용이 사실인 것으로 판단하여 책을 집필토록 하겠음. 첨부 : 대검찰청에 신청한 민원 (5.21, 5.26.) 국무총리실에 신청한 민원 (5. 1.) 및 국무조정실에 신청한 민원 (5.23)	(동문서답)	미결

　　　　　　　　　　　　　　　　　사실을 歪曲시키는 보도

진정일 (답변일)	제출처 (답변처)	진정(답변)내용 및 의견	진행사항	
			해당민원	당초민원
2014. 6.13	검찰청	귀하의 민원은 2014. 5. 2. 서울서부지방검찰청 2014 진정447호로 수리되어 ○○○ 검사실로 배당되었음.		
	답변에 대한 의견	검찰 자신의 불법에는 관대하면서 대통령이 국가를 개조치 않고 세월만 흐르게 하면 수사한다는 내용의 답인 것으로 판단됨. 검찰은 본인에게 엄격하기 바라며, 민원사무처리에관한법률 제15조를 위반하였다는 내용의 제 블로그에 대해 검찰은 이견없음.		
2014. 6.13	국무 조정실	질의하신 민원은 2014-3945 행정심판 관련 사항으로 중앙행정심판위원회에서 각하된 사항.		
	답변에 대한 의견	국가개조와 관련없는 재결을 답함. 정부가 민원사무처리에관한법률 제15조를 위반하였다는 내용의 제 블로그에 대해 이견없음.		
2014. 5.29	대통령	제가 수차례 말씀드렸듯이, 기존 관례에 익숙한 인사로는 국가의 근본적인 문제를 해결할 수 없음. 왜냐하면 국무총리 후보자였던 안대희만 보아도 안 후보자는 기존에 익숙하였던 것 때문에 국무총리 후보직을 사퇴한 것으로 판단되며, 본인은 기존에 따랐음에도 타인에게 기존이 아닌 새로운 방법을 요구하는 것은 부당함. 저는 안 후보자가 상대적으로 소신과 능력있는 후보자인 것으로 판단하지만, 이는 상대적 기준일 뿐 절대적 기준에 의한 판단이 아님. 극소수의 저명인에 한정된 상대적 기준에 의한 인사가 아닌 대한민국에 5,000만 국민이 있음을 아시고 국민 전체에 개방된 절대적 기준에 의한 인사가 되도록 해야 함. 그리고 기존에 익숙한 분들을 분류한다면, 1. 양심있고 능력있는 분과 2. 양심없이 욕심만 있는 분으로 분류될 수 있으며, 1은 공직을 고사(사퇴)하고 2는 공직을 고사치 않고 오히려 당위성을 주장함. 안 후보자는 1에 해당되는 분인 것으로 판단됨. 기존에 익숙한 저명인 위주의 인사로는 인사검증 시스템의 부실을 논할 필요도 없지만, 국민전	회신	미결

진정일 (답변일)	제출처 (답변처)	진정(답변)내용 및 의견	진행사항	
			해당민원	당초민원
		체를 대상으로 하는 개방된 인사가 되지 않고서는 사면초가에 빠지는 인사가 될 수밖에 없음. 　세월호 사건에서도 보듯이, 국회의원 등 저명인이 방해된다는 이유로 가족들을 진심으로 위로한 사실은 없음. 방문이 방해된다는 것은 대통령처럼 가족들과 함께하지 않고 사진 찍기 식의 지나가는 방문(3~4분 정도)을 원했기 때문이며, 이러한 방문은 가족들에게 오히려 폐되는 방문임. 　저는 국민과 함께하지 않고 국민의 어려움을 외면(무시)하던 정치인의 지방선거 공약이 혐오스러우며, 기존 관례에 익숙한 저명인 위주의 인사나 美辭麗句 등으로 실천없이 말만 하는 분에 대한 한정된 인사가 아닌 국민전체에 개방된 인사로, 국가개조(의식변화)가 실천되게 하여 주시기 바람.		
2014. 6.17	국민권익 위원회	의견을 대통령비서실에 전달하여 국정운영에 참고할 수 있도록 하겠음.		
	답변에 대한 의견	세월호 대참사가 미적거리다가 발생한 것처럼 대통령비서실에 전달하겠다며 19일만에 답함. 　지켜보아야 하겠지만, 현재까지 대통령은 실천없이 좋은 말만함. 앎을 실천치 못할 바에야 모르는 것이 더 나음.		
2014. 5.29	국무 조정실	2014. 5.29. 답(2014. 4.15. 중앙행정심판위원회에서 재결)을 보면, 2014. 5. 1. 신청한 민원에 2014. 5.14. 불법 여부에 대한 판단은 아직 이루어지지 않은 상태라고 답변한 것은, 국무조정실이 중앙행정심판위원회 불법적 재결을 옹호키 위해 거짓을 답변한 것으로 확인됨. 　따라서 2014. 5.14. 거짓을 답변한 관련자는 국민에게 책임지게 조치하기 바람.		
2014. 5.30	국무 조정실	중앙행정심판위원회의 재결에 따라 각하된 사항임.		
	답변에 대한 의견	2014. 5.14. 거짓을 답한 관련자는 국민에게 책임질 것을 요구하는 민원임에도, 책임지지 않음.		

진정일 (답변일)	제출처 (답변처)	진정(답변)내용 및 의견	진행사항	
			해당민원	당초민원
2014. 5.30	국민권익 위원회 (행심)	행정심판재결서(2014-03946)를 보고 아래의 투명치 못한 내용이 있어, 아래 내용에 대하여 투명한 답을 요구함. 　1. 본 건은 민원사무처리에관한법률 제15조와 직접 관련되므로 법률 하위 규정인 민원사무처리에관한법률 시행령 제21조는 관련되지 않는 법령임에도, '관계법령'에 민원사무처리에관한법률 시행령 제21를 적시하며 동 내용으로 재결한 이유? 　※ 민원사무처리에관한법률 제15조는 재량권이 전혀 없는 법률로 재량행위가 요구되는 동 시행령과 구별되며, 시행령으로 법률을 규제하는 것은 불가함. 　2. 행정심판법에서 '부작위'란 일정한 처분을 하여야 할 법률상 의무가 있음에도 이를 하지 아니하는 것을 말하며, 민원사무처리에관한법률 제15조는 신청한 민원처리결과통지를 의무화한 법률임에도, 의무 미이행이 행정심판대상이 아니라고 판단하여 재결한 이유? 　3. '판단'에서 법 위반일지라도 법적 구속력이나 효과와 권익을 침해하지 않고 지위에 변동을 초래하지 않는다고 판단하여 재결한 이유? 　※ 법은 권익을 보호키 위해 제정하는 것으로 법 위반은 권익을 보호치 않는 것이므로 법적 지위에 변동을 초래함. 민원사무처리에관한법률 제15조는 신청한 민원처리결과 통지를 의무화시킨 법률로, 신청한 민원처리결과 미통지는 민원인의 권익을 폐쇄(말실)시키는 것임. 　4. 피청구인이 2013. 3.18. 신청한 민원처리결과 미통지(부작위)에 대해 반론치 않았음에도 청구인의 주장을 인용하지 않고 재결한 이유? 　위 1,2,3,4에 대한 객관적 이유가 있으면 이를 제시하기 바라며, 객관적 이유를 제시치 않으면 위 1,2,3,4와 같은 문제점과 의문점이 있음에도 서면심리 가능한 것처럼 판단하여 청구인의 구술심리를 규제한 것으로 판단하겠음. 　동 결정(판단)이유를 제시치 않는 것은 귀 위원회가 청구인을 규제키 위해 행정절차법 제23조①을 위반하여 제시치 못하는 것으로 청구인이 사료케 하는 것이며, 귀 위원회가 행정절차법 제23조②를 위반하는 것임을 양지하기 바람.	(동문서답)	미결

진정일 (답변일)	제출처 (답변처)	진정(답변)내용 및 의견	진행사항	
			해당민원	당초민원
2014. 6. 9	국민권익 위원회	행정심판사건의 재결서의 관계법령에 「민원사무처리에관한법률 시행령」 제21조를 적시한 것은 동 규정이 반복·중복민원의 처리방법을 정한 규정이기 때문임.		
	답변에 대한 의견	「민원사무처리에관한법률 시행령」 제21조를 적시한 것은 위 규정이 반복·중복민원의 처리방법을 정한 규정이기 때문이라며, 재결과 관련되지 않는 사항을 답하며 재결과 직접 관련되는 2,3,4를 판단한 객관적 이유를 제시치 않고 또 신청 내용을 그대로 인정하지 않으면서도 서면심리 가능한 것처럼 판단한 이유를 제시치 않는 것으로 보아, 위원회가 청구인(민원인)을 규제키 위해 투명한 행정을 실천치 않고 행정절차법 제23조를 위반하여 판단한 것으로 판단됨.		
2014. 6. 2	국민건강 보험공단	2010년 중 제 전세금이 6,500만원임에도 4,699만원을 근거로 산정된 보험료가 제 보험료인 것처럼 독촉하고 또 동 보험료가 미납부되어 채권이 있다면서도 채권(공탁금)을 확보치 않던 공단이, 직무유기를 계속하면서 독촉장을 발부하여 저에게 정신적 피해가 발생되게 하는 것은 부당례. 수차례 말했지만, 2010. 9월분~12월분 보험료를 제 전월세 금액(6,500만)을 기준으로 산정하여 동 금액을 고지하고 동 금액 미납부시 독촉하기 바람.	(동문서답)	미결
2014. 6. 9	국민건강 보험공단	2010년도 보험료 산정 시 적용된 전월세금액 4,699만원 및 보험료 산정내역과 관련하여, 그 내역을 수차례 안내드린 바 있으며, 전월세금 6,500만원 적용에 대하여 전월세계약서 사본을 제출하는 경우 정정부과됨을 안내해드렸음. 이에 전월세 6,500만원임을 확인할 수 있는 서류 제출하지 않고 민원으로만 6,500만원임을 주장하여 정정부과되지 아니한 것임으로, 이는 국민건강보험법령 및 정관과 공단의 업무처리지침에 따라 적법하게 처리된 것임.		
	답변에 대한 의견	민원은 정정부과를 요청한 것이 아니고, 전월세금 6,500만원에 대한 민원인의 보험료 고지요		

진정일 (답변일)	제출처 (답변처)	진정(답변)내용 및 의견	진행사항	
			해당민원	당초민원
		구입. 정정부과를 답하며 제 보험금을 고지하지 않고 부작위함.		
2014. 6. 6	경찰청	2014. 5.25. 신청한 민원(민원사무처리에관한법률 제15조 위반이라는 내용의 블로그 내용의 부당함 입증할 증거요구)에 2014. 6. 1. 블로그 내용에 대해서 異見없는 화성서부경찰서의 답을 보고 추가로 제출함. 저는 증거로 판결치 않고 보복적으로 판결한 대법원 판결(대법원2013다79382)에 대해 사후(수년 후) 재심을 청구할 예정이므로 대법원 판결로 사건이 종결된 것처럼 생각하지 말기 바라며, 객관성없는 주관적 판단은 사후 변동될 수 있음을 양지하여, 화성서부경찰서가 증거를 제시치 않고 잘못을 밀어붙이는 한 객관성없는 대법원의 판결을 신뢰치 않는 제 민원은 계속될 것이므로 적법한 처리를 바람. 행복을 기원한다면서 2011. 3.14.부터 사고현장 사진을 요구하는 민원에 거짓말이나 表裏不同한 말로 여태까지 사진을 제출치 않아 민원이 계속되게 하는 것은 행복을 기원하는 것이 아님을 양지하여, 신청한 것을 답하지 않으면서 東問西答하는 것에 대해서는 행복을 기원한다는 등의 表裏不同한 말은 하지 말기 바람. 그리고 신청한 민원에 대한 답이 아닌 답(엉뚱한 답의 우편물 등)은 신청한 민원에는 미회신한 것임을 양지하기 바라며, 수작위교차로에서 제 사고 시 허위증거가 아닌 실지 증거가 있으면 그 증거(사진)를 친절하게 제출하여 주기 바라며, 행복이 충만길 진심으로 기원한다면 거짓 답이나 東問西答하지 말기 바람.	(동문서답)	미결
2014. 6.14	화성서부 경찰서	교통사고 처리 결과에 대한 증거제출에 대해서는 현재 사건 관련 모든 서류가 송치되었으므로 관할 검찰청으로 문의하기 바람. 전화주시면 친절하게 안내해 드리겠음.		
	답변에 대한 의견	증거제출을 요구하는 민원에, 친절하게 증거를 제출치 않고 서류가 송치되어 없다며 허위를 밀어붙임. 마치 서울시 공무원을 간첩으로 조작한 사건과 같이 검찰에 송치된 서류는 허위를 조작		

진정일 (답변일)	제출처 (답변처)	진정(답변)내용 및 의견	진행사항	
			해당민원	당초민원
		한 서류라고 제가 기 말했음. 경찰 · 검찰 · 법원은 조작된 서류가 아닌 사실에 맞는 증거에 의해 업무를 처리해야 함.		
2014. 6.10	국민권익 위원회 (행심)	1AA-1405-170057에 대한 2014. 6. 9. 답을 보니, 2014. 3.24. 피청구인(국가보훈처장)으로 심판청구한 것은 2014. 3.13. 피청구인에게 신청한 민원과 2014. 3.11. 피청구인에게 신청한 민원 총2건임에도, 2014. 3.11. 민원에 대해서 답하며 2014. 3.13. 민원에 대해서는 답하지 않아 다시 제출함. '2014. 3.13. 신청한 민원'에 대해서는 재결치 않고 '2014. 3.11. 신청한 민원'에 대해 재결하면서, 피청구인이 주장하지 않았음에도 재결서에 '피청구인의 주장'을 기재하여 재결한 것은 허위내용으로 재결키 위한 것이었던 것으로 생각됨. 재결서에 허위내용을 기재한 이유가 있으면 제시하여 주기 바라며, 이유를 제시치 않으면 고의로 허위공문서를 작성(재결서)한 것으로 판단하겠음.	(동문서답)	미결
2014. 6.12	국민권익 위원회	귀하가 청구한 행정심판사건에는 '2014. 3. 13. 신청한 민원'이라는 내용은 기재되어 있지 않으므로 그에 대하여 심리 · 재결하지 않았고, 재결서에 기재된 피청구인의 주장은 피청구인이 제출한 답변서에 기재된 내용임.		
	답변에 대한 의견	피청구인의 답변서를 보면, 피청구인은 2014. 3.13. 신청한 민원에 대해 주장하였으나, 2014. 3.11. 신청한 민원에 대해서는 주장하지 않았음. 피청구인의 답변서 내용을 심리치 않고 단지 사건번호가 동일하다는 이유로 2014. 3.11. 신청한 민원에 피청구인이 주장한 것으로 판단하여 재결한 것으로 보이나, 이는 위원회가 허위내용으로 재결키 위한 것이었던 것으로 판단됨. 2014. 3.11. 신청한 민원에 대해 피청구인이 주장하지 않았음에도 주장하였다며 재결서에 허위내용을 기재한 이유를 제시치 않는 것으로 보아, 고의로 허위공문서를 작성한 것으로 판단됨.		
2014. 6.11	안전 행정부	감사원의 민원처리결과 통지업무는 민원법에 따라 처리되는 민원사무가 아니라며 민원법이 아	회신	미결

사실을 歪曲시키는 보도

진정일 (답변일)	제출처 (답변처)	진정(답변)내용 및 의견	진행사항	
			해당민원	당초민원
		닌 타 법률근거를 제시치 않고, 2014. 6. 11. 28일 만에 답하여 제출함. 　감사원의 민원처리결과통지업무는 민원사무가 아니라는 내용의 법률근거를 제시하여 주기 바라며, 법률근거를 제시치 않으면 감사원의 민원처리결과통지는 민원사무에 해당되는 것으로 판단하겠음. 　감사원은 민원법이 적용되지 않는 기관이라면서 감사원법에도 민원처리와 관련하여 규정된 조문이 없음에도 감사원이 법률하위의 규칙 등으로 국민의 권익을 규제케 귀 부가 방치한 것은 잘못임. 　국민권익보호를 위해 민원법 적용대상을 헌법기관 등 전 국가기관으로 확대하는 민원법 개정안이 현재 국회에 상정된 것은 바람직한 일이지만, 현재는 이상한 해석으로 민원처리업무가 법률 규정 없이 방치되고 있음을 참고하기 바라며, 특히 국회·법원·감사원의 민원(청원)처리업무는 민원법 적용대상임이 명시되도록 하기 바람.		
2014. 6. 26.	안전 행정부	○ 「민원사무 처리에 관한 법률(이하 '민원법'이라 함)」상 민원인의 행정기관에 대한 민원처리결과 통지 요구는 민원사무에 해당됨. 다만, 감사원에 대한 민원처리결과 통지 요구가 민원사무인지 여부에 대한 판단은 감사원의 기관 자체 민원사무처리규정 등에 의하여 판단되어야 할 사안임. 　○ 민원법상의 "민원"과 청원법상의 "청원"은 유사해 보이지만, 내용·절차·방법 등에 차이점이 있어 청원법을 폐지하고, 민원법에 통합하는 것은 여러 가지 어려움이 따름.		
	답변에 대한 의견	감사원이 민원사무 처리에 관한 법률이 적용되지 않는다는 것은 잘못된 해석이며, 이러한 해석은 감사원이 민원사무 처리에 관한 법률이 적용되지 않게 하기 위한 해석임. 민원사무 처리에 관한 법률 제3조①에서 민원사무에 관하여 다른 법률에 특별한 규정이 있는 경우를 제외하고는 이 법에서 정하는 바에 따른다고 규정하고 있으며, 감사원법(법이하의 규칙 등은 제외)에는 민원사무에 관한 규정이 없으므로 감사원은 민원사무 처리에 관한 법률이 적용되는 것임. 그리고 민원처리결		

진정일 (답변일)	제출처 (답변처)	진정(답변)내용 및 의견	진행사항	
			해당민원	당초민원
		과 통지가 당연하다는 것은 동 법에 의해 당연한 것이지 임의로 당연한 것이 아님. 법원은 검토되어야 할 사항이지만 감사원(행정청)은 민원사무 처리에 관한 법률이 적용되므로, 감사원은 동 법이 적용되지 않는다는 등의 이상한 해석을 하지 않도록 하기 바람.		
2014. 6. 12.	감사원	2014. 2. 13. 신청한 민원에 2014. 3. 31. 답 등으로 민원을 참고하겠다며 회신 없이 종결하여 제출함. 　민원사무처리규정 제7조 및 제12조는 법률하위의 규정으로 법률근거가 될 수 없으므로, 민원처리결과를 통지하지 않고 민원을 종결해도 되는 법률근거를 제시하기 바람. 　법률근거(시행령이하의 규정 제외)를 제시치 않으면, 감사원이 법률근거 없이 감사원 임의로 '감사원 민원사무처리규정' 제7조 및 제12조를 제정하여 동 규정을 행정에 적용하는 것으로 판단하겠음.	미 회신	미결
	의견	국민의 어려움을 해결한다는 감사원이 법률근거를 제시하지 못하는 것으로 보아, 법률근거 없이 감사원 임의로 민원사무처리규정을 제정하여 동 규정을 행정에 적용하는 것으로 판단됨.		
2014. 6. 14.	감사원 (행심)	2014행심3에 대한 재결서를 종합하여 보건데, 서면심리만으로 재결이 불가하였음에도 서면심리만으로 재결할 수 있다며 제가 고소한 것을 보복키 위해 귀 원이 객관적 이유 없이 각하한 것으로 판단됨. 　사실과 다른 내용으로 재결한 객관적 이유(1, 2, 3, 4, 5, 6, 7, 8)를 제시하여 주기 바람.	미 회신	미결
	의견	객관적 이유를 제시하지 못하는 것으로 보아, 제 고소를 보복하기 위해서 행정심판을 각하한 것으로 판단됨.		
2014. 6. 16	국민권익 위원회 (행심)	행정심판재결서(2014-8731)를 보고 아래의 투명치 못한 내용이 있어, 아래 내용에 대하여 투명한 답을 요구함. 　1. 이 사건 민원은 2013.11.22. 신청한 민원임에도, 이 사건을 2013. 6.30.자 신청한 민원으로 판	회신	미결

　　　　　　　　　　　　　　　사실을 歪曲시키는 보도

진정일 (답변일)	제출처 (답변처)	진정(답변)내용 및 의견	진행사항	
			해당민원	당초민원
		단하여 재결한 이유? 　2. 민원사무처리에관한법률 제15조에 의하지 않고 동 법 시행령 제21조를 적용하여 민원을 처리하는 것이 적법한 처리라고 인정하여 재결한 이유? 　3. 보충서면으로도 주장하였지만, 민원사무처리에관한법률 제15조는 신청한 민원처리결과통지를 의무화한 법률임에도, 신청한 민원처리결과 통지의무 미이행이 행정심판대상이 아니라고 판단하여 각하한 이유? 　4. 법은 권익을 보호키 위해 제정하는 것으로 법 위반은 권익을 보호치 않는 것이며 법적 지위에 변동을 초래하게 하는 것임에도, '판단'에서 법 위반일지라도 법적 구속력이나 효과와 권익을 침해하지 않고 지위에 변동을 초래하지 않는다고 판단하여 재결한 이유? 　5. 2013.11.22. 피청구인이 신청하지 않은 사항에 답하면서 신청한 민원처리결과 미통지가 적법한 처리라는 법률근거를 제시하면서 반론치 않았음(부직위)에도, 반론없는 피청구인의 주장을 받아들여 재결한 이유? 　6. 종합하여 보건대, 위 1,2,3,4,5와 같이 투명하지 않은 부분이 많아 서면심리만으로 재결이 불가하였음에도, 서면심리 가능한 것처럼 판단하여 구술심리를 규제하여 허위내용으로 재결되게 한 이유? 　위 1,2,3,4,5,6에 대한 투명한 이유를 제시하여 주기 바라며, 투명한 이유를 제시치 않으면, 투명하게 재결치 않고 허위 내용으로 재결한 이유가 귀 원이 제가 고소한 것에 보복키 위해 객관적 이유없이 각하재결한 것으로 판단하겠음.		
2014. 6.23	국민권익 위원회	위 사건은 귀하가 2013. 11. 22. 경기도지사에게 제기한 민원을 '이 사건 민원'으로 하여 심리·재결하였고, 행정심판 재결 결과(이유 포함)에 대한 불복은 행정소송을 통해서만 다툴 수 있으므로 우리 위원회에서 민원회신을 통해 재결이유를 추가하여 설명드릴 수 없음을 이해하여 주시기 바람.		

진정일 (답변일)	제출처 (답변처)	진정(답변)내용 및 의견	진행사항	
			해당민원	당초민원
	답변에 대한 의견	투명한 이유를 제시치 않는 것으로 보아, 허위 내용으로 각하한 이유가 고소에 보복키 위한 것으로 판단됨.		
2014. 6.18	국민건강 보험공단	2011. 4.14.자 신청한 민원(2010. 9월분~12월분 보험료 고지서 미수령에 대한 적법한 조치 요구)에 고지서가 송달되지 않은 것에 대해 이견없으면서 하자를 치유치 않은 2011. 4.19.자 답은 부당함. 　제가 고지서를 송달 받지 못했음에도 저에게 체납처분을 집행하는 것은 부적법한 행정이므로 저에게 고지서가 송달된 것이 사실이라면 송달증명서를 보내 주기 바라며, 송달된 것이 사실이 아니라면 체납처분을 중단하고 적법한 절차가 시행되게 조치한 후 체납처분을 집행하기 바람.	(동문서답)	미결
2014. 6.24	국민건강 보험공단	독촉기간(2010. 9. ~ 2010.12.) 고지서는 고객님의 주소로 아래와 같이 발송되었음. 　2010. 9월은 2010. 9.20./ 2010.10월은 2010.10.20./ 2010.11월은 2010. 11.20./ 2010.12월은 2010.12.20. 자로 각각 발송되었으며, 2010.12월은 반송된 것으로 확인되었음. 　또한 고객님께서 요청하신 송달증명서는 등기 또는 내용증명 등의 우편물일 경우 우체국에서 송달증명서를 보내도록 되어 있으며, 일반 우편물일 경우에는 송달증명서를 보낼 수 없음을 양지하여 주시기 바람. 　2010년 중 전세금액을 근거로 산정한 2010. 9. ~ 12월 보험료가 고객님의 보험료가 아님을 주장하시는 것과 관련하여 이 부분은 권리구제를 위하여 처분에 이의가 있는 경우 공단에 이의를 제기하여 권리를 구제받는 이의신청 제도가 있음을 알려드리며, 이의신청은 처분이 있음을 안 날부터 90일 이내에 문서로 하여야 함.		
	답변에 대한 의견	4건을 고지하여 3건은 일반 우편이라 송달증명서가 없고 1건(2010.12월분)은 등기 우편(?)이라 반송된 것이 확인된다는 답으로 해석되며, 답대로라면 4건 모두 공단의 처분(고지)을 제가 알지 못한다는 것임. 결국 공단의 처분을 제가 안 날이 없어 이의신청은 불가하므로 저에게 고지(반송 고		

사실을 歪曲시키는 보도

진정일 (답변일)	제출처 (답변처)	진정(답변)내용 및 의견	진행사항	
			해당민원	당초민원
		지서 송달 등)하기 바라며, 체납처분을 중단하기 바람. 그리고 4,699만원을 근거로 산정한 보험료는 제 보험료가 아님.		
2014. 6.18	경기도	2014. 4. 17.자 신청한 민원(경기도가 변제받을 채권이 있다면 공탁금 체납처분 요구)에 대해, 공탁금을 체납처분하지 않고 2014. 4. 24. 고지(납기: 2014. 5. 9)한 것으로 보아, 2014. 4. 24. 고지한 금액 외에는 제가 경기도에 변제할 채권이 없는 것으로 판단됨. 　2014. 4. 24. 고지금액 외에는 경기도에 미납부한 금액이 없음에도 2014. 4. 24. 이전을 원인으로 귀 도가 채권자인 것처럼 행사함으로 인해, 제가 2014. 5. 9. 납부할 금액을 납부하지 못했음. 　제가 동 금액을 납부하도록, 국세징수법 제23조에 따라 동 금액을 최고하여 주기 바람.	(동문서답)	미결
2014. 6. 25.	경기도	현재 수원지방법원에서 자동차 강제경매가 진행 중에 있어 경매절차에 따라 집행 후 변제처리될 예정임.		
	답변에 대한 의견	경기도에 변제할 채권이 없음에도 수원지방법원에서 자동차 강제경매가 진행 중이라며, 국세징수법 제23조에 따라 처리하지 않음으로 인해 결국 제가 2014. 5. 9. 납부할 금액을 납부하지 못하게 하면서 직무를 유기함.		
2014. 6.19	대통령	1. 개헌과 국가개조를 하겠다는 국민과의 약속을 지키시기 바람. 　대통령께서는, 세월호 참사로 나타난 국가의 총체적 부실을 해소키 위해 국가개조의 필연성을 인식하셔서 국가개조를 약속하여 그 일환으로 조직을 개편하고 인사를 단행하였으며, 이는 국가개조를 실천키 위한 출발이었음. 그러나 출발만 하였지 국가개조가 아직 실천되지 않고 있어 안타까움. 　2. 교육감 선거제도는 현행 제도가 유지되어야 함. 　민의가 반영되는 교육감 직선제를 말만하면서 국민과 함께하지 않는 정치인이 로또선거라는 이유 등으로 교육감을 정치화 시키려는 의도는 부	미 회신	미결

진정일 (답변일)	제출처 (답변처)	진정(답변)내용 및 의견	진행사항	
			해당민원	당초민원
		당함. 오히려 정당추천에 의해 당 기호에 의한 선거로 민의가 제대로 표출되지 않게 하는 현 자치 선거방식을 변경해야 함. 　국민을 위한 국가가 아닌 甲論乙駁하며 무기력한 정당이 국가를 운영케 하는 것은 것은 부당하며 민의를 제대로 표출되게 해야 함. 　선거시 후보자 중 한명을 선택하기 위해 유권자가 홍보물을 통해 후보자의 정책을 일일이 확인해야 하는 현 교육감선거제도는 로또선거가 아니며, 오히려 정책을 확인치 않고 정당기호에 의한 선거가 로또식 선거라 할 것임. 　그리고 국민이 아닌 언론이 선택하는 선거가 되게 하여서는 안됨. 지난 대선시 보도된 일례를 보면, 후보자는 여러 명이었음에도 이중 2-3명을 언론이 선택하여 보도하고 그 중 한 명을 국민이 선택케 하였음. 즉 1차로 언론이 선택하고 2차로 국민이 선택케 한 것은, 언론이 공정하지 못한 선거가 되게 한 것임. 　3. 법원은 증거에 의해 재판해야 함. 　1심이 증거에 의해 객관적으로 판결치 않고 법관 주관으로 판결함으로 인해 2심과 3심이 증가되게 함. 즉 2심과 3심이 증가한다는 것은 1심 판결을 신뢰치 않는다는 것임. 이에 따라 대법원의 업무가 폭주되고 있음에도 인위적 방법으로 대법원의 업무 폭주를 해결하려는 시도는 잘못임. 법원이 증거에 의해 투명하고 객관적으로 판결하지 않고, 청탁에 의한 주관적 판결로 3심이 증가하고 법원에 부패가 발생되게 하여서는 안됨. 　義理없이 얍삽한 사람이 선한 사람을 조롱하고 강자보호는 약자를 필연적으로 핍박하게 되어 약자는 살아남기 위해 서로 헐뜯고, 이러한 안타까운 사회분위기를 이용한 국가의 힘은 금지되어야 함. 　"힘센 쪽에 붙어야 한다", "돈이면 다 된다"는 식의 意識으로 얍삽하고 기회주의적이지 못한 사람들이 사회에서 굴욕 당하게 하여서는 안되며, 얍삽한 기회주의자가 당당하고 '부의 축재'가 성공의 잣대가 되는 나라를 바꾸지 못하면 '희망'은 한낱 바람에 불과하며 서로 WIN-WIN하기 위해 불의와 비합리를 외면하는 사회가 되게 하여서는 안됨.		

352　　　　　　　　　　　　　　　　　　　　　　　　　　　사실을 歪曲시키는 보도

진정일 (답변일)	제출처 (답변처)	진정(답변)내용 및 의견	진행사항	
			해당민원	당초민원
	의견	異見없으면서 실천하지 않음.		
2014. 6. 20.	대검찰청	제 블로그의 '신청한 민원에 부작위하면서 예산만 낭비하는 사례 2'에 첨부된 「고소(항고)사건 명세 및 처분결과」와 같이, 서울남부지방검찰청 2012형제40768 등 총121건의 제 고소에 법위반이 범죄를 구성하지 않는다는 등 혐의 없음이 명백하다며 제 고소를 무혐의 결정하여, 행정절차법 제23조에 의해 제 고소가 범죄를 구성하지 않는다고 판단한 투명한 이유를 제시하여 주기 바람. 　제 요구는 기 결정(판단)한 것에 대한 투명한 이유 요구이지, 수사 등 앞으로의 조치를 요구하는 것이 아님을 참고하기 바람.	(동문서답)	미결
2014. 6. 27.	대검찰청	제출하신 민원은 접수되어 사건이 진행 중임.		
	답변에 대한 의견	범죄를 구성하지 않는다고 판단한 투명한 이유 제시 없이, 결과 없는 안내(앞으로 조치할 사항)로 민원을 종결함.		
2014. 6. 20.	대법원	제 블로그의 '사법부가 개혁되어야 할 사례 2'에 첨부된 「재정신청사건 명세 및 판결결과」와 같이, 2013초재2446 등 총97건의 제 항고에 법위반이 범죄를 구성하지 않는다는 등 혐의 없음이 명백하다며 제 고소를 무혐의 불기소 처분한 검사의 판단을 인용하여 판결하였음. 　제 고소(법률 위반)가 범죄를 구성하지 않는다며 무혐의 불기소 처분한 검사의 판단을 인용하여 결정(판단)한 이유를 제시하여 주기 바람. 　제 요구는 결정에 대한 투명한 결정이유 요구이지 법률관계를 문의하는 것이 아님을 참고하기 바라며, 투명한 이유를 제시치 않으면 청탁분위기 조성을 위해서 임의적 판단으로 법원이 동 항고사건을 결정(판결)한 것으로 판단하겠음.	미 회신	미결
	의견	투명한 이유를 제시하지 않음.		

진정일 (답변일)	제출처 (답변처)	진정(답변)내용 및 의견	진행사항	
			해당민원	당초민원
2014. 6. 21.	국민권익 위원회 (행심)	2014-06119 사건에 대한 피청구인의 답변서를 보면, 피청구인은 2014. 3. 13. 신청한 민원(답변서의 사건개요 등 참고)에 대해 주장하고 2013. 3. 11. 신청한 민원에 대해서는 주장하지 않았음에도, 2014-06119 사건 재결서에 '피청구인 주장'을 기재하여 허위내용으로 재결한 것은 잘못임. 허위내용의 재결에 대해 책임질 것을 요구함.	미 회신	미결
	의견	허위내용의 재결에 대해 책임지지 않음.		
2014. 6. 23.	경찰청	증거서류제출을 요구하는 민원에 교통사고 처리결과에 대한 증거서류는 수원지방검찰청에 송치되었다며 요구한 증거서류를 제출치 않아 다시 요구함. 재판과정에서 확인한 바, 수원지방검찰청에 송치한 서류는 경찰이 사실을 조작한 허위서류였음. 2011. 4. 13. 신청한 민원서 등을 참고하기 바라며, 조작된 서류로 기소하고 판결케 한 것은 잘못임. 수원지방검찰청에 송치된 증거서류는 조작된 것이므로, 진실된 증거서류를 제출하기 바람.	회신	미결
2014. 6. 27.	화성서부 경찰서	교통사고 건에 대하여 2010. 4. 5. 날짜로 모든 사건관련 서류가 수원지방검찰청으로 송치되어 추가적으로 제출할 서류가 없음. 또한, 검찰에 송치된 서류가 허위를 조작한 서류라고 주장한 부분에 대해서는 대법원 판결이 났으며, 이와 관련하여 이의를 제기할 부분이 있으시면 법원을 통하여 소송을 제기하시기 바람.		
	답변에 대한 의견	수원지방검찰청에 송치한 서류 일부를 보면, 파란 신호를 사고현장약도에 그려 넣고 제가 황색신호에 진행(진입?)하였다면 상대편 신호도 황색신호가 되어 상대편 차량이 사고 위치에 올 수 없음에도 상대편 차량이 사고 위치에 온 것처럼 사고현장약도를 조작하여 제 잘못으로 처리하였으며, 검찰(경찰)은 제가 황색신호에 교차로에 진입하였다고 진술한 바 없음에도 제가 진술한 것처럼 허위를 기재하였고, 법원은 이와 같이 조작된 서류를 근거로 판결하였음. 서울시 공무원을 허위 서류로 사건을 조작한		

진정일 (답변일)	제출처 (답변처)	진정(답변)내용 및 의견	진행사항	
			해당민원	당초민원
		것처럼, 수작위교차로 교통사건을 허위 서류로 제 잘못인 것처럼 조작한 것은 부당하며, 잘못에 대해 추가 제출할 서류(증거)가 없는 경찰은 서류 조작에 책임지지 않음.		
2014. 6. 26.	국민건강 보험공단	2014. 6. 18. 신청한 민원에 2014. 6. 24. 답대로라면, 공단이 제 체납액이라 말하는 4건은 모두 고지서 미수취로 제가 공단의 처분(고지)을 알지 못했다는 것이며, 따라서 공단의 처분을 제가 안 날이 없어 이의신청은 불가하다는 것임. 저에게 고지서를 송달하여 주기 바라며, 절차상 하자있는 체납처분을 중단하기 바람. 다시 말하지만 적법한 절차(미란다원칙의 고지, 영장 등)에 의하지 않을 때 처리되는 사례(형사소송법 제308조의2 제309조 제310조)를 참고하여 적법한 절차를 무시한 행정은 무효이고 또 4,699만원을 근거로 산정한 보험료는 제 보험료가 아님을 양지하기 바람.	(동문서답)	미결
2014. 6. 26.	국민건강 보험공단	고지서는 고객님의 주소로 발송되었으며, 2010. 12월은 반송된 것으로 확인됨.		
	답변에 대한 의견	전세 보증금 4,699만원을 근거로 산정한 보험료는 제 보험료가 아니고 또 고지서 미수취가 확인됨에도, 새로운 고지서를 송달하여 절차상 하자를 치유치 않음.		